MARCIA DECOSTER

PERLEN OPULENT

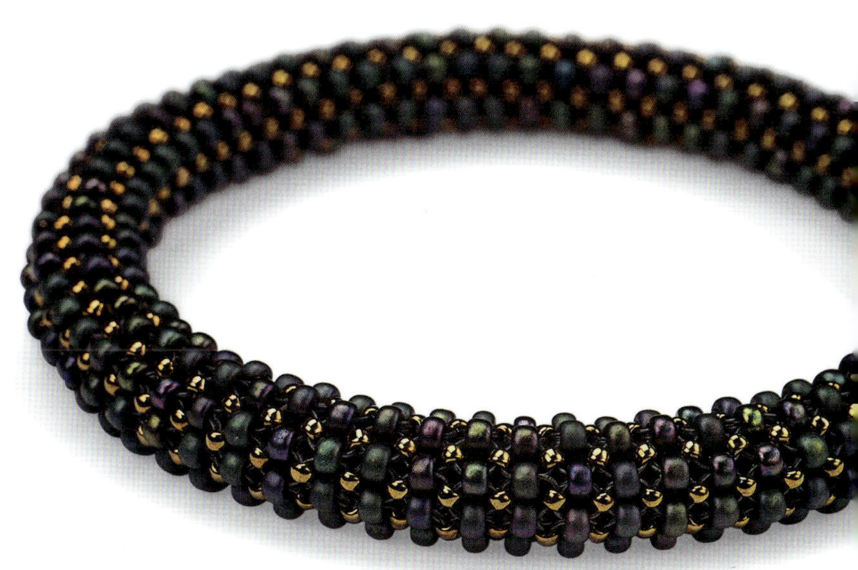

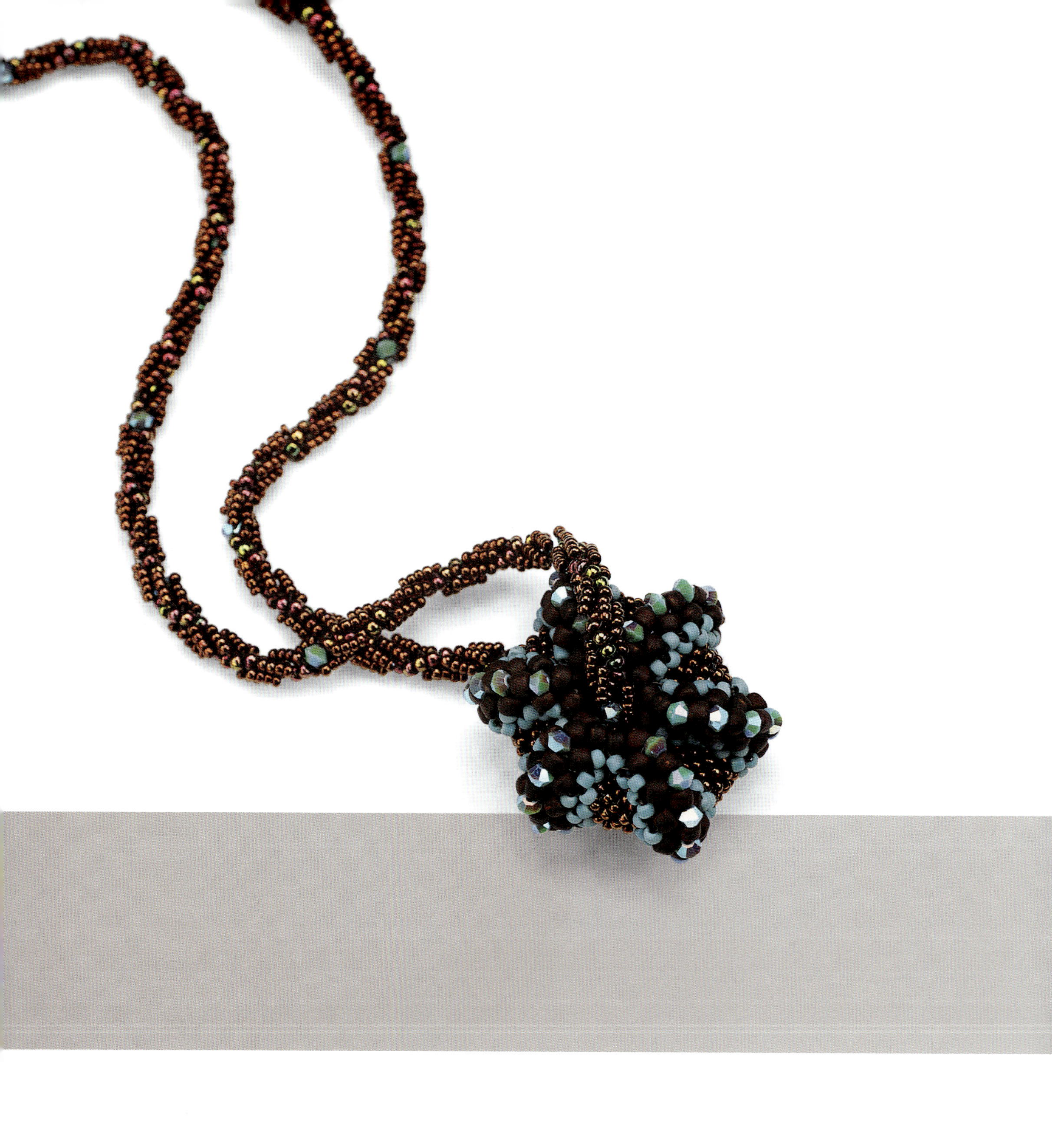

MARCIA DECOSTER

PERLEN OPULENT

ELEGANTE PROJEKTE IM RIGHT-ANGLE-WEAVE

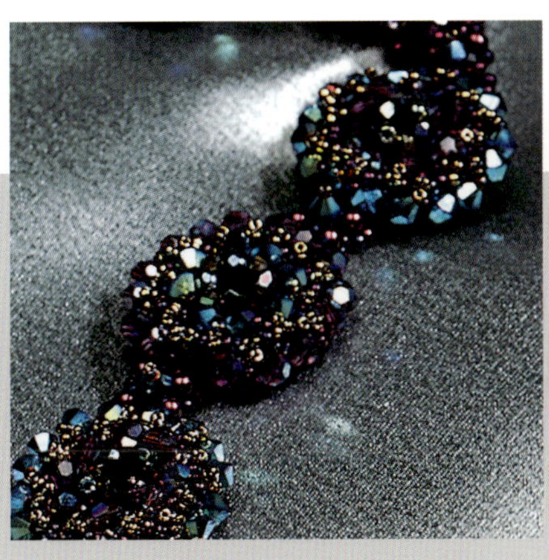
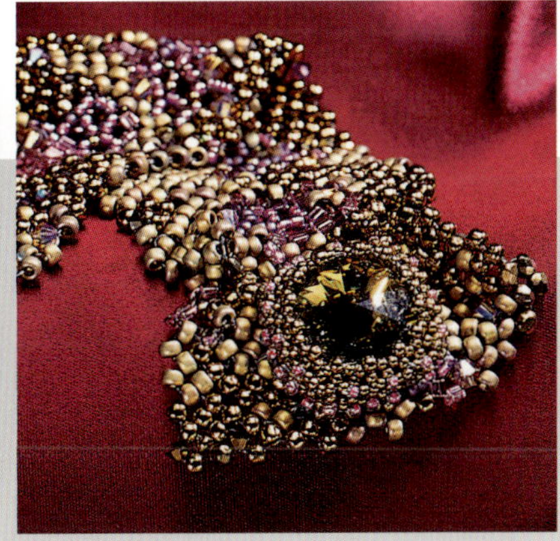
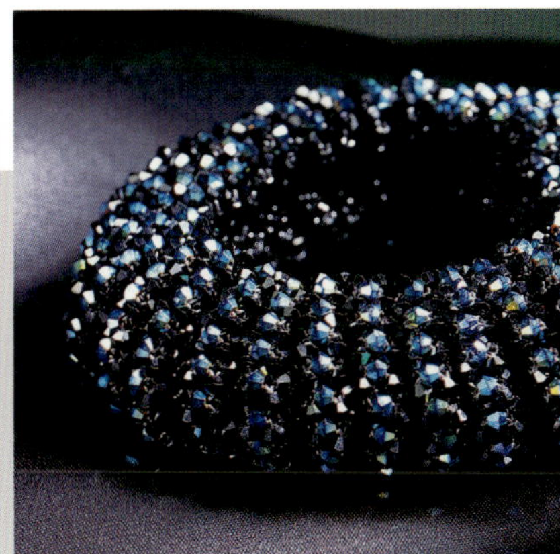

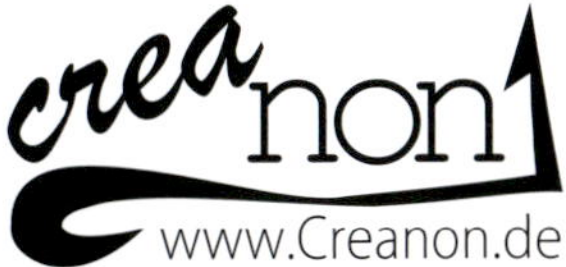

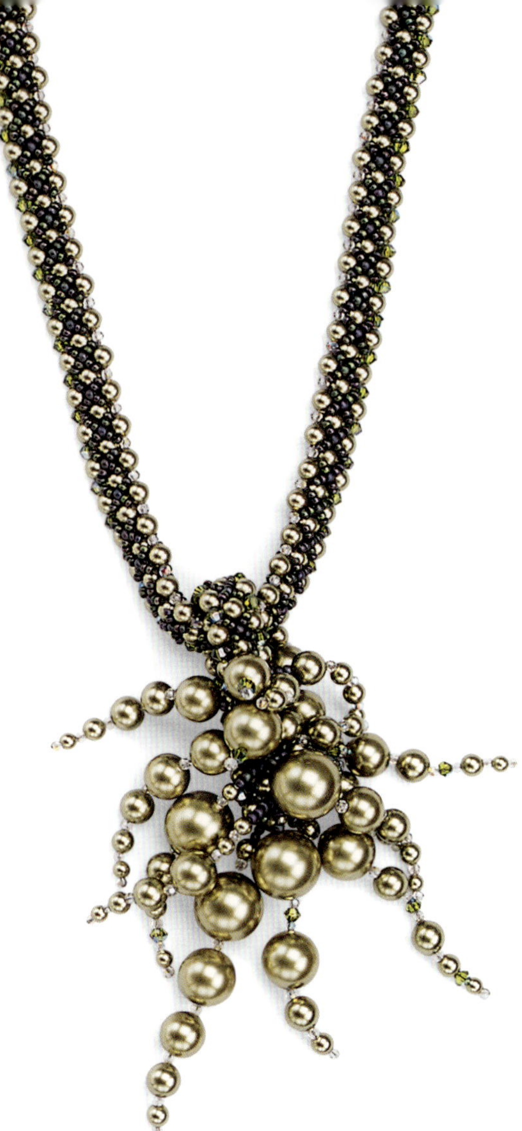

Originally published under the title:
Marcia DeCoster's beaded opulence : elegant jewelry projects with right angle weave
by Lark Crafts, an Imprint of Sterling Publishing Co., Inc., 387 Park Avenue South, New York, NY 10016, USA

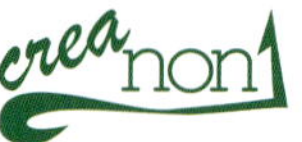

Creanon
Claudia Schumann
Kopernikusstr. 27
50126 Bergheim-Gewerbepark
www.Creanon.de

ISBN: 978-3-940577-17-7

Übersetzung: Claudia Schumann
Technisches Lektorat: Heiko Radermacher, Claudia Schumann
Korrektorat: Nina Tießen

Gedruckt in Deutschland

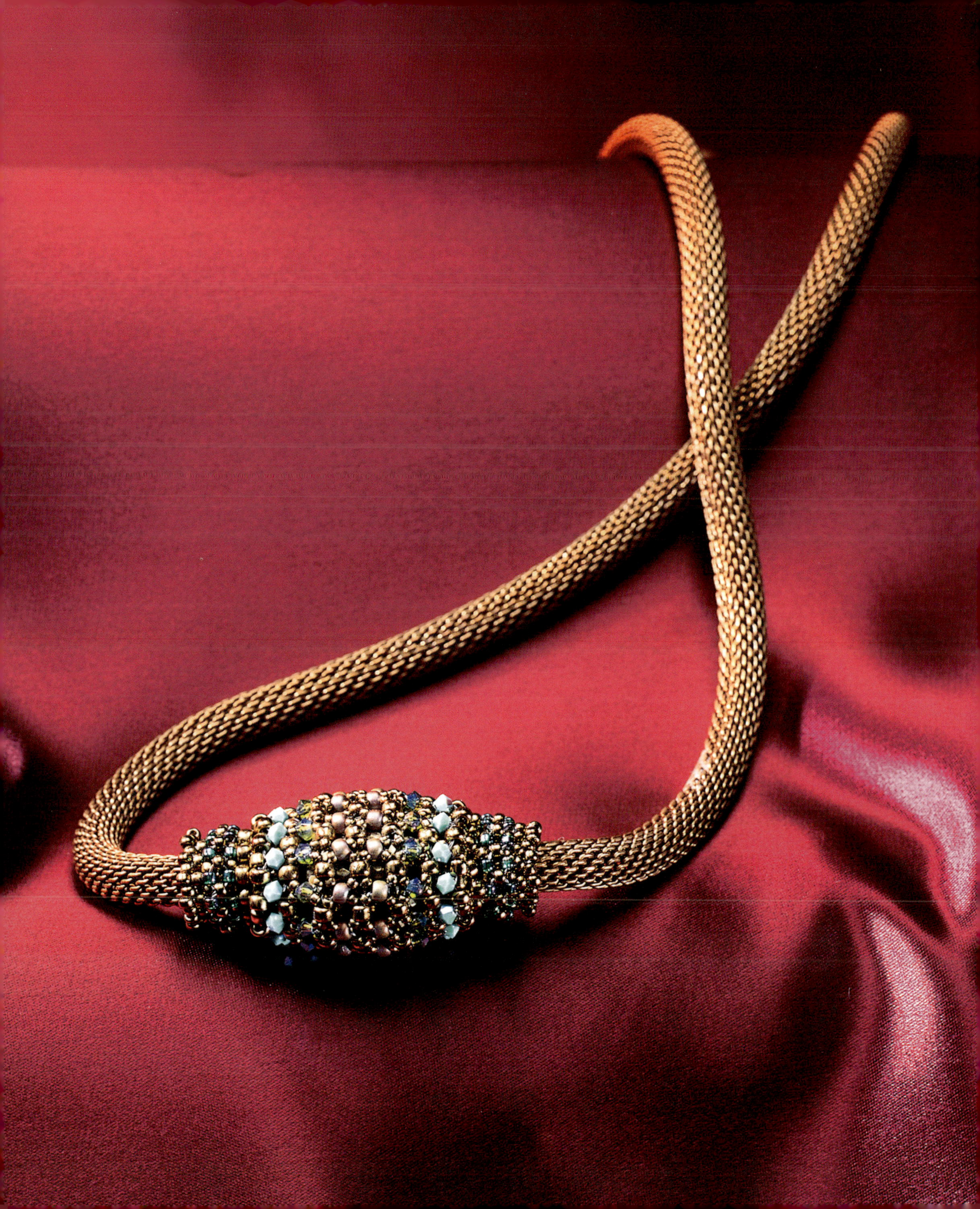

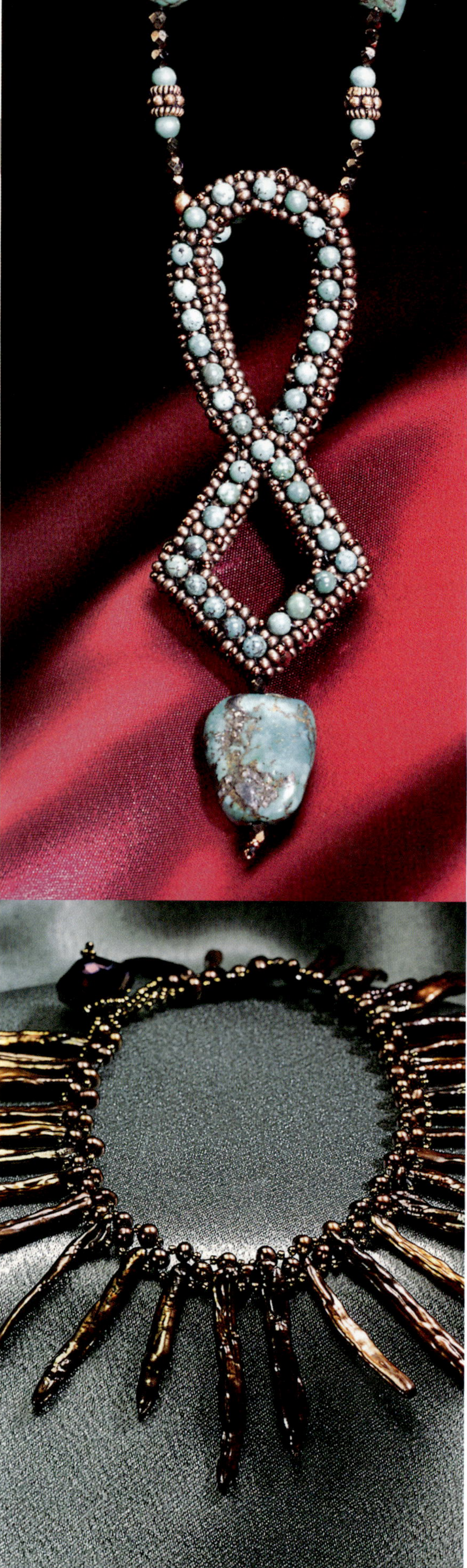

INHALT

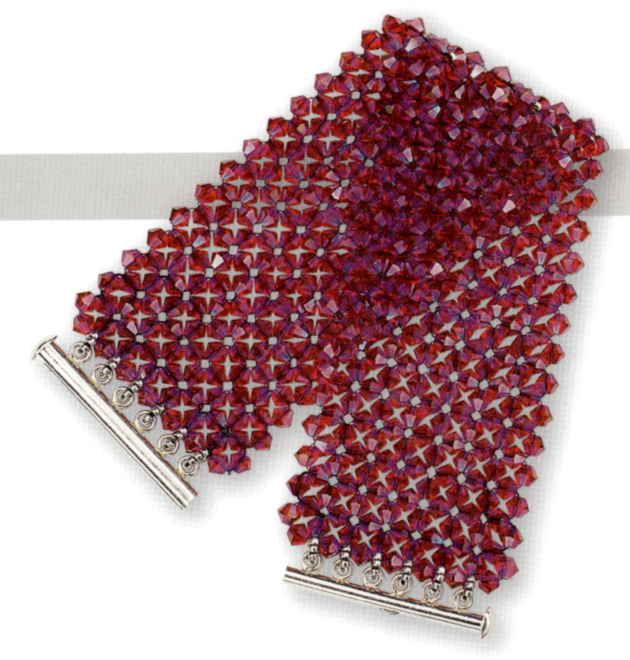

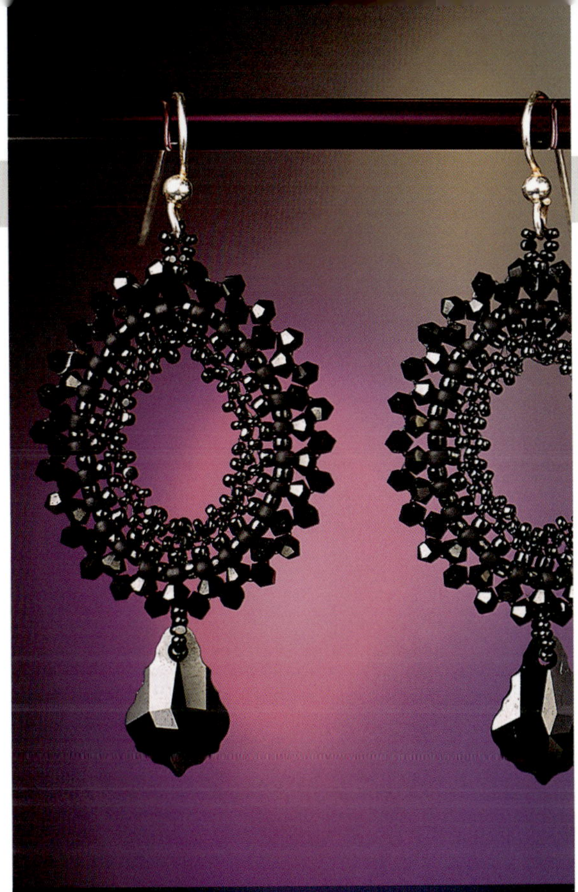

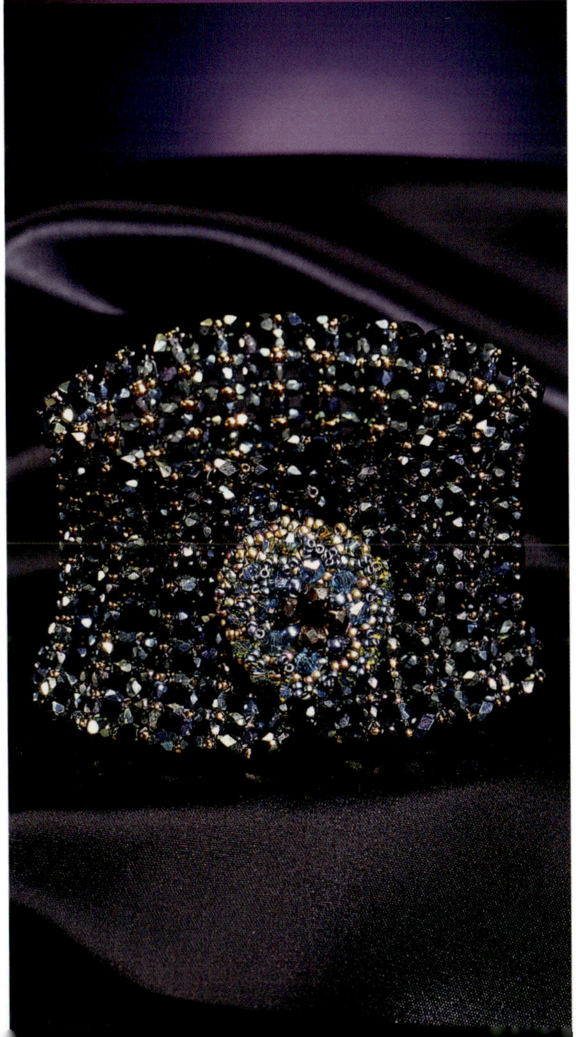

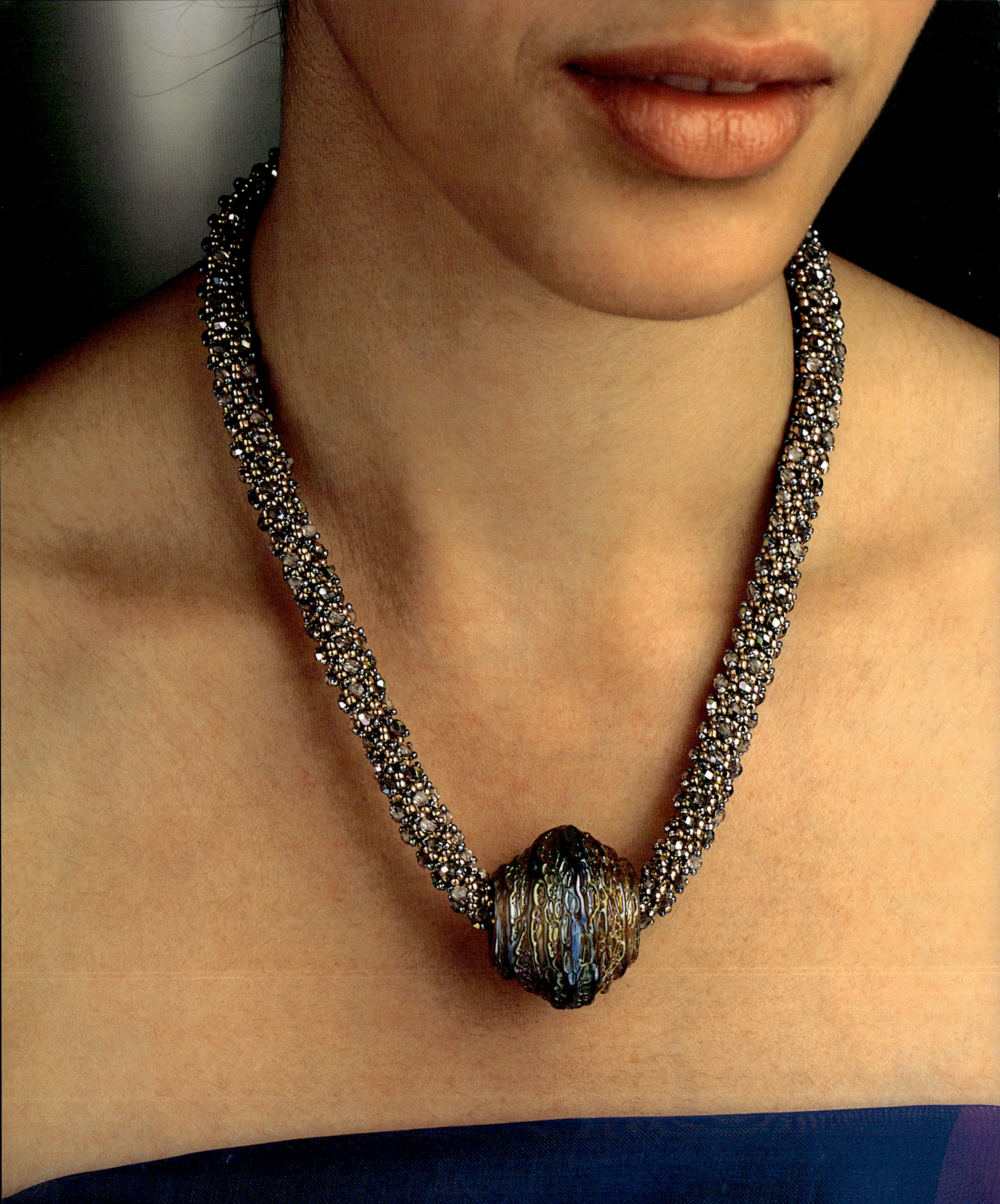

Kleine, wundervolle Perlen, diese glitzernden Objekte der Begierde – ich bin verrückt nach ihnen! Ich liebe es, sie zu sammeln, ich liebe es, sie zu berühren und ich liebe es erst recht, sie in großartige Schmuckstücke zu verwandeln.

Schon immer wollte ich etwas mit meinen Händen erschaffen und nachdem ich mehrere Jahre lang mit verschiedenen Materialien gearbeitet hatte, entdeckte ich schließlich das Fädeln. Der Variationsreichtum der Perlenstiche und die Fülle der Perlenfarben, -formen und -veredelungen bieten unglaublich viele Anregungen. Ich hatte meine Leidenschaft gefunden. Obwohl ich in vielen Stichen sehr geübt bin, zog es mich immer wieder zum Right-Angle-Weave (RAW, Rechter-Winkel-Stich) zurück. Seine erstaunliche Vielseitigkeit erlaubt es mir, Stücke zu erschaffen, die sowohl meinen Wunsch nach persönlichem Schmuck, als auch mein Streben nach immer aufwendigeren Designs erfüllen.

Ich habe dieses Buch in mehrere Kapitel aufgeteilt, jedes erforscht den RAW-Stich auf eine andere Art und Weise. Innerhalb jeden Kapitels habe ich die Projekte locker in der Reihenfolge ihrer Komplexität angeordnet und überall einige Basistechniken beschrieben, sodass Sie ihre Fähigkeiten beim Nacharbeiten der Designs erweitern können. Schauen Sie sich aber zunächst Kapitel zwei ("Grundsätzliches") an, denn Sie benötigen einige grundlegende Fertigkeiten für Ihre Perlenreise: Ich gebe Ihnen dort ein umfassendes Verständnis mit auf den Weg, wie der RAW-Stich mit einer Nadel gearbeitet wird und ich beschreibe den flachen und den röhrenförmigen Stich, Ab- und Zunahmen, die Formgebung und auch weiterführende Techniken wie das Reparieren und das Ausarbeiten von Rundungen und Verzierungen.

Der einfache RAW-Stich, ohne Formgebung oder Verzierung, ergibt ein geschmeidiges Gewebe, welches die Form des Objektes annimmt, über welches es gelegt wird. Die Projekte im Kapitel drei handeln von dieser Art Gewebe. *Spun Glass* (Seite 31) zum Beispiel, schmiegt sich glitzernd und perfekt sitzend um Ihr Handgelenk.

Auch Ketten im RAW-Stich sind sehr flexibel, genau richtig für Halsketten, Armbänder oder Fußkettchen. Kapitel vier beinhaltet tolle Designs, um eine Fokusperle hervorzuheben, und es zeigt, wie ungewöhnliche Perlen, zum Beispiel die unregelmäßigen, langen Perlen beim *Kaiulani*-Fußkettchen auf Seite 48, als Grundperlen der RAW-Einheit verwendet werden können.

Röhrenförmiges RAW ist eine ideale Methode, um Grundformen zu bedecken. Im fünften Kapitel lernen Sie, wie Sie einen Armreif umperlen und wie interessante Formen, z. B. der klassische Perlentropfenanhänger *Etruscan Treasure* auf Seite 61 gearbeitet werden.

Das Kapitel über Verzierungen bezieht sich vor allem auf die aufregendste Eigenschaft des RAW-Stichs – die Fähigkeit, Perlen in die Lücken des Basisgeflechts einzufügen. Diese Qualität eröffnet unendliche Möglichkeiten, um ein Objekt sowohl optisch interessanter zu machen, als auch um ihm Struktur zu verleihen. Die Verzierungen der *Cappadocia* (Seite 72) geben dem Armreif eine ausgestellte Form und verleihen den schräg auf dem Basisgewebe sitzenden feuerpolierten Perlen einen besonderen Glanz. Das Kapitel über Bögen stellt einige weitere der vielen Wege der Formgebung vor. Im letzten Kapitel zeige ich Ihnen verschiedene Arten der Schichtenbildung. Die in gold- und juwelenfarben gehaltene *Amphora*-Perle (Seite 106) wurde zuerst verziert und dann wurden zwischen den verzierten Reihen weitere Schichten im RAW-Stich hinzugefügt.

Anhand der vielen von mir hier vorgestellten Projekte können Sie die Vielseitigkeit des RAW-Stichs erforschen. Nehmen Sie also Ihre Perlen zur Hand, streicheln Sie sie zärtlich und lassen Sie sie durch Ihre Finger gleiten, während Sie die verschiedenen Farben und Formen betrachten. Seien Sie bei der Auswahl einfallsreich und lassen Sie Ihre eigene Kreativität in den Schmuck einfließen. Und wenn Sie dann so weit sind, lassen Sie sich vom RAW-Stich zu Ihren eigenen Designs inspirieren.

Marcia DeCoster

KAPITEL EINS

GRUNDAUSSTATTUNG

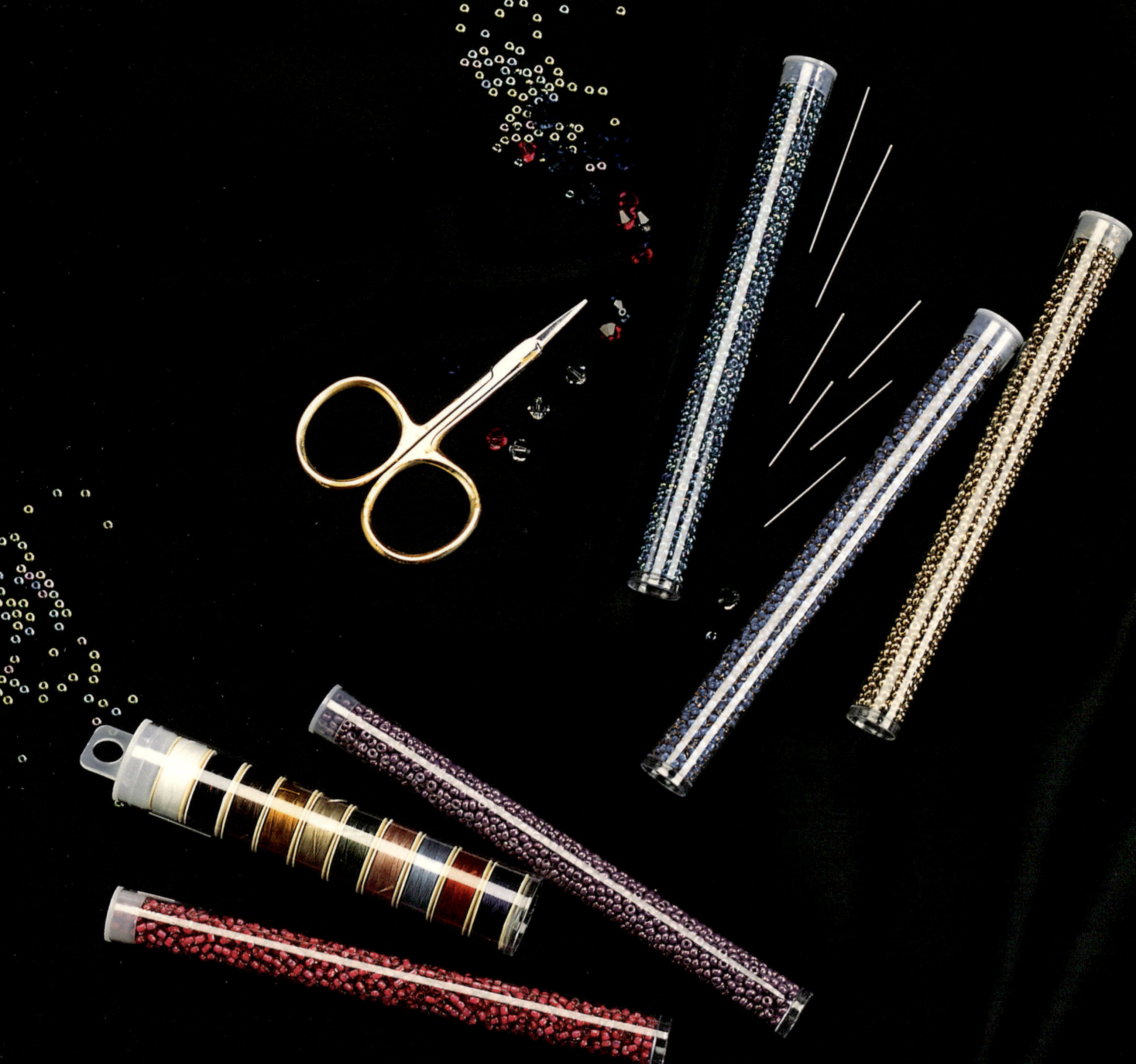

EINE DER GROSSEN FREUDEN DES UNTERRICHTENS IST, DIE VARIATIONEN AN MATERIALIEN UND WERKZEUGEN ZU ENTDECKEN, DIE ANDERE FÄDLERINNEN VERWENDEN. AUF DIESEM WEG HABE ICH UNZÄHLIGE KREATIVE WERKZEUGE ENTDECKT, DIE GANZ ALLTÄGLICHE GEGENSTÄNDE BEINHALTEN UND BEIM FÄDELN HELFEN. ÜBER DIE JAHRE HABE ICH MEINE EIGENE FAVORITENLISTE FÜR EINE GRUNDAUSSTATTUNG ENTWICKELT.

Perlen

Perlen gibt es in einer enormen Vielfalt an Material, Veredelung, Größe und Form. Wenn mir neue Veredelungen und Farben begegnen, kaufe ich alle, die mir gefallen, sodass ich sie sofort zur Hand habe, während ich arbeite.

Saatperlen

Meistens verwende ich für die Basis meiner Designs japanische Saatperlen. Die Größen, die ich vorwiegend benutze, sind 15/0, 11/0 und 8/0, wobei 15/0 die kleinste und 8/0 die größte ist. Ich liebe all die Veredelungen und Farben der Saatperlen, besonders die wundervoll matt metallischen, die metallischen, die mit Silbereinzug und die opaken Perlen.

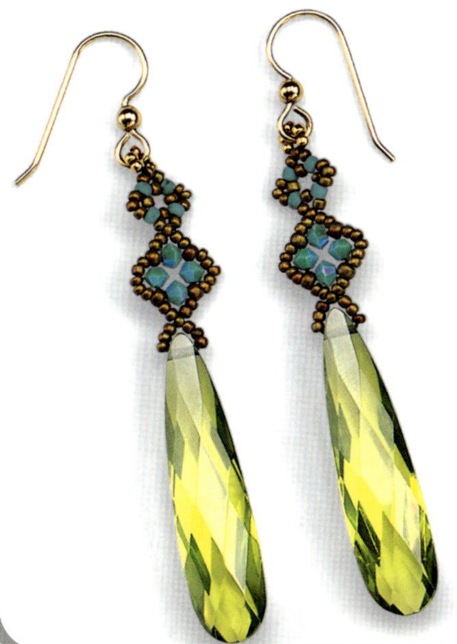

Kristallperlen

Ich liebe das Glitzern in meinen Perlenarbeiten! Um dieses zu erzeugen, verwende ich verschiedene Formen österreichischer Kristallperlen, zum Beispiel Doppelkegel, Rund- und Tropfenperlen. Eine weitere meiner Lieblingsformen ist der Rivoli, ein großer facettierter Kristallstein, welcher mit Saatperlen eingefasst werden kann. Außerdem gibt es noch österreichische Glaswachsperlen – diese sind sehr gleichmäßig und eine schöne Ergänzung Ihrer Grundausstattung.

Feuerpolierte Glasschliffperlen

Viele meiner Designs beinhalten feuerpolierte Glasschliffperlen. Diese kommen aus der Tschechischen Republik und sind für ihre lichtbrechenden Facetten bekannt.

Handgedrehte Glasperlen

Gedrehte Glasperlen (Lampwork) sind handgearbeitete Glasperlen, die über einer Flamme gedreht werden. Sie eignen sich sehr gut als Inspirationsquelle und als Fokusperlen.

Fäden

Es gibt sechs Haupttypen von Fäden, welche von Fädlerinnen immer wieder verwendet werden.

Nymo

Nymo ist ein einfädiger Nylonfaden (monofilament) in der Stärke 0 (dünn) oder D (dicker), welcher in der Polstermöbelindustrie verwendet wird. Es gibt ihn in vielen verschiedenen Farben. Ich habe bemerkt, dass Kursteilnehmer diesen Faden beim RAW-Stich mit kleinen Perlen zerfransen; Anfängerinnen sollten daher einen anderen Faden wählen.

Silamide

Silamide ist ein vorgewachster, gedrehter Faden, welcher ebenfalls in der Polstermöbelindustrie verwendet wird. Er ist stark und neigt nicht so sehr zum Zerfransen, aber er kann leicht reißen und schnell von den scharfen Kanten der Kristallperlen zerschnitten werden. Die Farbauswahl ist begrenzt.

C-Lon

C-Lon ist ein weiterer Nylonfaden, stärker als Nymo, aber ich finde, dass auch dieser zum Zerfransen neigt, wenn die RAW-Technik mit kleinen Perlen gearbeitet wird.

One G

One-G, hergestellt von ToHo, ist ein sehr robuster Fädelfaden. Die Farbauswahl ist begrenzt, aber die Größe der Spule macht ihn sehr gut transportfähig – perfekt für unterwegs.

K.O.

K.O. ist sehr stark und eine gute Alternative zu Nymo. Er ist bereits vorgewachst, widersteht Abrieb und verzwirbelt nicht.

FireLine

FireLine ist eine Angelsehne und hervorragend für Fädelarbeiten geeignet. Es gibt ihn in zwei Farben (smoke und crystal) und in verschiedenen Stärken. Er ist eine gute Wahl für jedes Projekt, welches Kristallperlen beinhaltet, da diese dazu tendieren, andere Fäden zu zerschneiden. Eine Stärke von 6 lb ist meiner Meinung nach eine gute Wahl für die meisten Projekte. Der Farbton smoke gleicht sich den meisten dunklen Perlenfarben gut an, während crystal für helle oder Metallicfarbtöne wie gold und silber geeignet ist. Diese Fadenart kann sich selbst „zerschneiden", wenn sie geknotet wird. Aber da die meisten Knoten beim RAW über zwei bis vier Fadenstränge laufen und nicht viel Spannung aushalten müssen, habe ich hier noch keine Probleme feststellen können.

Tipp: Manche dieser Fäden haben einen Überzug aus Grafit, der Ihre Hände verschmutzen kann. Falten Sie, um dies zu vermindern, ein Stück Papierhandtuch über dem Faden zusammen und ziehen Sie dann die gesamte Länge des Fadens mehrfach durch das Papier, um das Grafit zu entfernen.

Fadenwachs

Es gibt in der Hauptsache drei Produkte, die ich verwende, um meinen Faden zum Fädeln vorzubereiten.

Thread Heaven

Thread Heaven ist ein künstlich hergestellter Faden-Verbesserer, der verwendet wird, um den Faden zu entwirren.

Wachse

Mikrokristallines Wachs und Bienenwachs werden verwendet, um den Faden zu überziehen und zu versteifen. Diese Produkte helfen dabei, den Faden besser handhabbar zu machen, besonders wenn mit doppeltem Faden gearbeitet wird. Mikrokristallines Wachs tendiert dazu, weniger klebrig als Bienenwachs zu sein, und ist deshalb meine bevorzugte Wahl.

Werkzeuge

Die folgenden Werkzeuge habe ich immer in Reichweite, wenn ich fädele. Ich empfehle sie als Basis eines jeden Werkzeugsets.

Nadeln

Die meisten Saatperlenprojekte können leicht mit einer Nadel der Stärke 12 gearbeitet werden. Wenn Sie mit Charlotten oder Saatperlen der Größe 15/0 arbeiten kann es nötig werden, eine Nadel der Größe 13 zu verwenden; diese ist dünner als die Größe 12 und kann somit mehrfach durch die Perlen geführt werden. Bei kleinen, sehr engen Löchern kann eine „Sharp" – eine kleinere und festere Nadel – hilfreich sein.

Scheren

Ich verwende eine kleine Stickschere, um fast alles zu schneiden. FireLine sollte jedoch am besten mit einer preisgünstigen Schere geschnitten werden, da dieser die Schneiden beschädigen kann. Die meisten Fädlerinnen verwenden dafür eine Bastelschere. Wenn Sie nicht mit Scheren reisen möchten, gibt es einen handlichen Fadenschneider, welcher aus einer in Metall eingefassten und mit Einbuchtungen versehenen, runden Rasierklinge besteht.

Zangen/Nadelzieher

Vielleicht haben Sie Schwierigkeiten, die Nadel durch Perlen zu ziehen, deren Fädellöcher mit Faden verstopft sind. Obwohl es verführerisch ist, in diesem Fall die Zähne zu benutzen, würde Ihr Zahnarzt Ihnen mit Sicherheit davon abraten! Eine Flachzange oder ein sogenannter Nadelzieher (ein kleines Stück Aquariumschlauch) kann hier helfen. Wenn dieses um die Nadel gewickelt wird, „greift" das Gummi das Metall, sodass es nicht durch Ihre Finger rutschen kann, während Sie die Nadel durch das Fädelloch ziehen.

Ahle

Eine Ahle mit kleinem Durchmesser ist ein sehr gutes Werkzeug, um eine launische Perle an ihren Platz zu verweisen oder einen Knoten zu lösen.

Pinzetten

Spitze Pinzetten sind gute Werkzeuge zum Lösen von Knoten. Die beiden spitzen Enden werden in den Knoten geschoben und beim Öffnen der Pinzette löst sich dann auch der Knoten.

Weitere Werkzeuge

Am liebsten arbeite ich an einem Tisch in meinem Studio, bade in natürlichem Tageslicht und bin umgeben von meinen Perlen, Werkzeugen und Inspirationen. Es gibt jedoch Zeiten, in denen dies nicht möglich ist und ich improvisieren muss, um eine perfekte Arbeitsumgebung zu schaffen. Diese beinhaltet gutes Licht, einen bequemen Stuhl, einen Tisch, einfachen Zugriff auf meine Werkzeuge und eine Perlenmatte als Arbeitsfläche. Wenn ich auf meinem Schoß arbeiten muss, lege ich ein Kissen unter die Perlenmatte, um diese dichter an meine Hände heranzubringen.

Arbeitslampe

Wenn Sie gern mit Ihren Perlenarbeiten reisen, wird eine tragbare Tageslichtlampe helfen, eine Überanstrengung der Augen an schlecht beleuchteten Orten zu vermeiden. Denken Sie an eine Verlängerungsschnur, sodass Sie Ihre Lampe überall benutzen können.

Arbeitsunterlage

Die meisten meiner Kursteilnehmerinnen verwenden eine samtartige Stoffmatte aus Nylon als Arbeitsunterlage. Sehen Sie sich nach einer Matte um, die leicht transportierbar und einfach zu verstauen ist. Ich bevorzuge das Arbeiten auf einem Ledertablett, 1,3 cm hoch und mit Samt bezogen. Ich habe mehrere sowohl in hellblau als auch in schwarz und wähle diese entsprechend den Perlenfarben aus.

Andere Fädlerinnen verwenden unterteilte Keramikschälchen, damit sich ihre Perlen nicht vermischen. Ich selbst bin in dieser Hinsicht allerdings eher unordentlich und meine Perlen enden meistens als üppiger, glitzernder Haufen.

Nadeldosen

Nadeldosen helfen, die Nadeln einfach wieder zu finden. Es gibt sie in verschiedenen Formen, aber meine Lieblingsform ist eine zylindrische Dose, deren Deckel durch Spannung am Platz bleibt. Oftmals werden die Dosen mit Perlen umfädelt.

Schäufelchen

Es gibt verschiedene Schäufelchen, um die Perlen von der Arbeitsfläche zurück in ihre Röhrchen zu füllen. Da meine Perlen auf der Arbeitsfläche oft ein Eigenleben entwickeln, verwende ich ein winziges Schäufelchen, um die Perlen von der Arbeitsunterlage aufzunehmen.

Restebehälter

Es ist hilfreich, eine Dose für Fadenreste oder Ausschussperlen zur Hand zu haben. Mein persönlicher Favorit ist ein Stoffbeutel, der an einem mit Sand gefüllten Nadelkissen angebracht ist, in welches ich auch meine Nadeln stecken kann. Ich hänge den Beutel an die Tischkante, sodass er aus dem Weg ist, meine Arbeitsfläche ordentlich bleibt und meine Nadeln in der Nähe sind.

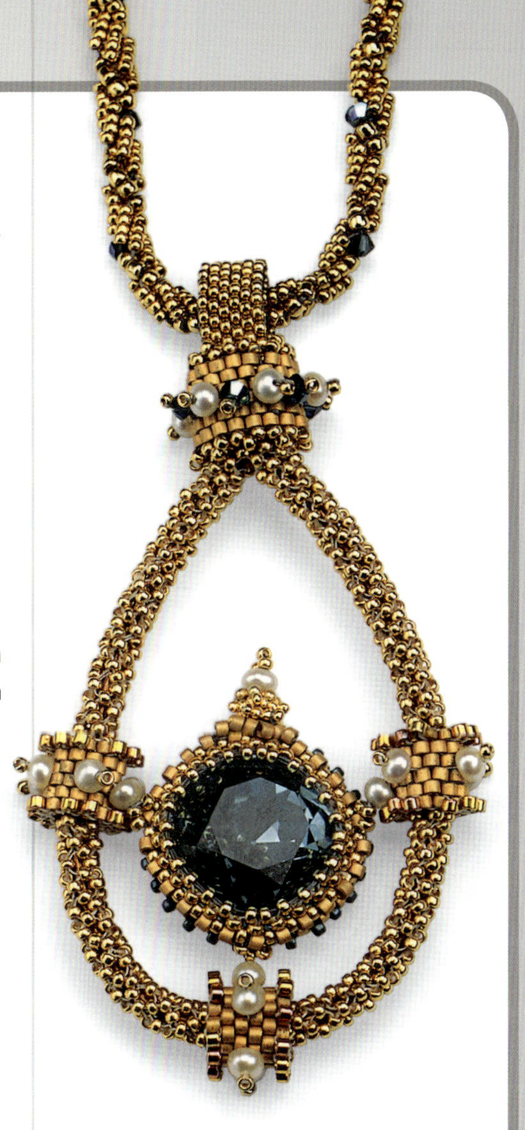

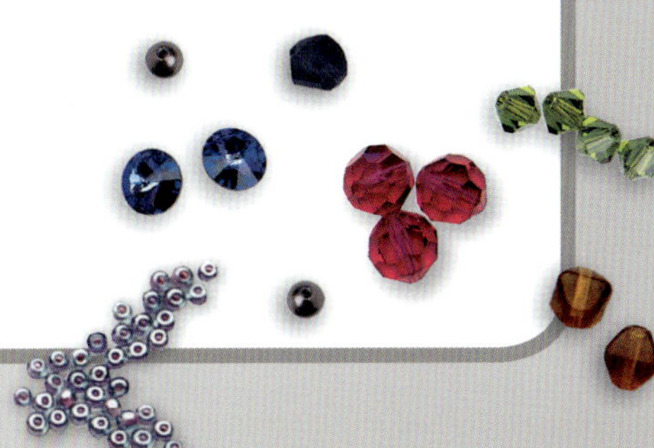

KAPITEL ZWEI

GRUNDSÄTZLICHES

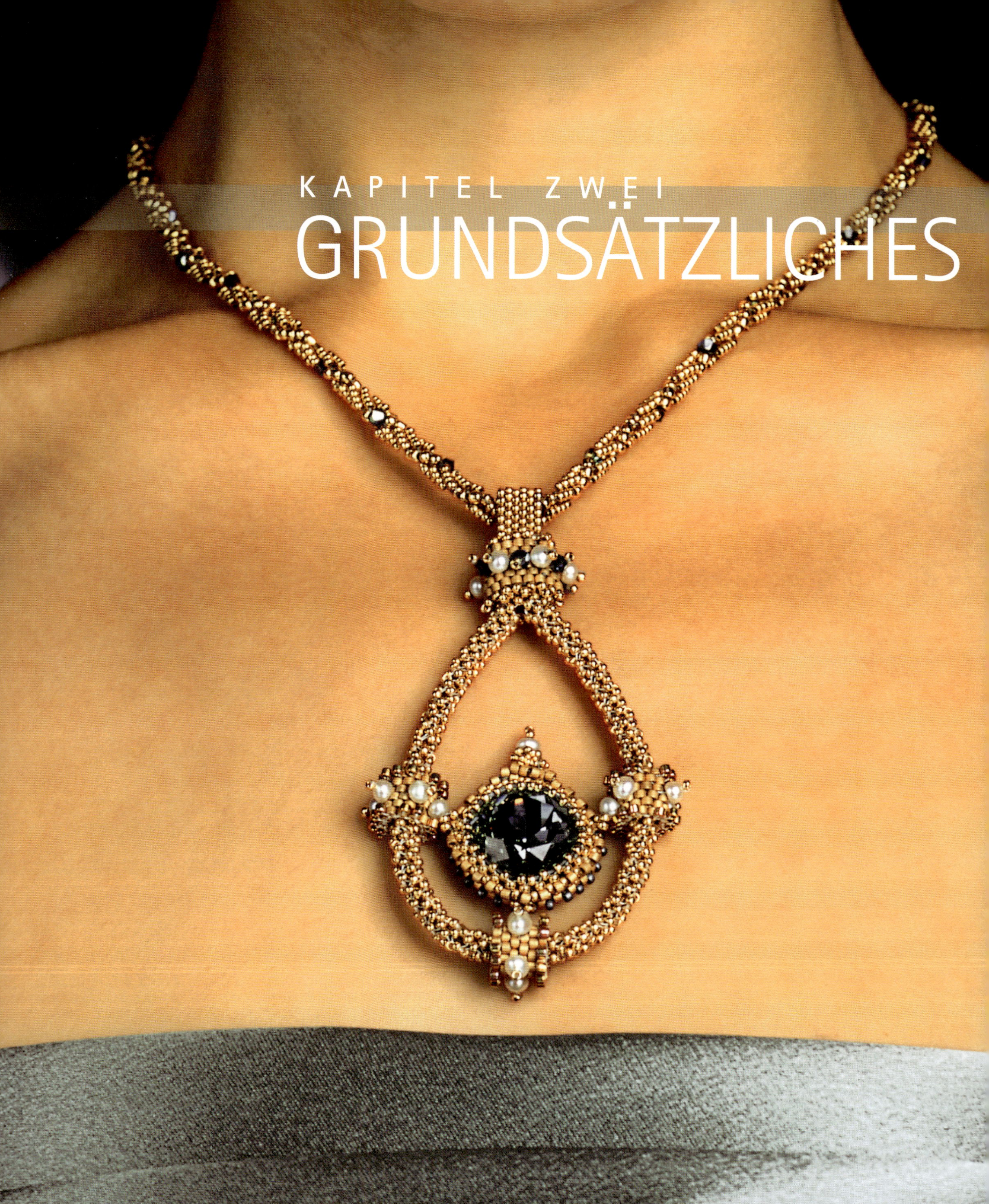

WÄHREND DER FRÜHEN 1990er JAHRE, ALS AMULETTTÄSCHEN DER LETZTE SCHREI WAREN, machte mich ein von David Chatt designtes Amuletttäschchen mit dem Right-Angle-Weave Stich bekannt. Das ist Jahre her, aber noch immer beginne ich mit diesem vielseitigen Stich, wenn ich über ein neues Design nachdenke. Eine Betrachtung meines Workshop-Angebots zeigt, wie sehr ich diese Technik liebe. Die Breite an Designmöglichkeiten ist enorm, denn dieser Stich hat unglaublich viele Eigenschaften. Es gibt nicht sehr viele Fädeltechniken, die sowohl ein geschmeidiges Gewebe als auch einen festen Grundkörper, abhängig von der verwendeten Variante, produzieren können.

Ich denke, dass es auch hier, wie bei jeder anderen Technik, wichtig ist, ein Paket aus grundsätzlichen Fertigkeiten zu haben. Dieses Kapitel beschreibt und illustriert die benötigten Fertigkeiten, die für den Right-Angle-Weave Stich nötig sind.

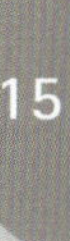

Terminologie

Die Perlen, die die vier Seiten eines Right-Angle-Weave Stiches bilden, sitzen in rechten Winkeln zueinander. Es ist diese Eigenschaft, welche den Stich zugleich sehr flexibel und vielseitig macht. Durch den Faden, der zwischen den vier Seiten verläuft, entsteht ein geschmeidiges, fließendes Gewebe, das in jede Richtung gebogen werden kann.

Diese fließende Struktur ist ein großes Plus, aber da die Perlen alle in unterschiedliche Richtungen zeigen, ist es schwierig, die Technik in Worte zu fassen. Beachten Sie also bei der Arbeit mit diesem Buch die Terminologie, die ich verwende, um den Stich zu beschreiben:

- Ein RAW-Stich hat vier "Seiten", die eine Einheit bilden. Ich bezeichne diese als Oben, Unten und als Seiten.

- Eine RAW-Einheit besteht normalerweise aus 1 Oben-, 1 Unten- und 2 Seitenperlen, die gemeinsam ein Quadrat formen. Bei den Anleitungen können Sie davon ausgehen, dass eine Einheit aus vier Perlen besteht, solange nichts anderes vermerkt ist.

- In der ersten Reihe einer Perlenarbeit im RAW-Stich teilen sich die erste und alle folgenden Einheiten eine Seite mit der nächsten Einheit. In der zweiten und allen folgenden Reihen sind die Obenperlen der Einheiten der vorigen Reihe die Untenperlen der Einheiten der aktuellen Reihe. Denken Sie daran, dass oben und unten relativ ist, abhängig davon, wie Sie Ihre Perlenarbeit halten.

- Ich arbeite ungerade Reihen von links nach rechts und gerade Reihen von rechts nach links und die Anleitungen der Projekte sind auch in dieser Art geschrieben. Dies ist eine persönliche Vorliebe, während viele Fädlerinnen ihre Arbeit umdrehen, sodass sie immer in der gleichen Richtung arbeiten.

- In diesem Buch lege ich das Hauptaugenmerk auf den RAW-Stich mit einer Nadel, aber jedes Projekt kann auch mit zwei Nadeln gearbeitet werden. Diese Technik wird manchmal „Cross-Needle-Weaving" genannt und sie wird gearbeitet, indem jedes Fadenende in eine Nadel eingefädelt wird. Anstatt in Kreisen mit und entgegen dem Uhrzeigersinn zu arbeiten, werden die Fäden in den Perlen gekreuzt, um die Einheiten zu erhalten.

- Die Anweisung "fädeln Sie durch" bedeutet, dass die Nadel in derselben Richtung durch das Fädelloch geführt wird, in der die Perle aufgenommen wurde. "Fädeln Sie zurück durch" bedeutet, dass die Perle in entgegengesetzter Richtung durchfädelt wird.

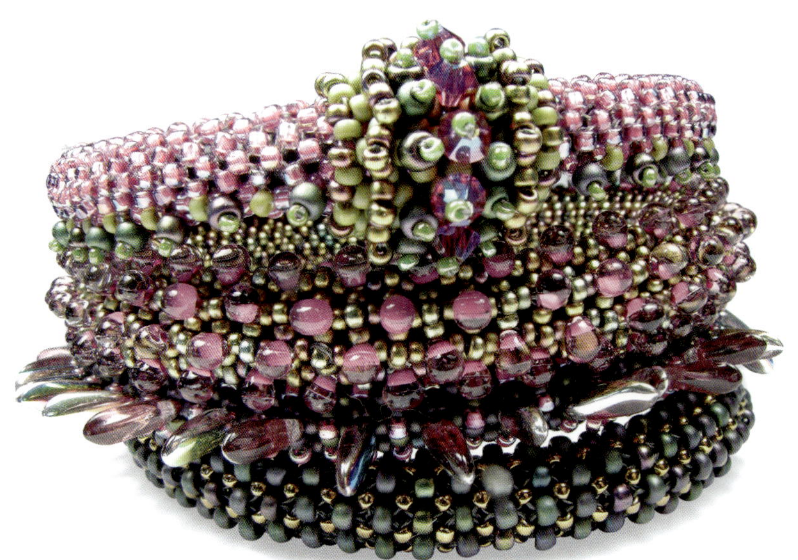

Wenn Sie erst einmal ein wenig Erfahrung gesammelt haben, können Sie das *Beaded Bangle* (Seite 52) in vielen verschiedenen Varianten arbeiten.

Den Faden vorbereiten

Der Faden: Einfach? Doppelt? Gewachst? Welche Länge? All dies sind persönliche Vorlieben, aber hier kommen meine kurserprobten Richtlinien, um mit dem Faden umzugehen.

Einfacher oder doppelter Faden

Beim RAW-Stich müssen Sie mehrfach durch die Perlen fädeln, um eine Art von geperltem Gewebe herzustellen. Wenn Sie möchten, dass Ihr Stück sehr weich wird, entscheiden Sie sich für einen einfachen Faden. Wenn Sie Ihr Objekt verzieren möchten, besonders mit Perlen mit scharfen Fädellöchern, oder wenn das Stück eine feste Struktur erhalten soll, wählen Sie doppelten Faden. Bei der Entscheidung muss die Größe der zu verwendenden Perlen ebenfalls berücksichtigt werden: Wenn Sie das Stück mit 15/0 Saatperlen verzieren möchten, müssen Sie wahrscheinlich mit einfachem Faden arbeiten, damit Sie mehrfach durch die kleinen Perlen fädeln können.

Wachsen und Fadenart

Wenn Sie mit doppeltem Faden arbeiten, wird das Wachs die Widerspenstigkeit der beiden Stränge bändigen. Bei einfachem Faden ist es nicht so wichtig, ihn zu wachsen. In diesem Buch habe ich die persönliche Wahl beider Möglichkeiten berücksichtigt und nur in einigen besonderen Fällen bestimmte Fäden für beste Ergebnisse empfohlen.

Fadenlänge

Wenn Sie an einem größeren Projekt arbeiten, beginnen Sie mit einer Armspanne Faden. Wenn Sie das große Projekt mit doppeltem Faden arbeiten möchten, nehmen Sie zwei Armspannen Faden und doppeln diesen dann. Wenn Sie diese Fadenlänge verwenden – nicht zu lang und nicht zu kurz – steigern Sie Ihre Fädelgeschwindigkeit, indem Sie die Häufigkeit von Fadensalat und das Nachziehen des Fadens reduzieren.

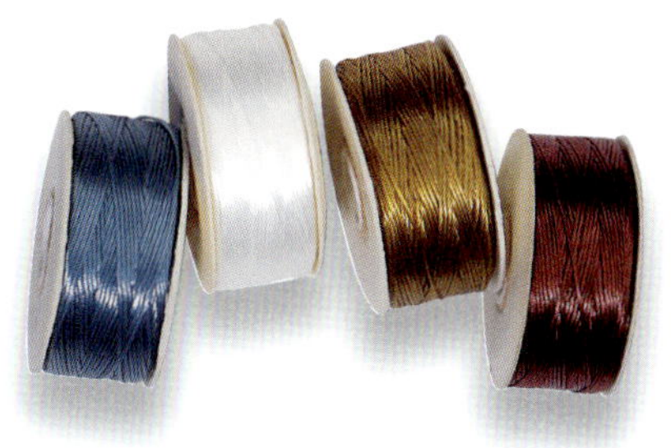

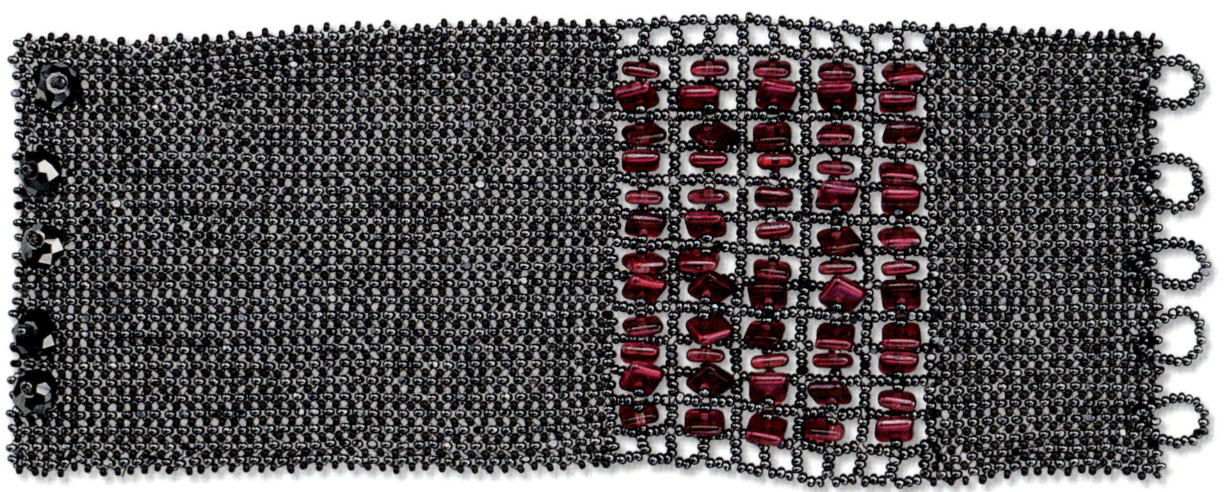

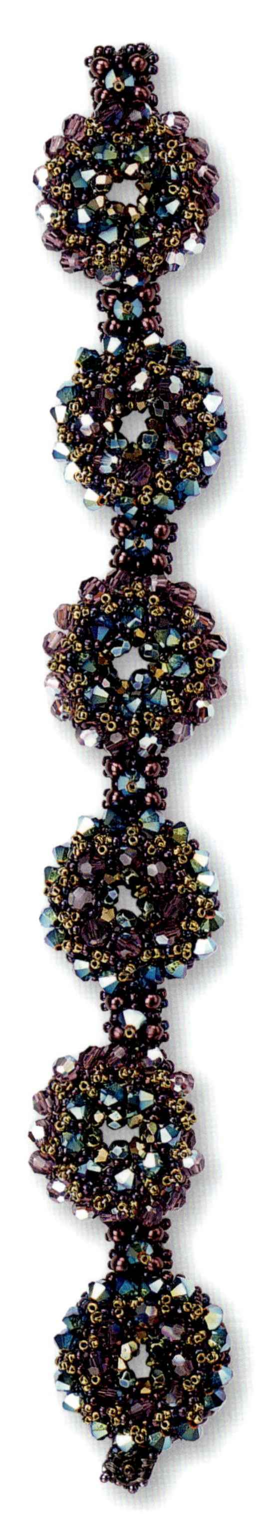

Flacher Right-Angle-Weave Stich

Diese Technik ergibt ein flaches Stück Perlenarbeit. Arbeiten Sie die Reihen hin und zurück, Einheit für Einheit.

Tipp: Beim Erlernen des RAW-Stichs ist es hilfreich, zwei kontrastierende Perlenfarben zu verwenden. Arbeiten Sie die Oben- und Untenperlen in einer und die Seitenperlen in einer anderen Farbe.

Nehmen Sie vier Perlen auf, machen Sie einen Überhandknoten und verbinden Sie somit die Perlen zu einem Kreis. Fädeln Sie durch die zuerst aufgenommene Perle vor und legen Sie sich die Perlenarbeit so hin, dass die Perle, die Sie soeben durchfädelt haben, die Perle auf der rechten Seite ist (Grafik 1).

Nehmen Sie drei Perlen auf, arbeiten Sie entgegen dem Uhrzeigersinn und fädeln Sie durch die Seitenperle, aus der die Nadel kommt, die soeben zuerst aufgenommene Perle (Untenperle) und die zweite, soeben aufgenommene Perle (Seitenperle). ***Hinweis:*** Sie müssen immer durch die neue Seitenperle vorfädeln, bevor Sie die nächste RAW-Einheit beginnen können (Grafik 2).

Nehmen Sie drei Perlen auf, arbeiten Sie dieses Mal mit dem Uhrzeigersinn und fädeln Sie durch die Seitenperle, aus der die Nadel kommt, sowie durch die soeben hinzugefügte Oben- und Seitenperle (Grafik 3).

Nehmen Sie drei Perlen auf, arbeiten Sie entgegen dem Uhrzeigersinn und fädeln Sie durch die Perle, aus der der Faden kommt, sowie durch die soeben hinzugefügte Unten- und Seitenperle (Grafik 4). Beachten Sie, wie nach jeder Gruppe von Perlen die Richtung wechselt: Erst mit dem, dann entgegen dem Uhrzeigersinn.

Um eine neue Reihe beginnen zu können, müssen Sie durch die Obenperle der aktuellen Reihe vorfädeln. Ich nenne dies den Aufschritt. Wenn Sie entgegen dem Uhrzeigersinn arbeiten, fädeln Sie durch die Unten-, die Seiten- und dann durch die Obenperle (Grafik 5). Wenn Sie mit dem Uhrzeigersinn arbeiten, müssen Sie nur durch die Obenperle vorfädeln, wie in Grafik 5a. Wenn Sie die zweite Einheit entgegen dem Uhrzeigersinn gearbeitet haben, wie Grafik 2 zeigt, werden alle

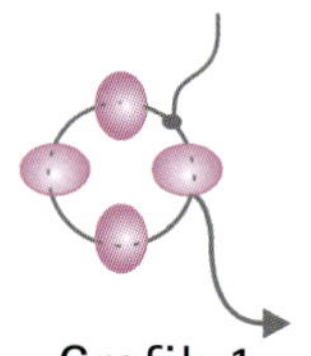

Grafik 1

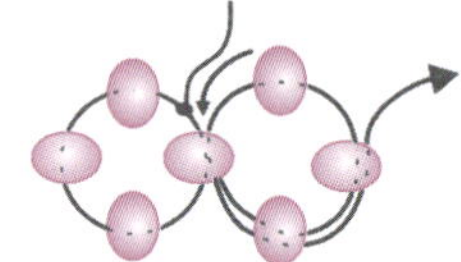

Grafik 2

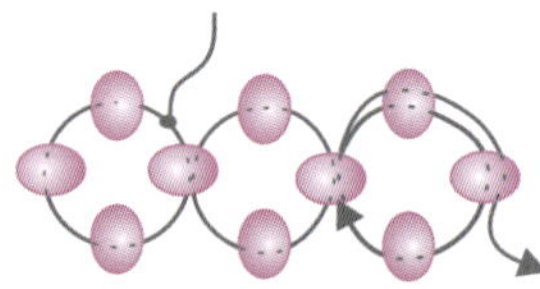

Grafik 3

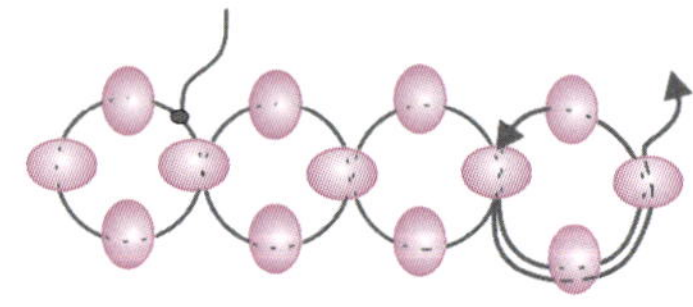

Grafik 4

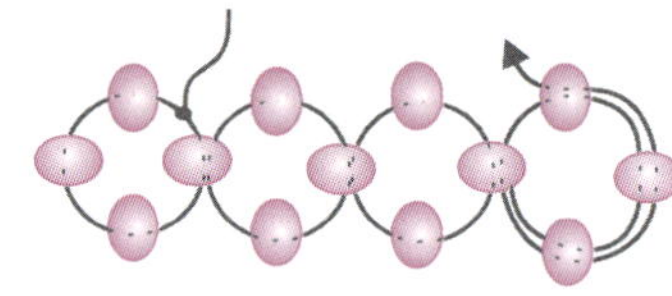

Grafik 5

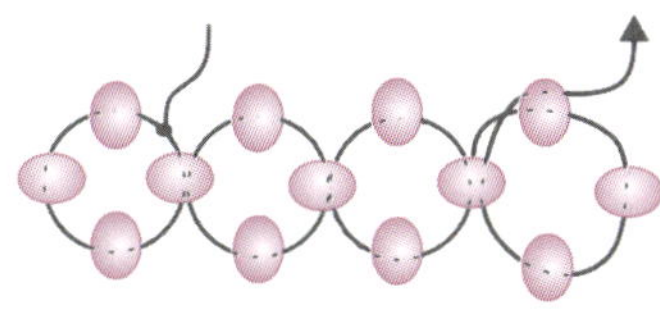

Grafik 5a

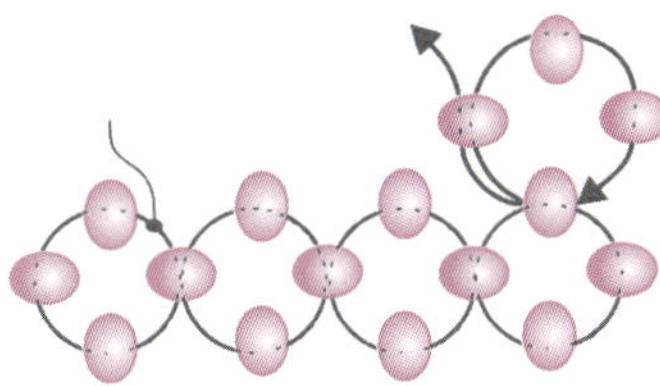

Grafik 6

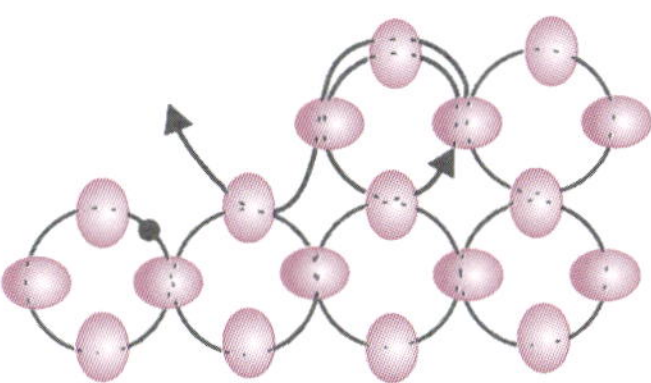

Grafik 7

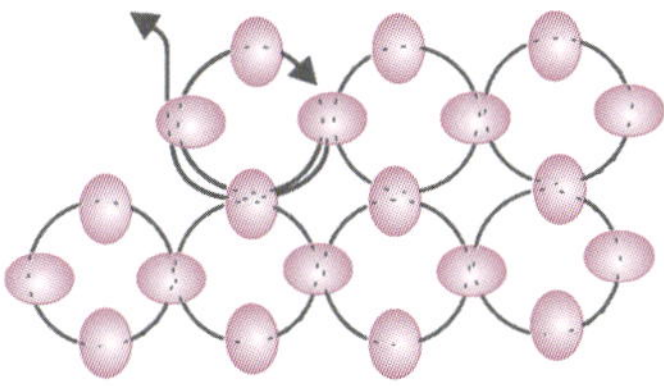

Grafik 8

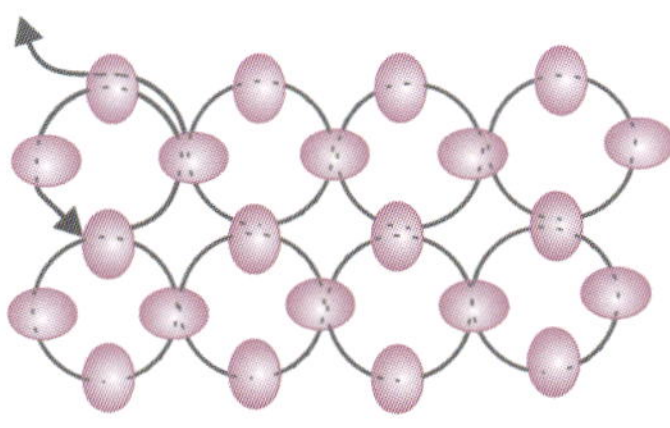

Grafik 9

geraden Einheiten entgegen dem Uhrzeigersinn und alle ungeraden Einheiten mit dem Uhrzeigersinn gearbeitet.

Fügen Sie drei Perlen hinzu, fädeln Sie von rechts nach links durch die Obenperle hindurch und im Uhrzeigersinn weiter durch die Seitenperle vor (Grafik 6). Die erste Einheit der Reihe 2 und jeder folgenden Reihe beginnt immer, indem eine Seiten-, eine Oben- und eine Seitenperle hinzugefügt wird.

Fügen Sie zwei Perlen hinzu, arbeiten Sie entgegen dem Uhrzeigersinn und fädeln Sie von links nach rechts durch die Obenperle der nächsten Einheit aus Reihe 1. Fädeln Sie durch die Seitenperle der ersten Einheit dieser Reihe und die neuen, soeben hinzugefügten, Oben- und Seitenperle vor. Fädeln Sie durch die Obenperle der folgenden Einheit der Reihe 1 von rechts nach links vor (Grafik 7). Die zweite und alle folgenden Einheiten benötigen nur zwei neue Perlen. Eine Obenperle der vorigen Reihe und eine Seitenperle der vorigen Einheit werden mitverwendet.

Fügen Sie wieder zwei Perlen hinzu, arbeiten Sie im Uhrzeigersinn und fädeln Sie durch die Seitenperle der vorigen Einheit. Fädeln Sie weiter durch die Obenperle der vorigen Reihe und die neue Seitenperle vor (Grafik 8).

Fügen Sie zwei Perlen hinzu, arbeiten Sie entgegen dem Uhrzeigersinn und fädeln Sie durch die Obenperle der nächsten Einheit aus Reihe 1 und die Seitenperle der vorigen Einheit. Da dies die letzte Einheit der Reihe ist, fädeln Sie durch die Obenperle, um mit der nächsten Reihe beginnen zu können (Grafik 9).

Hinweis: Wenn Ihre letzte Einheit im Uhrzeigersinn gearbeitet wurde, müssen Sie durch drei Perlen fädeln, um mit der Nadel aus der Obenperle herauszukommen.

Vielleicht finden Sie es komfortabler, Ihre Arbeit am Ende der Reihe zu wenden, sodass Sie immer von links nach rechts oder von rechts nach links arbeiten - abhängig von Ihren Vorlieben.

Tipp: Während des Fädelns oder Verzierens wird es manchmal nötig sein, die Fadenspannung des Arbeitsfadens zu sichern, bevor Sie den nächsten Schritt durchführen. Machen Sie dies, indem Sie mit dem Faden einen halben Knoten zwischen den Perlen neben dem Arbeitsfadenknoten. Dies ist besonders hilfreich, wenn Sie an einem Projekt wie *Urchin* (Seite 83) arbeiten. Diese Technik funktioniert auch gut, wenn die Fadenrichtung während des Fädelns geändert werden soll. Machen Sie einfach einen halben Knoten zwischen den Perlen und fädeln Sie in der gewünschten Richtung zurück durch die letzte Perle.

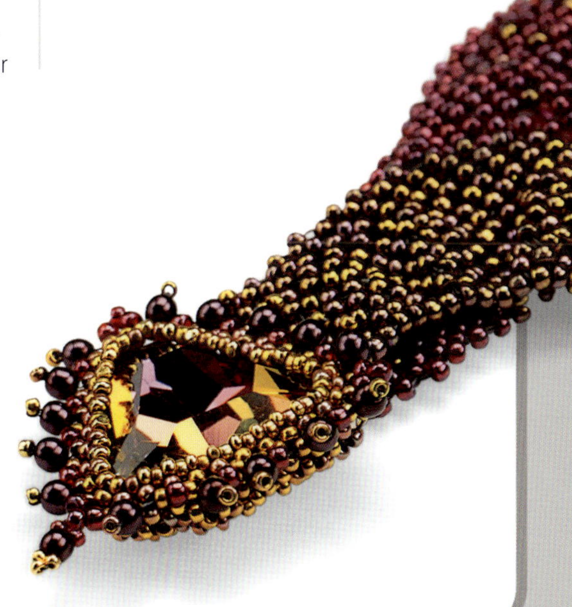

Einheiten zählen

Um Einheiten zu zählen, zählen Sie die Untenperlen jeder 4-seitigen Einheit einer Reihe. Um Reihen zu zählen, zählen Sie die Seitenperlen entlang der Kante (Grafik 10).

Verlängern oder Erweitern

Sie können jede der 4 Seiten Ihrer Perlenarbeit ganz einfach verlängern oder erweitern. Fädeln Sie einfach immer rechtwinklig durch benachbarte Perlen zu der Stelle vor, an der Sie Einheiten hinzufügen möchten und beginnen Sie dann an der Kante mit dem RAW-Stich (Grafik 11 und 12).

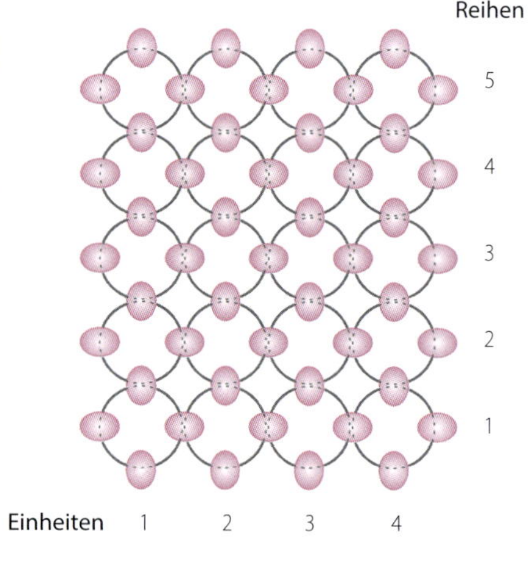

Grafik 10

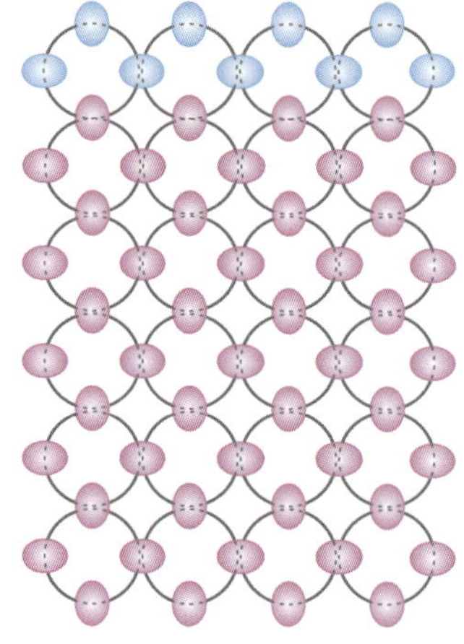

Grafik 11

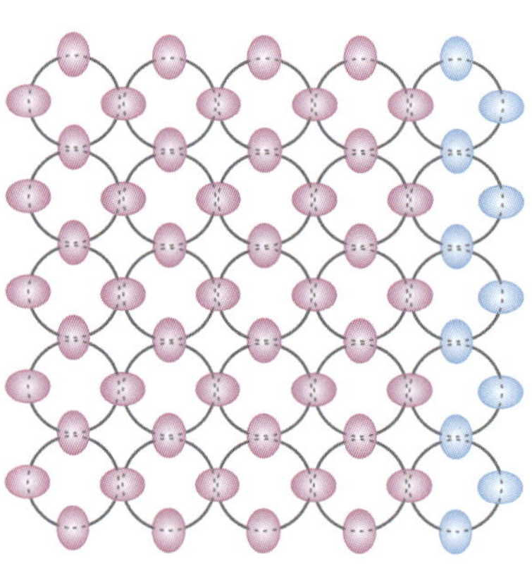

Grafik 12

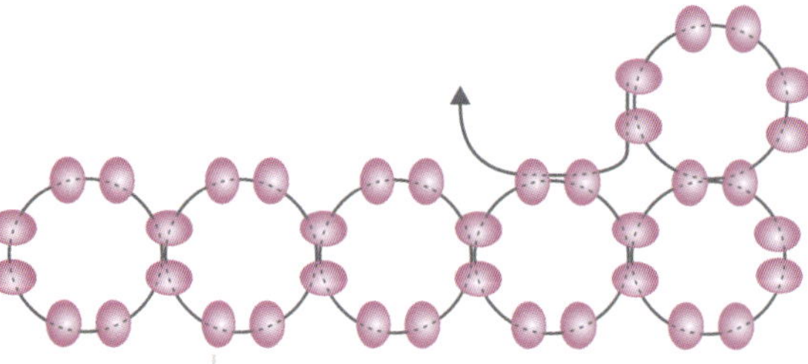

Grafik 13

Perlenanzahl verändern

Die Perlen, die die vier Seiten einer Einheit bilden, können jede Anzahl, Größe oder Form haben (Grafik 13). Dies ist ein toller Aspekt des RAW-Stichs, denn es gibt Ihnen die Möglichkeit, entweder ein dichtes oder ein lockeres Perlengeflecht herzustellen. ***Hinweis:*** Wenn Sie mehrere Perlen pro Seite verwenden, müssen diese als eine einzige Perle behandelt werden, indem alle auf einmal durchfädelt werden.

Formgebung

Sie können einem RAW-Gewebe Form verleihen, indem Sie die Anzahl oder Größe der Perlen verändern. Wenn Sie zum Beispiel 15/0 Perlen als Unten- und 11/0 Perlen als Oben- und Seitenperlen verwenden, erhalten Sie einen Bogen. Um den Bogen weiter zu definieren, können Sie 2x 11/0 Perlen als Obenperlen verwenden (Grafik 14). Um sanftere Bögen zu erhalten, arbeiten Sie die Zunahmen schrittweise in aufeinanderfolgenden Reihen.

Eine weitere Methode, um ein Stück im RAW-Stich zu formen ist, den Faden durch vertikal oder horizontal benachbarte Perlen zu führen, ohne weitere Perlen hinzuzufügen. Wenn Sie den Faden stramm anziehen, wird sich die Perlenarbeit biegen. Dies kann entlang einer Kante geschehen, wie in Grafik 15 gezeigt, oder Sie können dies inmitten eines Perlengewebes machen und eine hübsche Kräuselung erhalten.

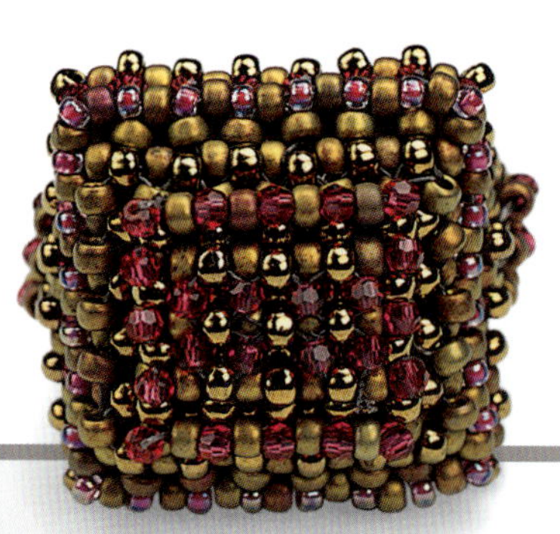

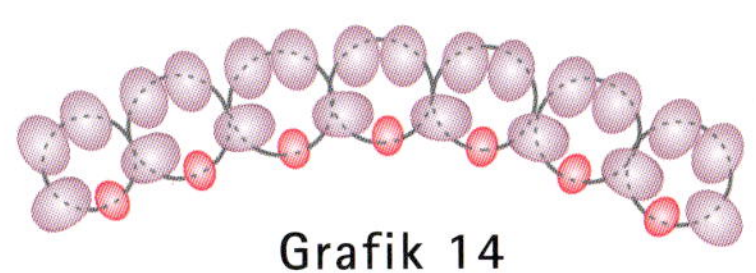

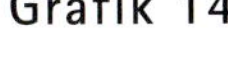

Grafik 14

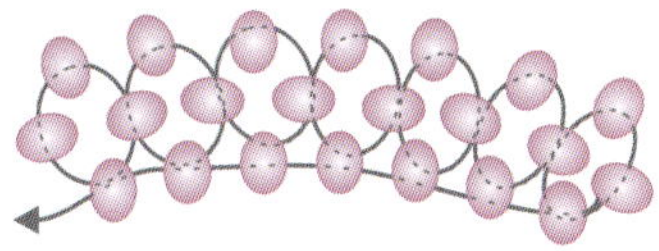

Grafik 15

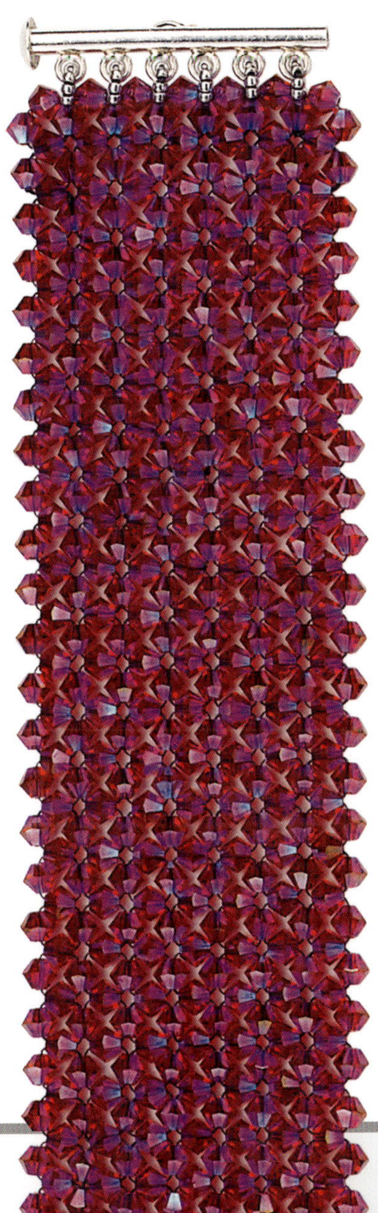

Beginn und Ende eines Fadens

Wenn Sie bei einem Projekt nur noch ca. 15 bis 20 cm Fadenrest übrig haben, müssen Sie weiteren Faden hinzufügen. Schneiden Sie dazu eine neue Länge Faden ab und fädeln Sie durch eine Perle, die einige Einheiten entfernt von den Perlen liegt, mit denen Sie aufgehört haben zu fädeln. Folgen Sie dem RAW-Fadenlauf, den Sie gerade gearbeitet haben und machen Sie an zwei Stellen entlang des Wegs Halbknoten, bis Sie aus der zuletzt hinzugefügten Perle herauskommen. Fädeln Sie eine Nadel in das alte Fadenende und fädeln Sie, dem RAW-Fadenlauf folgend und Halbknoten knotend, durch die Perlen, um den Faden zu sichern. Schneiden Sie das alte Fadenende nah an der Perlenarbeit ab und arbeiten Sie mit dem neuen Faden weiter (Grafik 16).

Tipp: Ich bemühe mich, meine Perlenarbeiten so herzustellen, dass sie möglichst lange halten; aber gebrochene Fäden und verlorene Perlen kommen vor. Am Ende eines jeden Projekts packe ich ein kleines Ersatzpaket mit einigen Perlen jeder der in dem Design verwendeten Sorte. Auch wenn das Ersetzen noch ein paar Jahre entfernt ist, erleichtert es sehr, die richtigen Perlen zu haben, sollte eine Reparatur nötig werden.

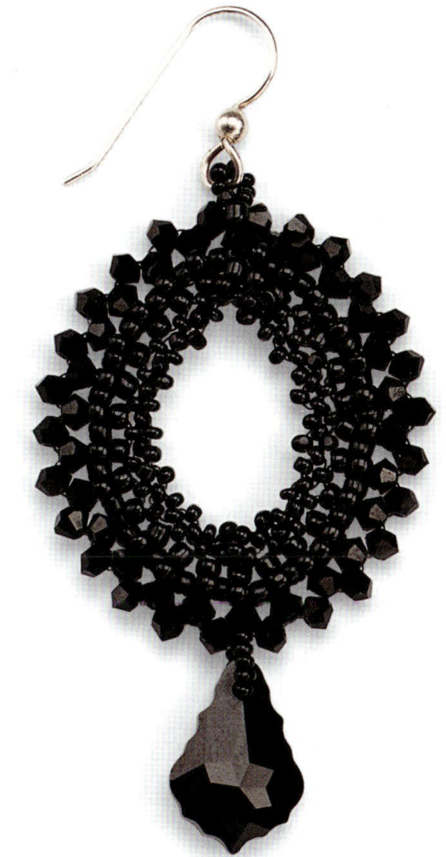

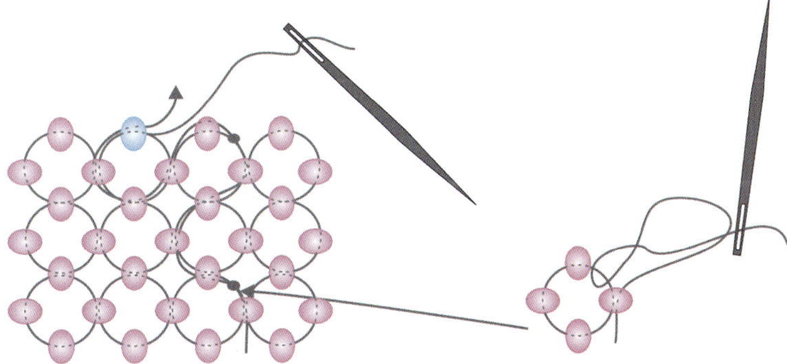

Grafik 16

Röhrenförmiges Right-Angle-Weave

Diese Technik ergibt eine Röhre aus Perlen und es gibt zwei Wege, das zu erreichen: Entweder arbeiten Sie in Runden oder Sie arbeiten flach und verbinden die Perlenarbeit hinterher zu einer Röhre.

In Runden arbeiten

Fertigen Sie einen Streifen in der benötigten Anzahl minus einer Einheit an. Legen Sie die Seitenperlen der Endeinheiten so aneinander, dass sie Seite an Seite liegen. Arbeiten Sie einen RAW-Stich und fügen Sie die Oben- und Untenperle hinzu. Diese Verbindung ergibt die fehlende Einheit. Fädeln Sie, um die zweite Runde beginnen zu können, durch die Obenperle der ersten Runde, nehmen Sie dann drei Perlen auf und fädeln Sie erneut durch die Obenperle der ersten Runde und die neue Seitenperle vor (Grafik 17).

Arbeiten Sie die zweite Runde wie gewohnt weiter. Wenn Sie nur noch eine Einheit zu fädeln haben, nehmen Sie eine Perle auf, fädeln durch die Seitenperle der ersten Einheit dieser Runde, durch die Obenperle der vorigen Runde, die Seitenperle der letzten Einheit dieser Runde und die soeben hinzugefügte Obenperle (Grafik 18).

Hinweis: Die Anordnung der Perlen hängt von der Arbeitsrichtung ab. Wenn Sie die letzte Einheit entgegen dem Uhrzeigersinn gearbeitet haben, werden Sie durch die Obenperle der vorigen Runde und die Seitenperle der ersten Einheit fädeln. Dann werden Sie eine Perle aufnehmen und durch die Seitenperle der letzten Einheit fädeln.

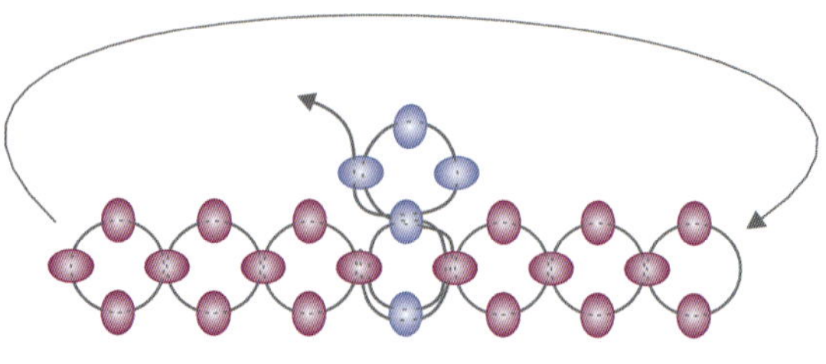

Grafik 17

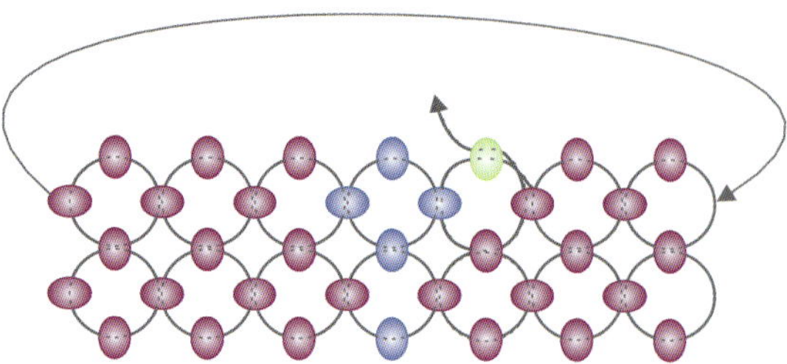

Grafik 18

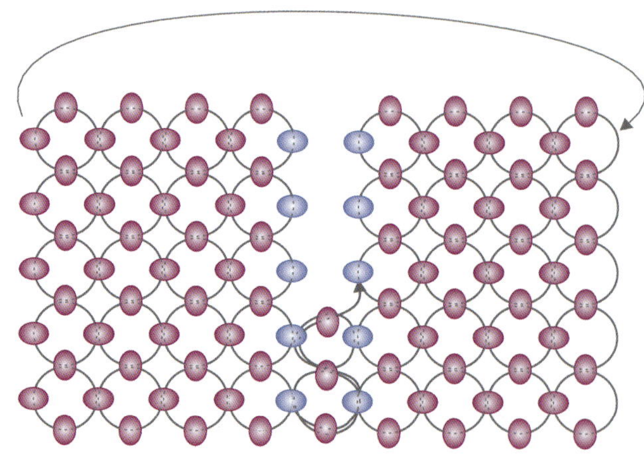

Grafik 19

Flach arbeiten und verbinden

Ein anderer Weg, um eine Röhre zu formen, ist, ein flaches Stück im RAW-Stich zu fädeln und dann die gegenüberliegenden Kanten miteinander zu verbinden.

Diese Technik ist vor allem dann sinnvoll, wenn Sie eine Form mit der Perlenarbeit bedecken möchten. Ich arbeite so am liebsten, aber das ist nur meine persönliche Präferenz.

Um eine Röhre mit dieser Methode anzufertigen, arbeiten Sie einen Streifen im RAW-Stich in der gewünschten Länge und in der gewünschten Breite Minus eine Einheit. Ist dieser fertiggestellt, falten Sie die beiden Enden, sodass die Seitenperlen aneinander liegen. Fädeln Sie so vor, dass die Nadel nach unten aus einer Seitenperle herauskommt. Nehmen Sie eine Untenperle auf und fädeln Sie durch die gegenüberliegende Seitenperle. Nehmen Sie eine Obenperle auf und fädeln Sie nach unten durch die Seitenperle, aus der der Faden kam. Fädeln Sie durch die neue Untenperle, nach oben durch die gegenüberliegende Seitenperle, die neue Obenperle und nach oben durch die Seitenperle der nächsten Einheit. Nehmen Sie eine Obenperle auf und fädeln Sie nach unten durch die gegenüberliegende Seitenperle. Fahren Sie fort und fädeln Sie durch die Untenperle, nach oben durch die Seitenperle, die neue Obenperle und nach oben durch die Seitenperle der nächsten Einheit. Wiederholen Sie dies, bis alle Einheiten verbunden sind. Diese Verbindungen ergeben eine weitere Einheit (Grafik 19).

Bei der Arbeit im röhrenförmigen RAW-Stich, ist die gerade oder ungerade Anzahl an Lücken der fertiggestellten Röhre zu beachten. Dieser Punkt ist besonders wichtig, wenn Sie die Röhre verzieren möchten, da eine gerade Anzahl Einheiten essenziell wichtig für abwechselnde Fransen oder andere Verzierungen mit gerader Anzahl ist (wie bei den *Ringlets* auf Seite 66). Wenn Sie also mit Ihrer ersten Reihe im RAW-Stich beginnen, egal ob Sie im flachen oder röhrenförmigen Stich arbeiten, müssen Sie daran denken, dass, wenn Sie die Reihe mit einer geraden Anzahl Einheiten beginnen, Sie mit einer ungeraden Anzahl enden werden, wenn Sie die Enden miteinander verbinden.

Verbinden

Das Verbinden wird bei einigen Techniken benötigt. Es kann ein flaches Stück im RAW-Stich zu einer Röhre formen, wie Grafik 19 zeigt, oder zwei separate Stücke im RAW-Stich verbinden (Grafik 20). Es kann auch dazu verwendet werden, Verzierungsperlen als eine weitere Schicht im RAW-Stich hinzuzufügen, so wie bei den Projekten im Kapitel über Schichten.

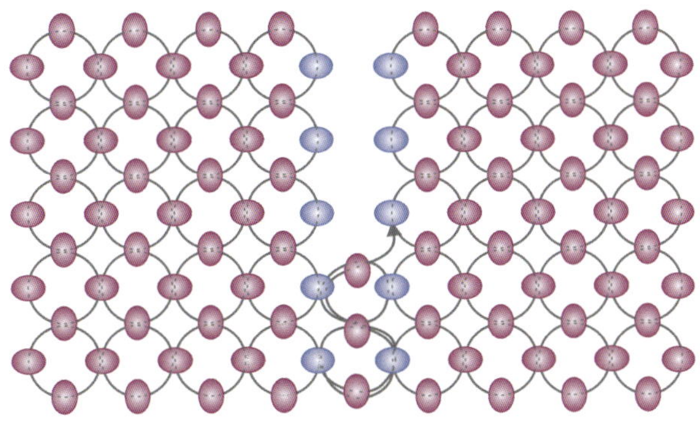

Grafik 20

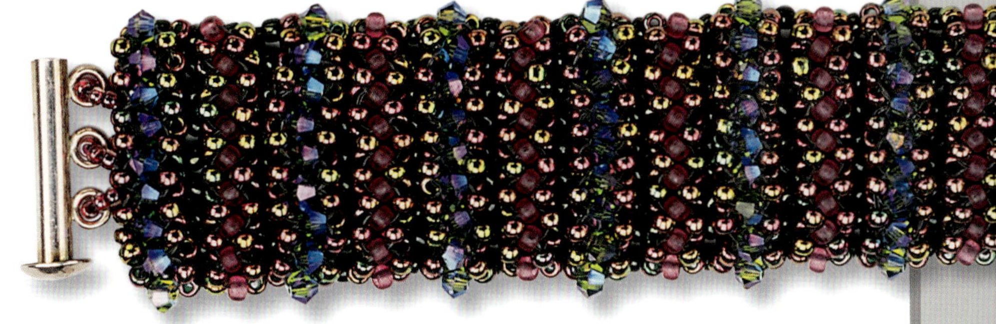

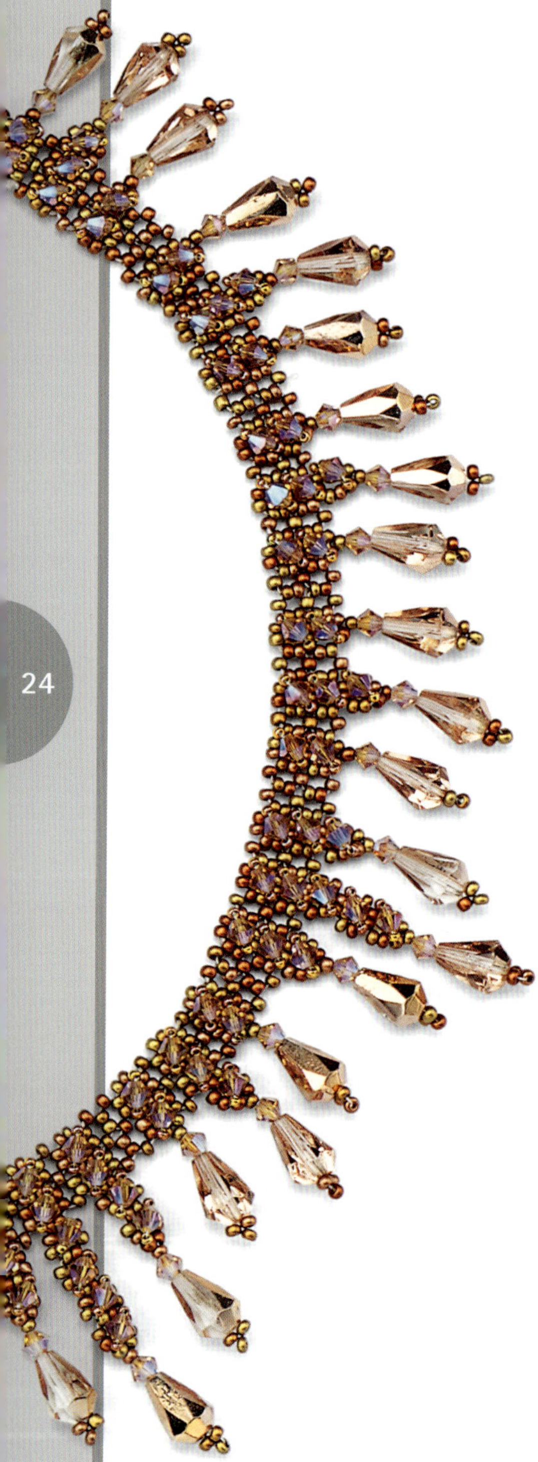

Verzieren

Die Lücke, die mit jeder RAW-Einheit entsteht, ist ein natürlicher Platz, um Ihre Perlenarbeit zu verzieren. Da die Fädellöcher der Perle alle horizontal und vertikal liegen, können Sie einfach mit der Nadel aus einer Perle der Arbeit herauskommen, eine Perle aufnehmen und durch die nächste Perle, die in derselben Richtung liegt, fädeln. Die Verzierung bietet eine weitere Möglichkeit, die Perlenarbeit zu formen: Werden kleinere als die in der Basis verwendeten Perlen hinzugefügt, wird dies die Perlen der Basis dichter zusammenbringen. Das Hinzufügen von Perlen der gleichen Größe macht das Stück kompakter, verleiht aber keine andere Form. Und eine größere Perle wird die Perlen der Basis auseinanderdrücken und einen Bogen formen. Auch Fransen und der RAW-Stich sind tolle Partner – es liegt an Ihnen, die unendlichen Möglichkeiten auszuprobieren (Grafik 21).

Tipp: Wenn Sie mit Perlen fädeln oder verzieren, die scharfe Kanten haben (wie Kristallperlen), achten Sie darauf, dass Sie den Faden immer parallel zum Fädelloch der Perle anziehen und nicht in einem Winkel. Ziehen Sie schräg am Faden, kann dieser ausfransen oder reißen.

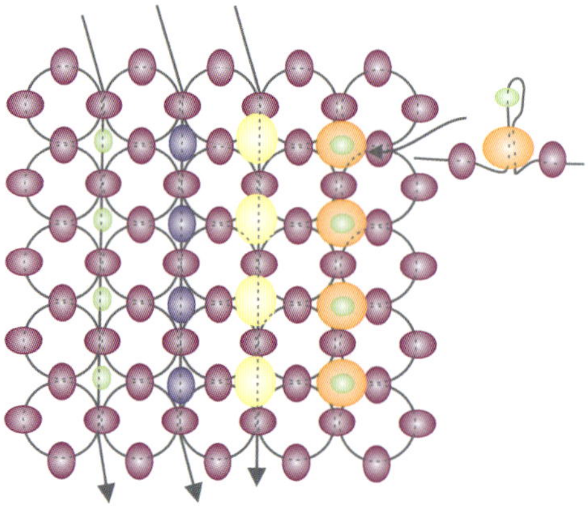

Grafik 21

Zunahmen

Um in der Mitte einer Reihe eine Zunahme zu arbeiten, kommen Sie mit der Nadel aus einer Seitenperle heraus und nehmen 3 Perlen anstelle von 2 Perlen auf, wie Sie es normalerweise in der mittleren Einheit einer Runde täten. Fädeln Sie durch die Seitenperle, aus der die Nadel kommt, ohne durch die Obenperle der vorigen Reihe zu fädeln. Fädeln Sie durch die neue Oben- und Seitenperle und arbeiten Sie die Reihe weiter wie gewohnt. Dies fügt der Reihe eine Einheit hinzu (Grafik 22).

Sie können auch am Rand einer Perlenarbeit eine Zunahme arbeiten. Kommen Sie dazu einfach mit der Nadel aus der Seitenperle der Reihe heraus, die Sie erweitern möchten. Nehmen Sie 3 Perlen auf, fädeln Sie durch die Seitenperle, aus der die Nadel kommt und durch die neue Oben- und Seitenperle. Wiederholen Sie dies so oft, wie Sie Einheiten anfügen möchten (Grafik 23).

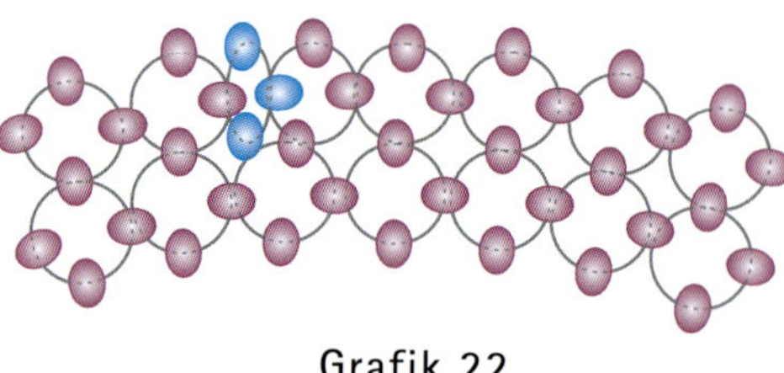

Grafik 22

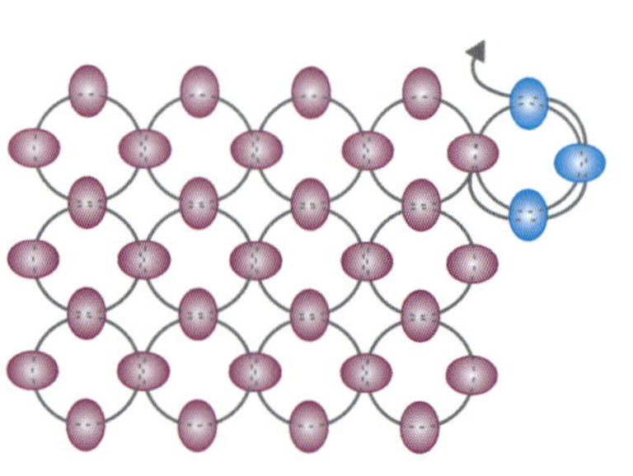

Grafik 23

Abnahmen

Um in der Mitte einer Reihe eine Abnahme zu arbeiten, kommen Sie mit der Nadel aus einer Seitenperle heraus, nehmen 2 Perlen auf, überspringen die Obenperle der nächsten Einheit der vorigen Reihe und fädeln durch die folgende Obenperle. Jetzt haben Sie eine Einheit weniger als in der Vorreihe (Grafik 24).

Um am Ende einer Reihe eine Einheit abzunehmen, hören Sie eine Einheit vor dem Beenden der Reihe auf (oder so viele Einheiten, wie Sie abnehmen möchten), fädeln den Aufschritt zur nächsten Reihe und arbeiten weiter wie gewohnt (Grafik 25).

Um am Anfang einer Reihe abzunehmen, fädeln Sie immer im rechten Winkel durch die Perlen, sodass Sie mit der Nadel aus der Obenperle herauskommen, an der sie die neue Reihe beginnen möchten (Grafik 26).

Verkürzen und Schneiden

Wenn Sie ein im RAW-Stich gearbeitetes Stück verkürzen möchten und es nicht auftrennen können, besteht die Möglichkeit es zu zerschneiden. Verstärken Sie den Fadenlauf an beiden Seiten der Problemzone, indem Sie mehrfach durch die Perlen fädeln, bevor Sie schneiden. Ich finde es am einfachsten, wenn ich an der Schnittstelle einen kontrastierenden Faden durch die Perlen führe. Als nächstes verankere ich zwei Fäden, je einen an jeder Seite des Kontrastfadens, und verstärke die Perlen an beiden Seiten. Der Faden auf beiden Seiten des Kontrastfadens kann später abgeschnitten werden und das Stück behält seine Festigkeit (Grafik 27). Diese Technik ist besonders bei Projekten wie beim *Beaded Bangle* (Seite 52) hilfreich.

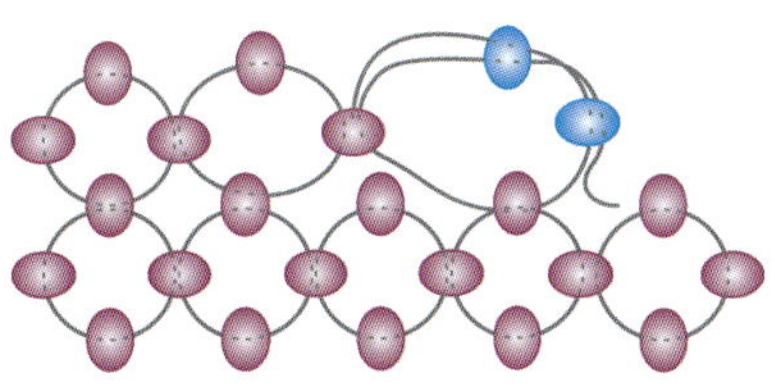

Grafik 24

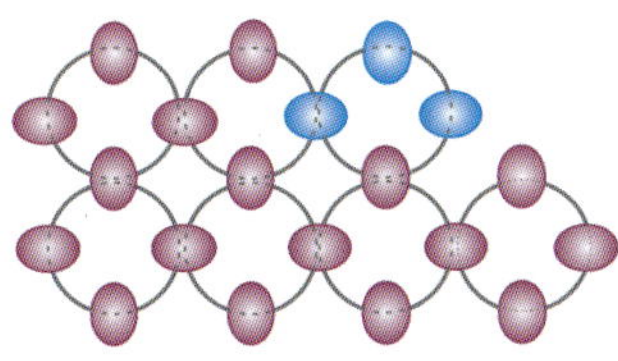

Grafik 25

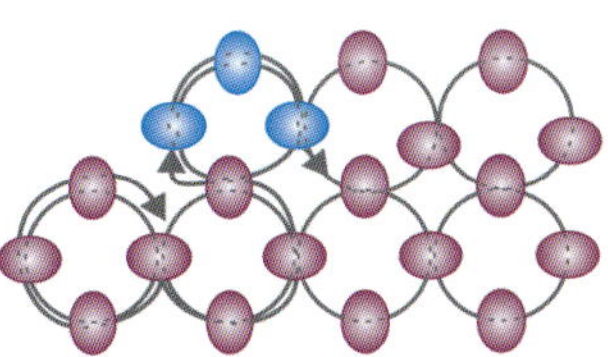

Grafik 26

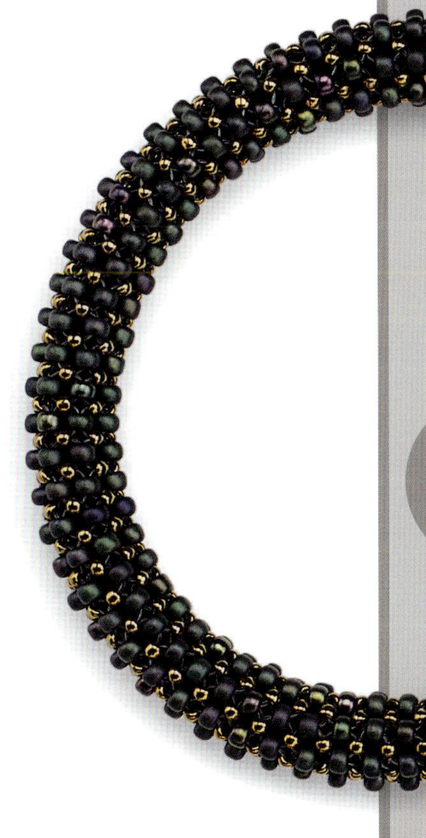

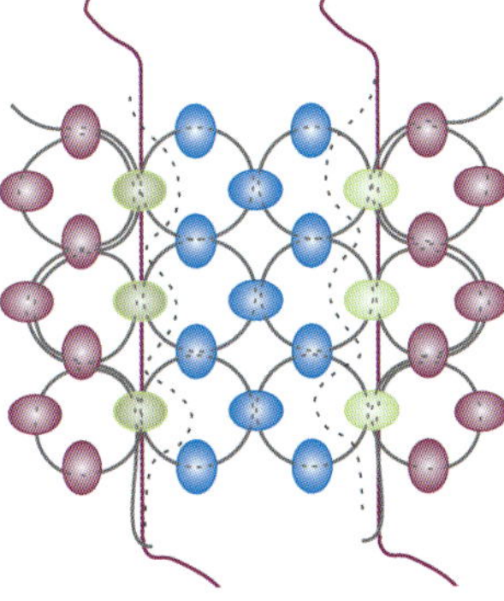

Grafik 27

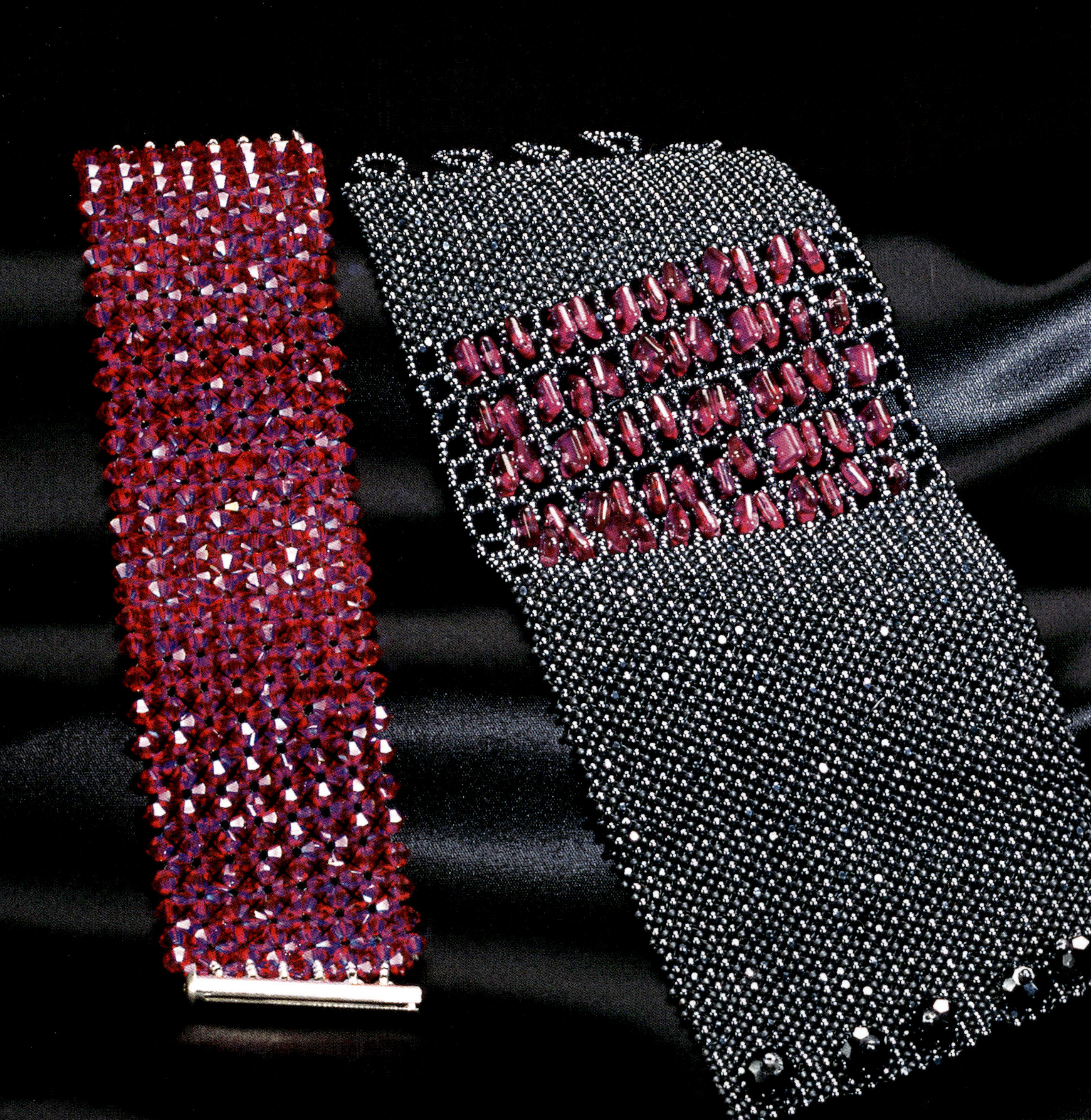

KAPITEL DREI

GEWEBESTRUKTUREN

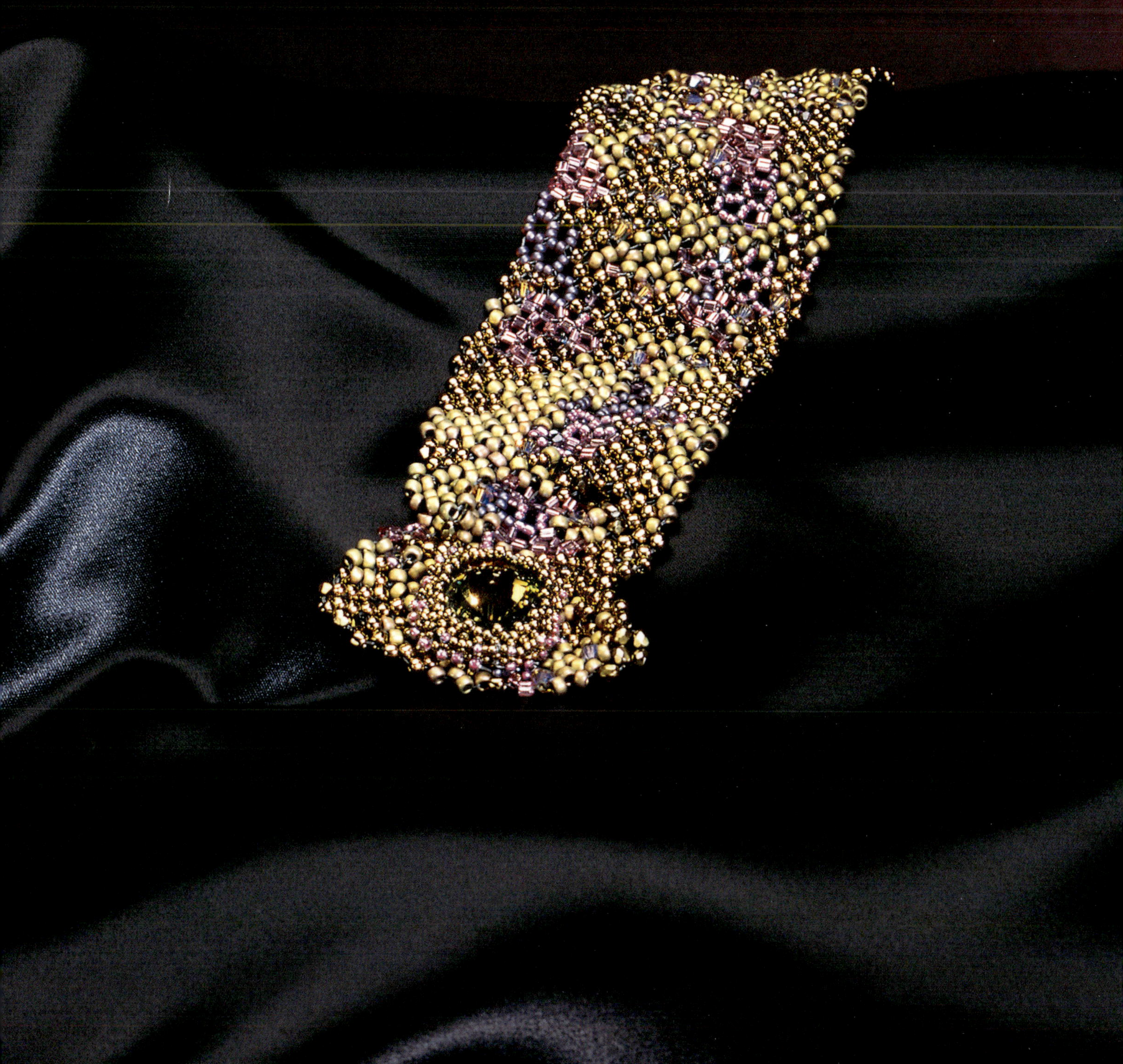

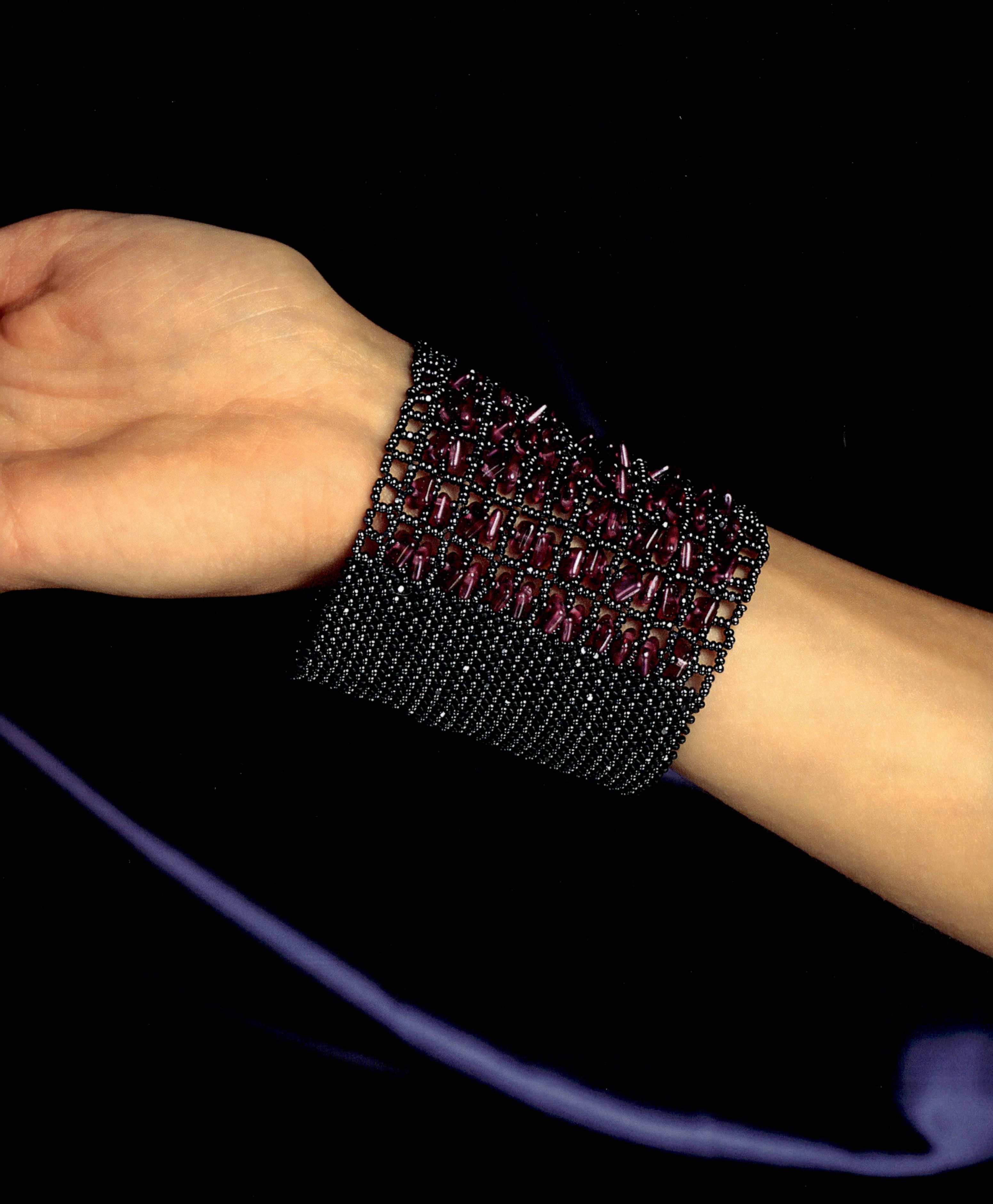

ABACUS

Zwei Perlengrößen formen die texturale Oberfläche dieses weiten Armbands. Die hineingefädelten, quadratischen Akzentperlen verleihen ihm Farbe und ergeben einen Blickfang, während ein einfacher Verschluss das schlichte Design komplettiert.

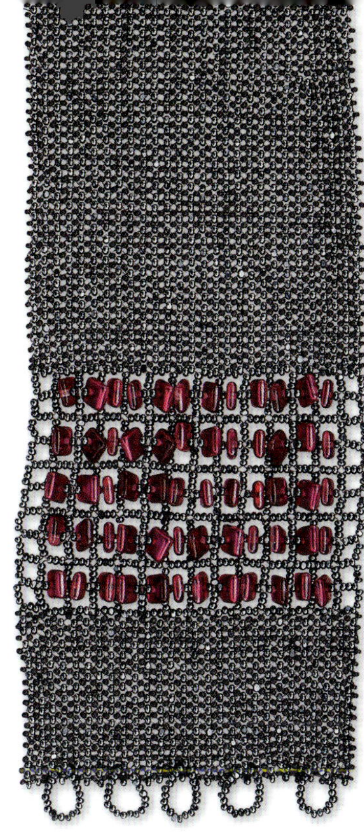

▶ 1. Basis

Reihe 1–41: Arbeiten Sie einen Streifen im RAW-Stich, welcher 28 Einheiten breit und 41 Einheiten lang ist. Verwenden Sie für die Seitenperlen jeder Einheit 15/0 und für die Oben- und Untenperlen 11/0 Perlen (Grafik 1).

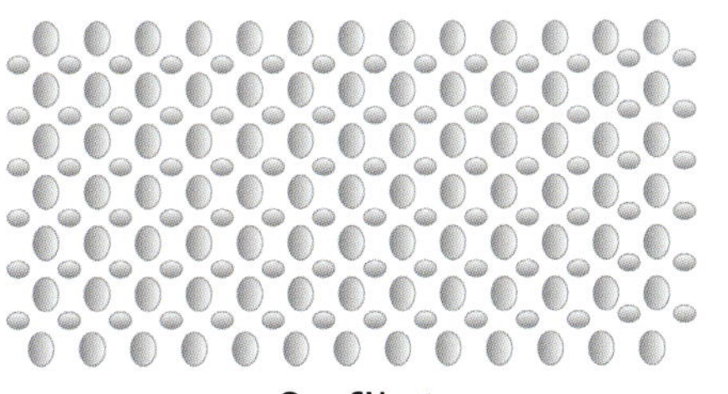

Grafik 1

Reihe 42: Fädeln Sie durch die 11/0 Obenperle der letzten Einheit in Reihe 41. Nehmen Sie 1x 11/0 Perle auf und fädeln Sie durch die nächste 11/0 Perle der Reihe 41. Nehmen Sie 9x 11/0 Perlen (3 Seiten-, 3 Oben- und 3 Seitenperlen) auf und fädeln Sie durch die erste 11/0 Obenperle der Reihe 41, die Perle, die Sie zwischen den Obenperlen der Reihe hinzugefügt haben und die nächste Obenperle. Fädeln Sie nach oben durch die 3 Seitenperlen vor, um mit der nächsten Einheit beginnen zu können. Wiederholen Sie dies entlang des Armbands, ersetzten Sie jedoch in der zweiten bis 13. Einheit die mittlere der drei Obenperlen durch eine quadratische Perle. Die 14. Einheit wird wieder ganz aus Saatperlen, so wie die erste Einheit, gearbeitet (Grafik 2).

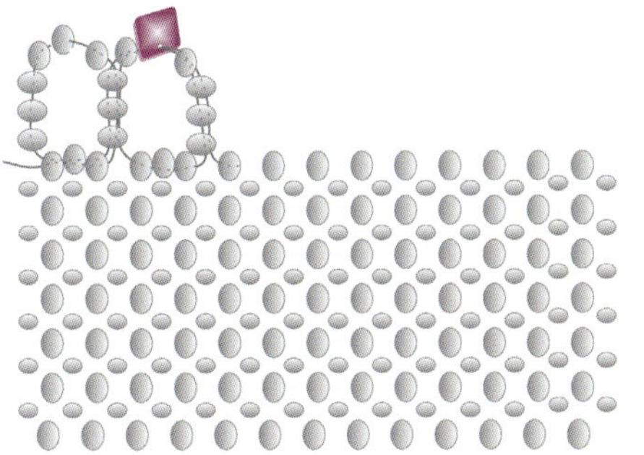

Grafik 2

Weiter auf der nächsten Seite.

MATERIALIEN

Grundausstattung (Seite 10)

15/0 Saatperlen, Dark Gray matt, 7 g

11/0 Charlotten (oder Saatperlen), Hematite, 22 g

60 St. quadratische Glasperlen, oben gebohrt, 6 mm

5 St. Kristallrondelle, 8 x 5 mm, Hematite

Reihe 43: Arbeiten Sie die Einheiten aus je 3x 11/0 Perlen für die Seiten- und Obenperlen (Grafik 3).

Reihe 44: Arbeiten Sie die erste Einheit nur aus 11/0 Perlen. Fädeln Sie die zweite bis dreizehnte Einheit mit je 3x 11/0 Perlen für die Seiten und 1x 11/0, 1x quadratische Perle und 1x 11/0 Perle als Obenperlen. Arbeiten Sie die letzte Einheit wieder nur aus 11/0 Perlen.

Reihe 45–52: Wiederholen Sie die Reihen 43 und 44, bis Sie insgesamt 8 solcher Reihen gearbeitet haben.

Reihe 53: Fädeln Sie so durch die Perlen, dass Sie mit der Nadel aus der ersten Obenperle an der Kante der Reihe 52, in Richtung Mitte, herauskommen. Nehmen Sie 1x 15/0, 1x 11/0 und 1x 15/0 Perle auf und fädeln Sie durch die 11/0 Perle, aus der der Faden kommt und durch die soeben zuerst hinzugefügte 15/0 Perle, um die erste Einheit zu formen. Nehmen Sie 1x 11/0 und 1x 15/0 Perle auf, überspringen Sie die nächste Obenperle der letzten Einheit der Vorreihe und fädeln Sie zurück durch die nächste Perle, die 15/0 Perle, aus der der Faden kommt, die beiden soeben hinzugefügten Perlen und durch die erste Perle der nächsten Gruppe aus Obenperlen der Vorreihe. Wiederholen Sie dies entlang der Reihe und arbeiten Sie im RAW-Stich entlang der ersten und dritten Obenperle jeder Einheit der 52. Reihe, um insgesamt 28 Einheiten zu formen (Grafik 4).

Reihe 54–69: Wiederholen Sie Reihe 53 und fügen Sie insgesamt 16 weitere Reihen hinzu.

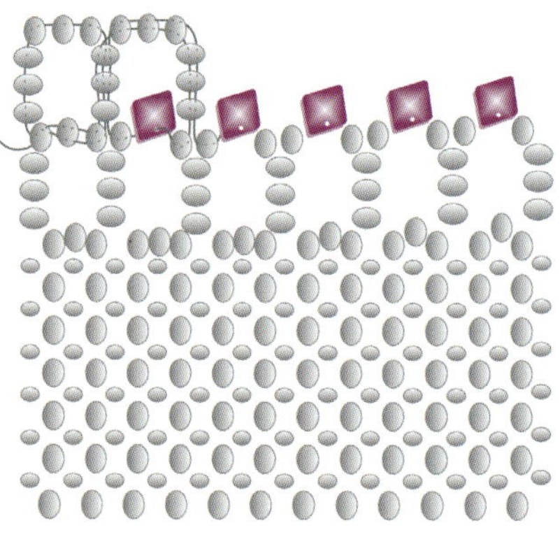

Grafik 3

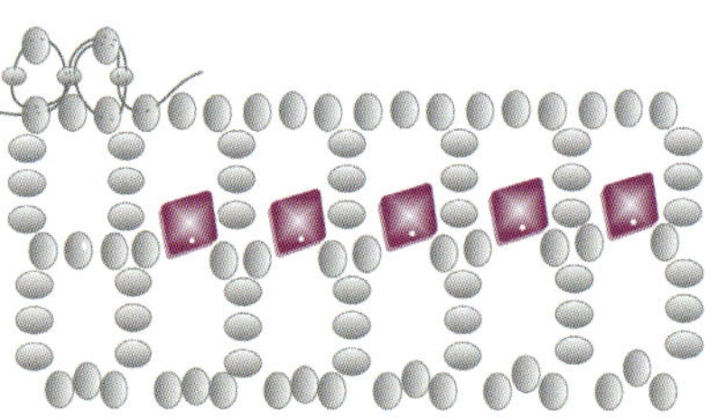

Grafik 4

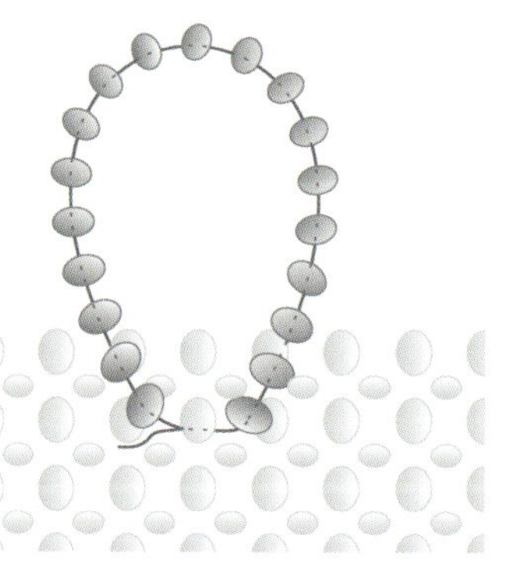

Grafik 5

▶ 2. Verschluss

Fädeln Sie so durch die Perlen, dass Sie mit der Nadel aus der Obenperle der fünften Einheit der Reihe 67 herauskommen. Nehmen Sie 18x 11/0 Perlen auf und fädeln Sie durch die Perle, aus der der Faden kommt, um eine Schlaufe zu formen. Wiederholen Sie den Fadenlauf, um ihn zu verstärken. Fädeln Sie so durch die Perlen, dass Sie mit der Nadel aus der Obenperle der zehnten Einheit der selben Reihe herauskommen. Fügen Sie eine zweite, gleiche Schlaufe hinzu. Fädeln Sie weitere Schlaufen an jeder fünften Einheit, bis Sie insgesamt 5 Schlaufen gearbeitet haben (Grafik 5). Vernähen Sie den Faden und schneiden Sie ihn ab.

Beginnen Sie mit einem neuen Faden, welcher aus der Obenperle der fünften Einheit der Reihe 3 (am anderen Ende der Basis) herauskommt. Nehmen Sie 1x Rondell und 1x 11/0 Perle auf und fädeln Sie zurück durch das Rondell und die 11/0 Perle, aus der der Faden kommt. Wiederholen Sie den Fadenlauf, um ihn zu verstärken. Fädeln Sie so durch die Perlen, dass Sie mit der Nadel aus der Obenperle der zehnten Einheit derselben Reihe herauskommen und fügen Sie ein zweites Rondell an. Fahren Sie damit fort, jeder fünften Einheit Rondelle hinzuzufügen, bis Sie insgesamt 5 Rondelle haben (Grafik 6). Vernähen Sie den Faden und schneiden Sie ihn ab.

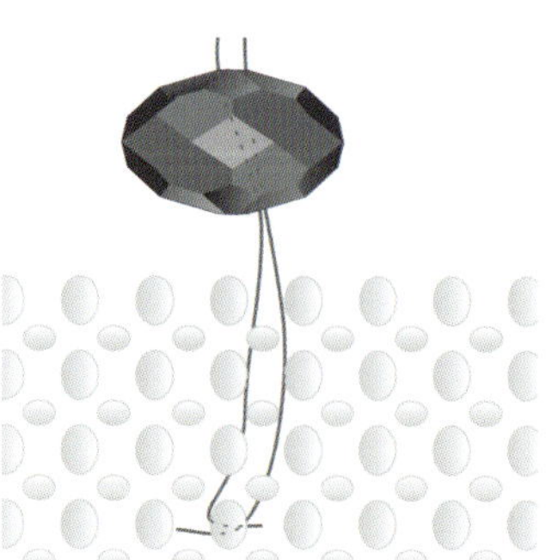

Grafik 6

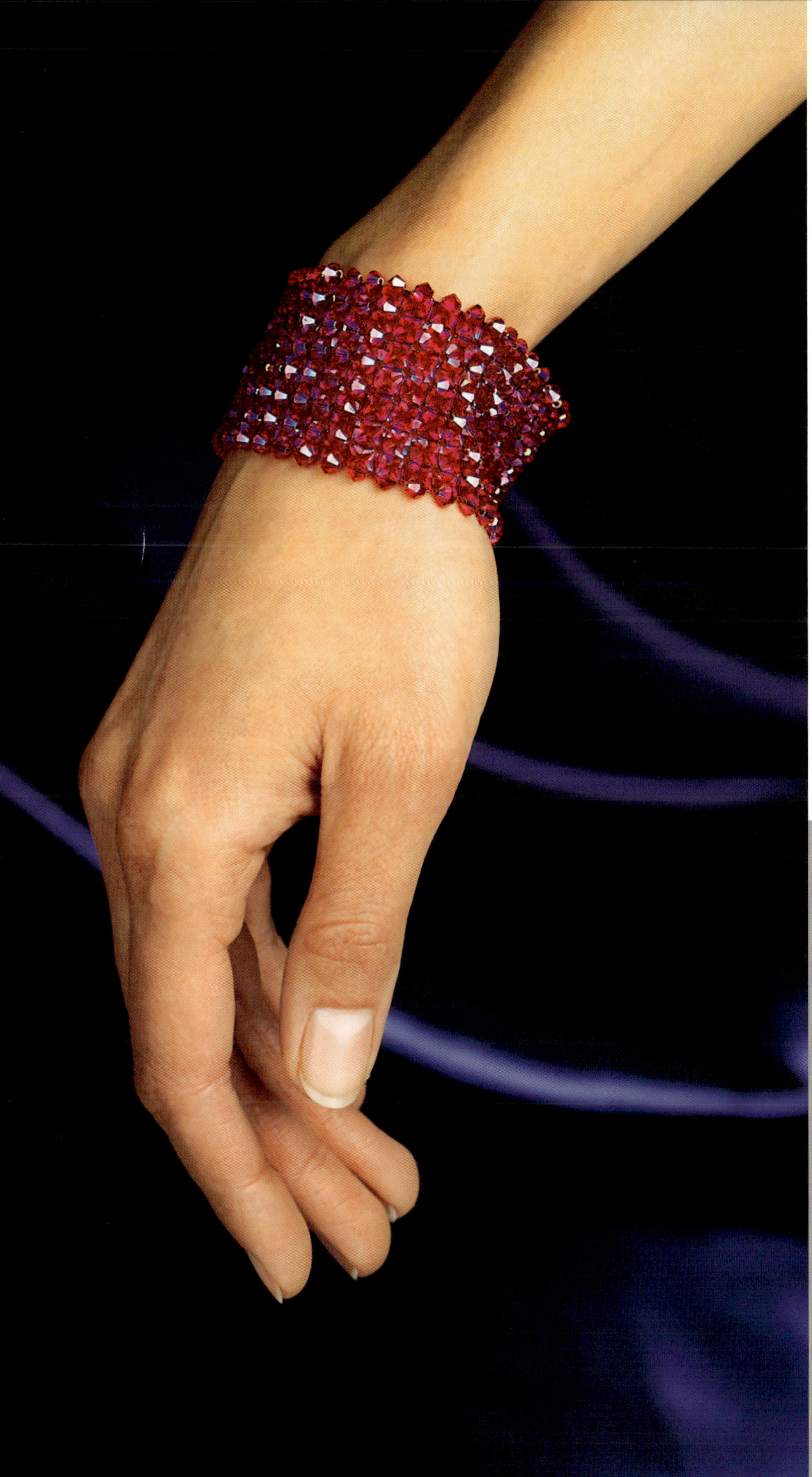

SPUN GLASS

Die Form der Doppelkegel bewirkt, dass sich diese perfekt aneinanderfügen, sodass sie sich selbst zum Right-Angle-Weave zusammenlegen. Wählen Sie eine schillernde Farbe und die Einfachheit dieses Armbands wird jedes Mal, wenn Sie es tragen, für sich selbst sprechen.

MATERIALIEN

- Grundausstattung (Seite 10)
- FireLine, 6 lb, Smoke
- 472 St. Doppelkegel, 4 mm, Siam 2xAB
- 15/0 Saatperlen, Metallic Silver, < 0,5 g
- 6-reihiger Verschluss, 36 mm, Sterlingsilber

▶ 1. Basis

Arbeiten Sie mit doppeltem Faden und fädeln Sie aus den Doppelkegeln einen 7 Einheiten breiten und 31 Reihen langen Streifen bzw. einen so langen Streifen, dass er um Ihr Handgelenk, minus 1,3 cm für den Verschluss, passt.

▶ 2. Verschluss

Legen Sie sich die Basis so zurecht, dass die letzte Reihe (das kurze Ende) nach oben zeigt. Fädeln Sie so durch die Perlen, dass Sie mit der Nadel aus der inneren Seitenperle der letzten Einheit herauskommen. Nehmen Sie 7x 15/0 Perlen auf und fädeln Sie durch die erste Öse Ihres Verschlusses. Fädeln Sie zurück durch den Doppelkegel, aus dem der Faden kommt und weiter bis zur nächsten Seitenperle der nächsten Einheit. Wiederholen Sie dies und verbinden Sie alle sechs Ösen der ersten Verschlusshälfte mit dem Armband. Wiederholen Sie dies am anderen Ende des Armbands (Grafik 1).

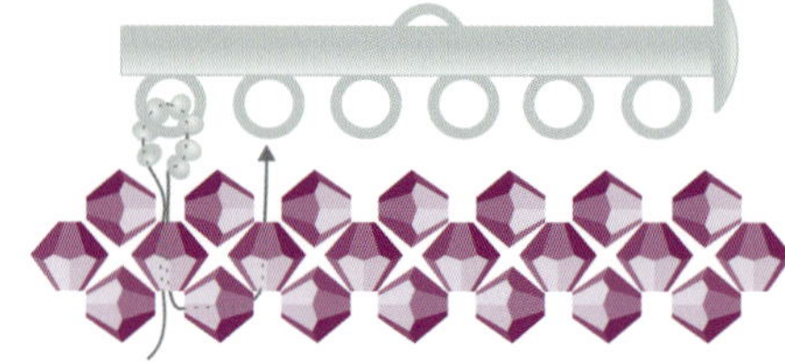

Grafik 1

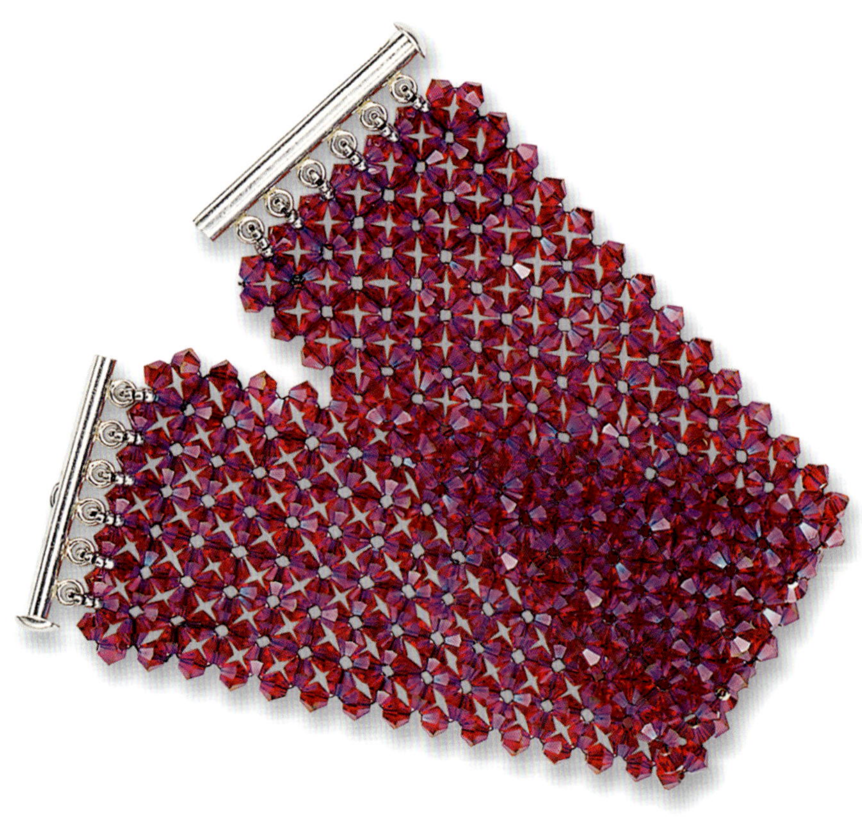

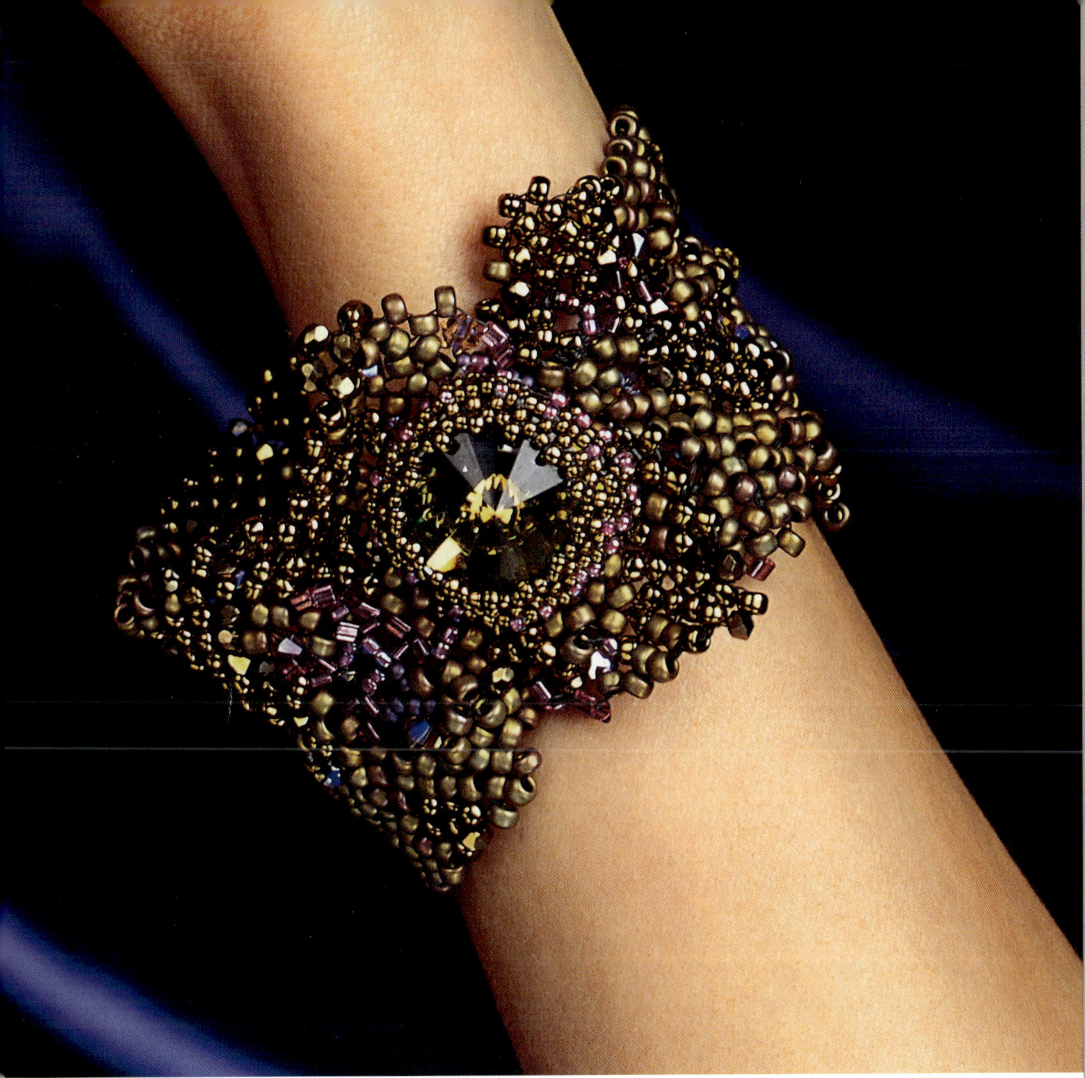

MATERIALIEN

Grundausstattung (Seite 10)

8/0 Saatperlen:
- Olive matt AB, 5 g
- Bronze, 5 g

11/0 Saatperlen:
- Purple matt luster, 2 g
- Purple metallic AB, 2 g
- Fuchsia / Light Amethyst, 1 g
- Bronze, 2 g

10/0 Triangle Saatperlen, Amethyst, 2 g

40 St. Doppelkegel, 4 mm, Light Colorado Topaz

20 St. Doppelkegel, 3 mm, Light Amethyst

30 St. feuerpolierte Glasschliffperlen, 3 mm, Bronze

15/0 Saatperlen:
- Bronze, 1 g
- Fuchsia / Light Amethyst, 1 g

1 St. quadratischer Rivoli, 20 mm, Tabac

1 St. Hakenverschluss, 18 mm, Dark Bronze

TWILIGHT

Dieses raffinierte Armband besteht aus unterschiedlichen Perlenformen und -größen und ergibt ein zart geschwungenes Stück im Right-Angle-Weave. Es kräuselt sich geschmackvoll am Handgelenk und schließt mit einem glitzernden Rivoli ab.

1. Basis

Mischen Sie die 8/0 Perlen, die 11/0 Perlen der Farben purple matt und purple metallic, die Triangle Perlen, Doppelkegel und feuerpolierten Glasschliffperlen zu einem Haufen. Nehmen Sie 4x 8/0 Perlen auf und arbeiten Sie die erste RAW-Einheit. Fädeln Sie im RAW-Stich weiter und wechseln Sie nach wenigen Perlen die Perlenform, bis Sie eine 5 cm lange Reihe gearbeitet haben (Grafik 1).

Hinweis: Vielleicht finden Sie das Ergebnis gefälliger, wenn Sie in Farbflächen arbeiten und die Doppelkegel und feuerpolierten Glasschliffperlen gelegentlich als Lichtfänger verwenden. Verwenden Sie außerdem, um die Basis flach zu gestalten, 2x 11/0 Perlen anstelle von 1x 8/0 Perle, einem Doppelkegel oder einer feuerpolierten Glasschliffperle. Behandeln Sie die 2x 11/0 Perlen wie eine einzige Perle und fädeln Sie durch beide, um eine RAW-Einheit zu formen.

Fädeln Sie weitere Reihen in RAW-Freeform, beziehen Sie dabei die Doppelkegel und feuerpolierten Glasschliffperlen mit ein, bis die Basis 2,5 cm länger als der Umfang Ihres Handgelenks ist.

2. Raffung

Fädeln Sie so durch die Perlen, dass Sie mit der Nadel aus einer Obenperle am äußeren Rand, in Richtung Mitte, 2,5 cm vom Ende entfernt, herauskommen. Fädeln Sie durch alle benachbarten Perlen dieser Reihe und ziehen Sie am Faden, sodass sich das Perlengewebe kräuselt (Grafik 2). Vernähen Sie den Faden und schneiden Sie ihn ab. Beginnen Sie mit einem neuen Faden, kommen Sie mit der Nadel am anderen Ende des Armbands ca. 2,5 vom Ende entfernt heraus und wiederholen Sie die Raffung.

3. Einfassung

Reihe 1: Arbeiten Sie eine 27 Einheiten lange Reihe (oder so lange Reihe, dass sie um Ihren Rivoli passt) im RAW-Stich aus 15/0 Perlen bronze. Wickeln Sie den Streifen um Ihren Rivoli, um sicherzugehen, dass er passt. Besteht noch eine 1 oder 2 Perlen breite Lücke, hat der Streifen die korrekte Länge. Die letztendliche Einheitenanzahl sollte ungerade sein.

Reihe 2–4: Arbeiten Sie im RAW-Stich mit den 15/0 Perlen bronze, bis Sie einen 27 Einheiten breiten und 4 Reihen langen Streifen haben.

Ring: Verbinden Sie die kurzen Enden miteinander (siehe auch Grafik 20 auf Seite 23), um einen Ring zu formen. Fädeln Sie so durch die Perlen, dass Sie mit der Nadel aus einer Randperle der ersten Reihe herauskommen.

Formung: Fädeln Sie durch die Randperlen der ersten Reihe, ohne weitere Perlen hinzuzufügen und ziehen Sie fest am Faden, um den Ring zu einer kelchförmigen Einfassung zu formen. Legen Sie den Rivoli mit dem Gesicht nach oben in die Einfassung und fädeln Sie so durch die Perlen, dass die Nadel aus einer Randperle der vierten Reihe herauskommt. Fädeln Sie durch die Randperlen und ziehen Sie fest am Faden, sodass sich die Perlen um den Rivoli legen. Sollte Faden zu sehen sein, fügen Sie je 1x 15/0 oder 11/0 Perle zwischen jeder zweiten Perle der Runde hinzu.

Verzierung: Fädeln Sie so durch die Perlen, dass Sie mit der Nadel aus einer Perle der Reihe 3 herauskommen, deren Loch waagerecht zur Kante des Rivoli liegt. Nehmen Sie 1x 15/0 Perle fuchsia/light amethyst auf und fädeln Sie durch die nächste waagerechte Perle. Wiederholen Sie das die Runde entlang. Fädeln Sie so durch die Perlen, dass Sie mit der Nadel aus einer waagerechten Perle der Reihe 2 herauskommen und fügen Sie je 1x 11/0 Perle fuchsia/light amethyst zwischen jeder waagerechten Perle hinzu (Grafik 3).

4. Fertigstellung

Rivoli: Legen Sie den Rivoli mittig auf eines der gerafften Enden der Basis. Nähen Sie die Unterseite der Einfassung auf die Basis, indem Sie mehrfach mit der Nadel aus einer Perle der Einfassung kommen und durch eine benachbarte Perle der Basis fädeln (Grafik 4), Vernähen Sie den Faden und schneiden Sie ihn ab.

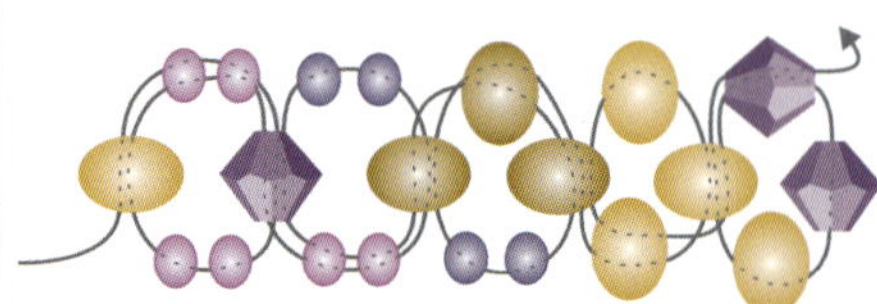

Grafik 1

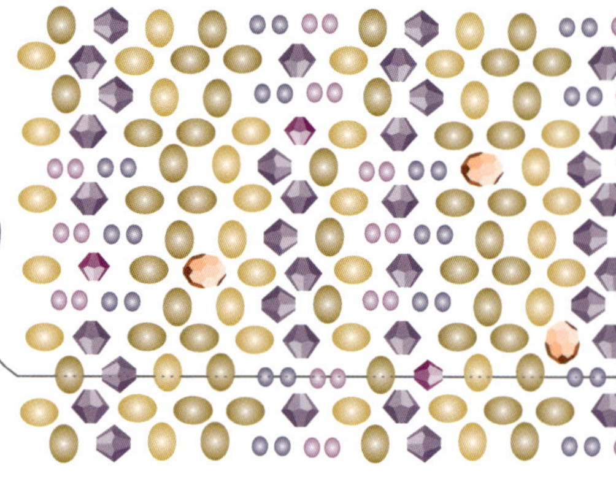

Grafik 2

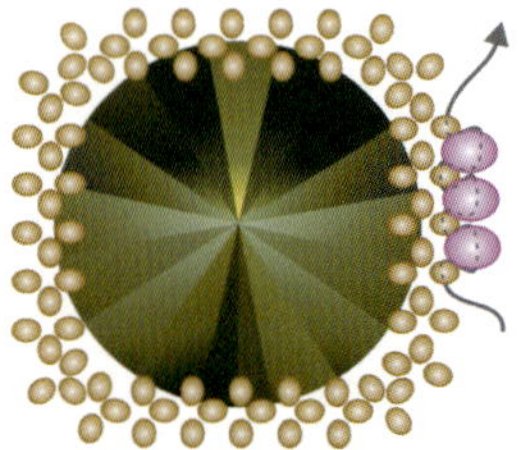

Grafik 3

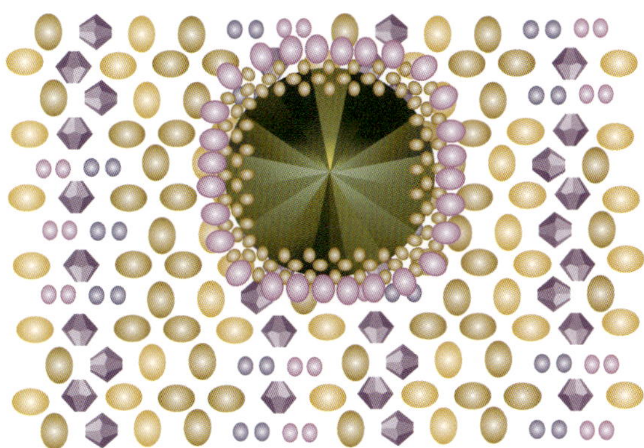

Grafik 4

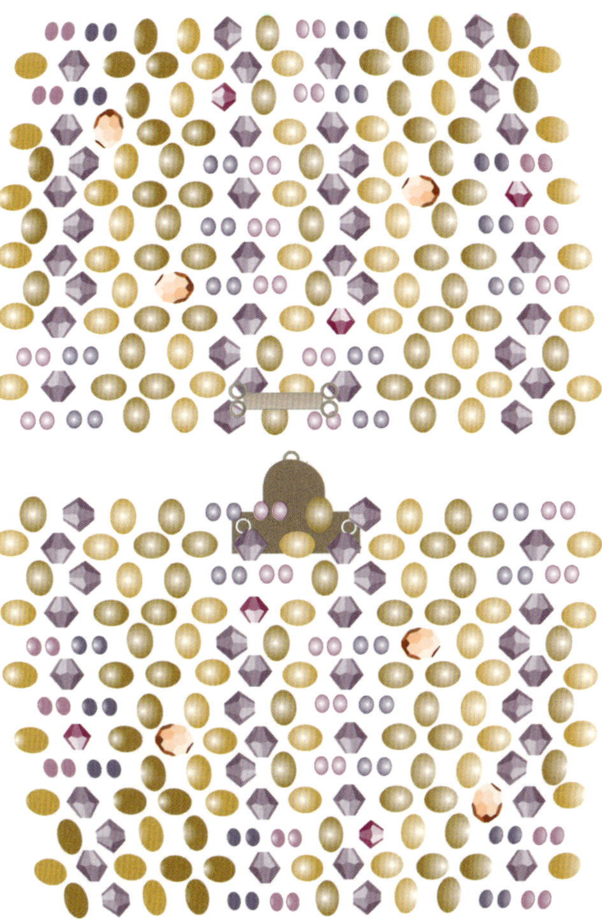

Grafik 5

Verschluss: Beginnen Sie mit einem neuen Faden, welcher aus der Unterseite der Basis, unter dem Rivoli, herauskommt. Nähen Sie die Verschlusshälfte mit der Lasche fest an die Basis. Beginnen Sie mit einem neuen Faden, welcher aus der Oberseite der Basis, am anderen Ende des Armbands, kommt, und nähen Sie die andere Verschlusshälfte fest auf die Basis (Grafik 5).

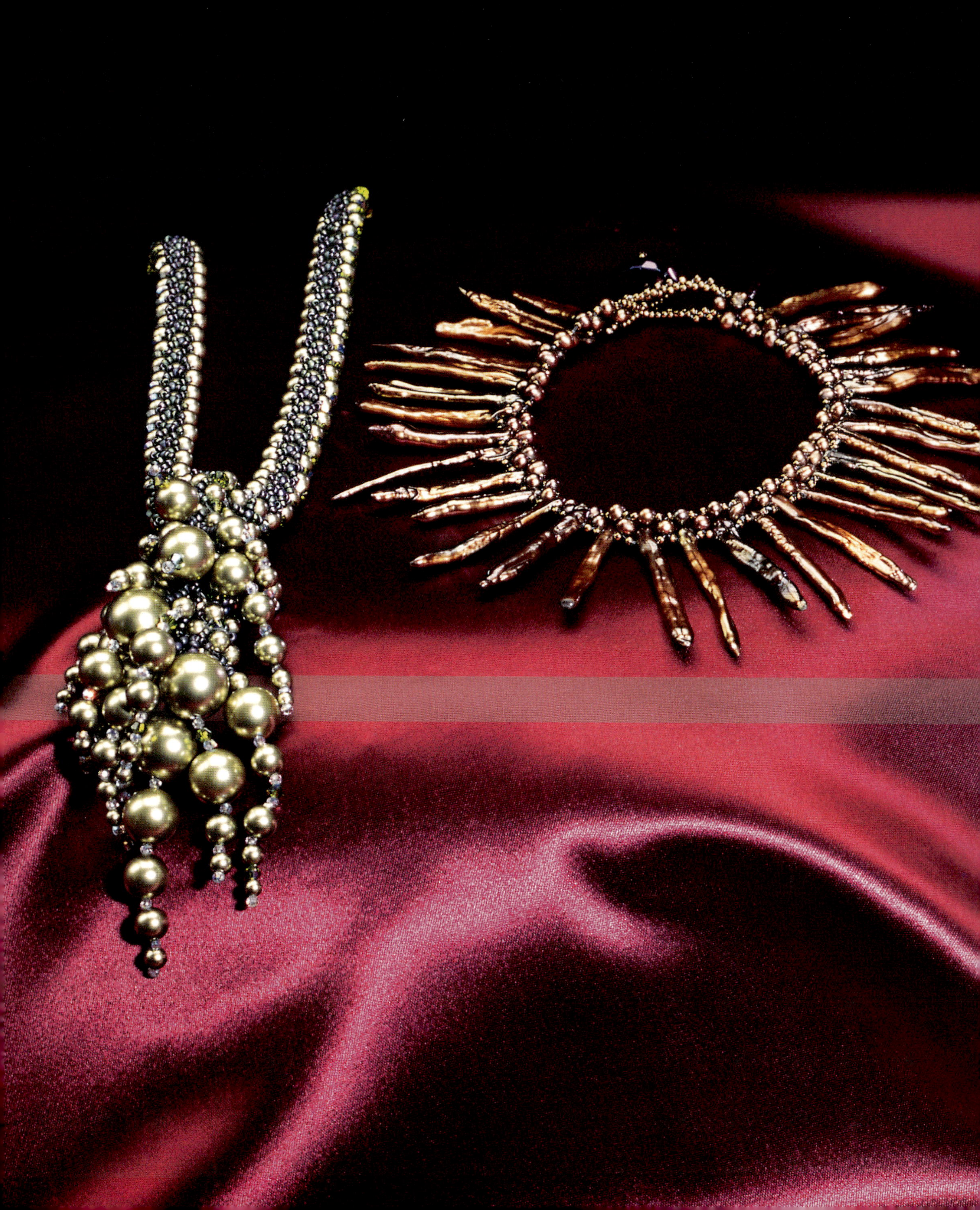

KAPITEL VIER

KETTEN

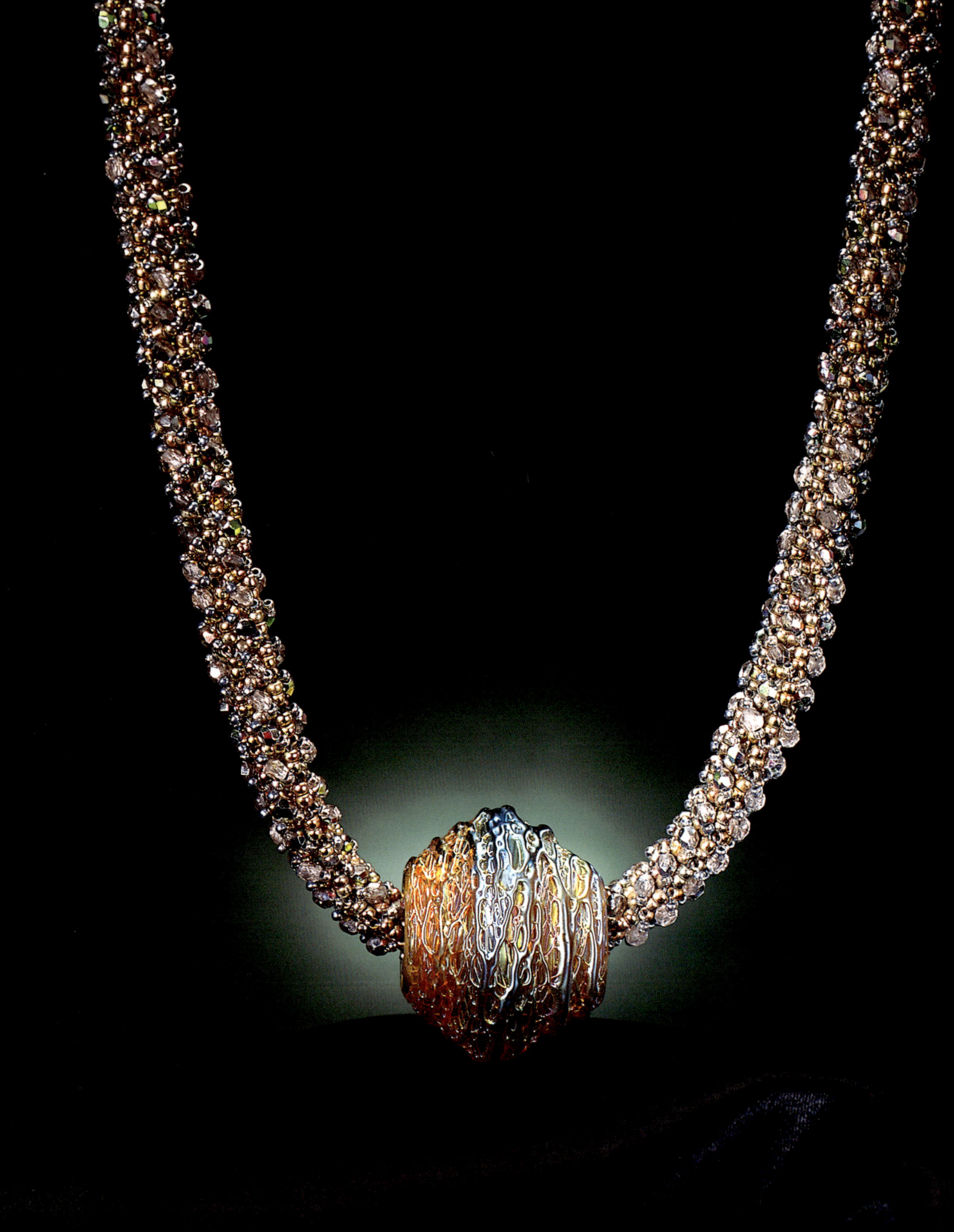

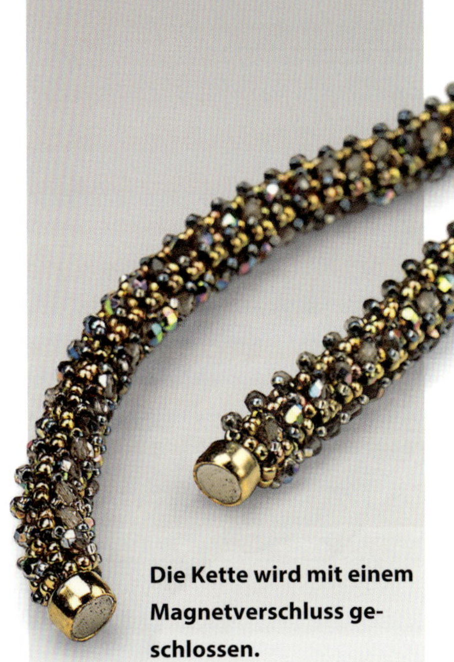

Die Kette wird mit einem Magnetverschluss geschlossen.

SHIMMER QUEEN

Diese Schlauchkette hat sowohl die Stärke als auch das visuelle Gewicht, um eine prachtvolle, handgearbeitete Fokusperle zu tragen. Die feuerpolierten Glasschliffperlen verleihen ihr Glanz, während die Metallic-Saatperlen Farbakzente setzen.

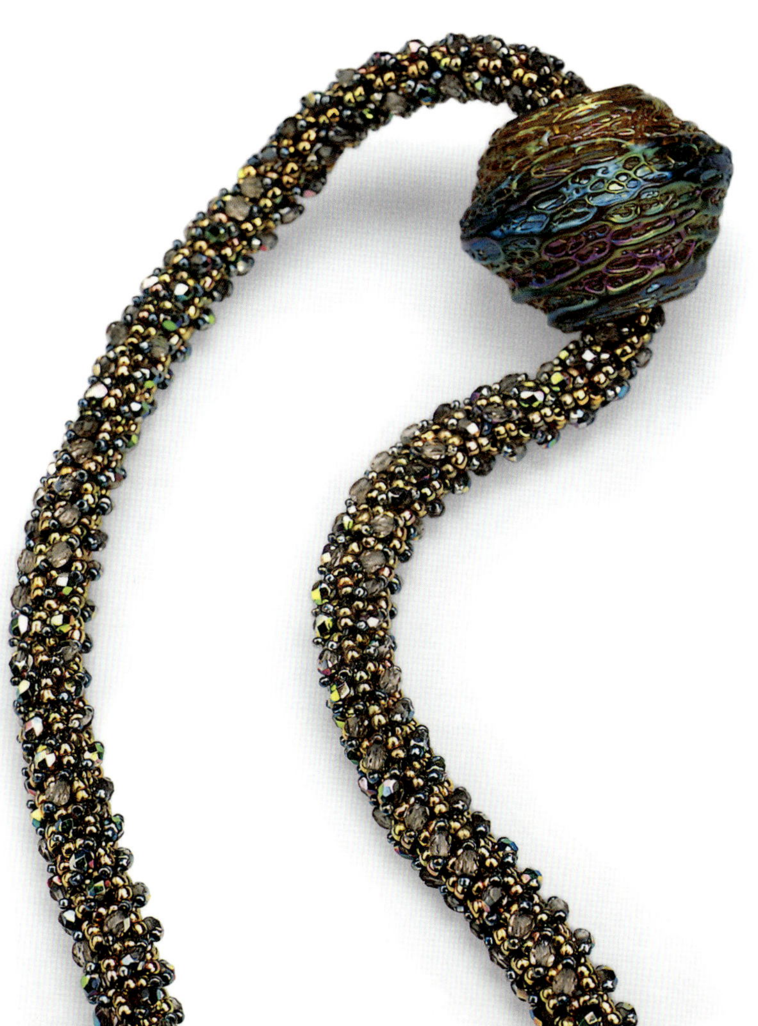

MATERIALIEN

Grundausstattung (Seite 10)

11/0 Saatperlen, Gold metallic AB, 15 g

15/0 Saatperlen, Aqua metallic, 4 g

400 St. feuerpolierte Glasschliffperlen, 3 mm, Light Rose AB

1 St. Magnetverschluss, 9 mm, gold

1 St. handgearbeitete Glasperle, 37 x 28 mm, Blau-Gold-Lila, mit einem ca. 11 mm großen Fädelloch

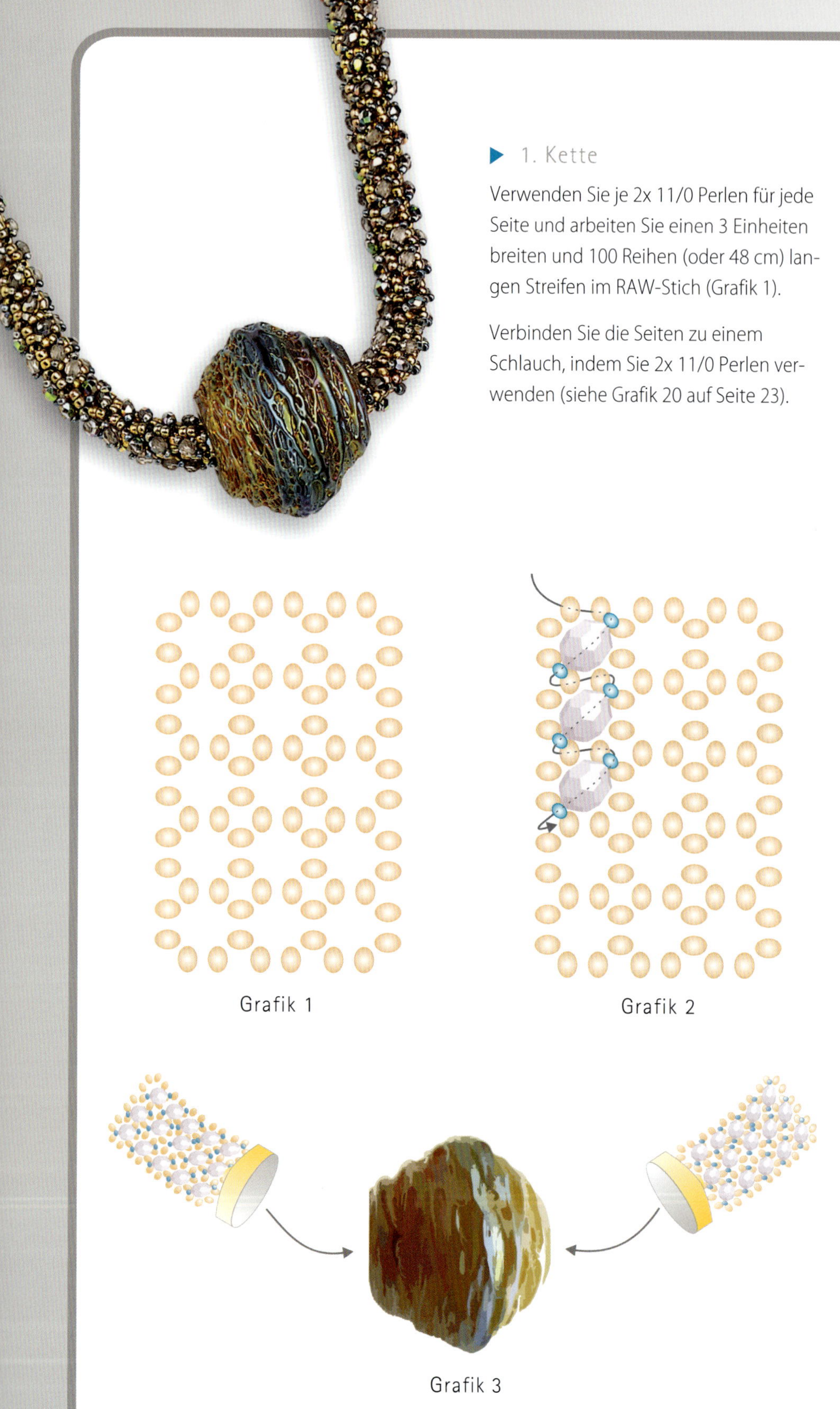

Grafik 1

Grafik 2

Grafik 3

▶ 1. Kette

Verwenden Sie je 2x 11/0 Perlen für jede Seite und arbeiten Sie einen 3 Einheiten breiten und 100 Reihen (oder 48 cm) langen Streifen im RAW-Stich (Grafik 1).

Verbinden Sie die Seiten zu einem Schlauch, indem Sie 2x 11/0 Perlen verwenden (siehe Grafik 20 auf Seite 23).

▶ 2. Verzierung

Legen Sie die Kette senkrecht hin und fädeln Sie so durch die Perlen, dass Sie mit der Nadel von links nach rechts aus zwei 11/0 Obenperlen herauskommen. Nehmen Sie 1x 15/0 Perle, 1x feuerpolierte Glasschliffperle und 1x 15/0 Perle auf und fädeln Sie von links nach rechts durch die nächsten zwei 11/0 Untenperlen. Wiederholen Sie dies auf der gesamten Länge bei allen vier Spalten (Grafik 2). Vernähen Sie den Faden und schneiden Sie ihn ab.

▶ 3. Verschluss

Verbinden Sie die erste Verschlusshälfte mit der Kette, indem Sie den Faden in eine Nadel einfädeln, ihn doppelt legen und beide Enden in eine weitere Nadel einfädeln. Nehmen Sie die erste Verschlusshälfte auf und lassen Sie sie in die Mitte des Fadens rutschen. Führen Sie den Faden mehrere Male durch die Öse des Verschlusses und führen Sie dann die Nadeln an gegenüberliegenden Seiten durch die Schlauchkette und aus dieser heraus. Fädeln Sie durch mehrere benachbarte Perlen, vernähen Sie den Faden und schneiden Sie ihn ab. Wiederholen Sie dies auf der anderen Seite der Kette.

Schieben Sie die handgearbeitete Fokusperle auf die Schlauchkette, schließen Sie den Verschluss und lassen Sie die Fokusperle darüber gleiten, um ihn zu verdecken (Grafik 3).

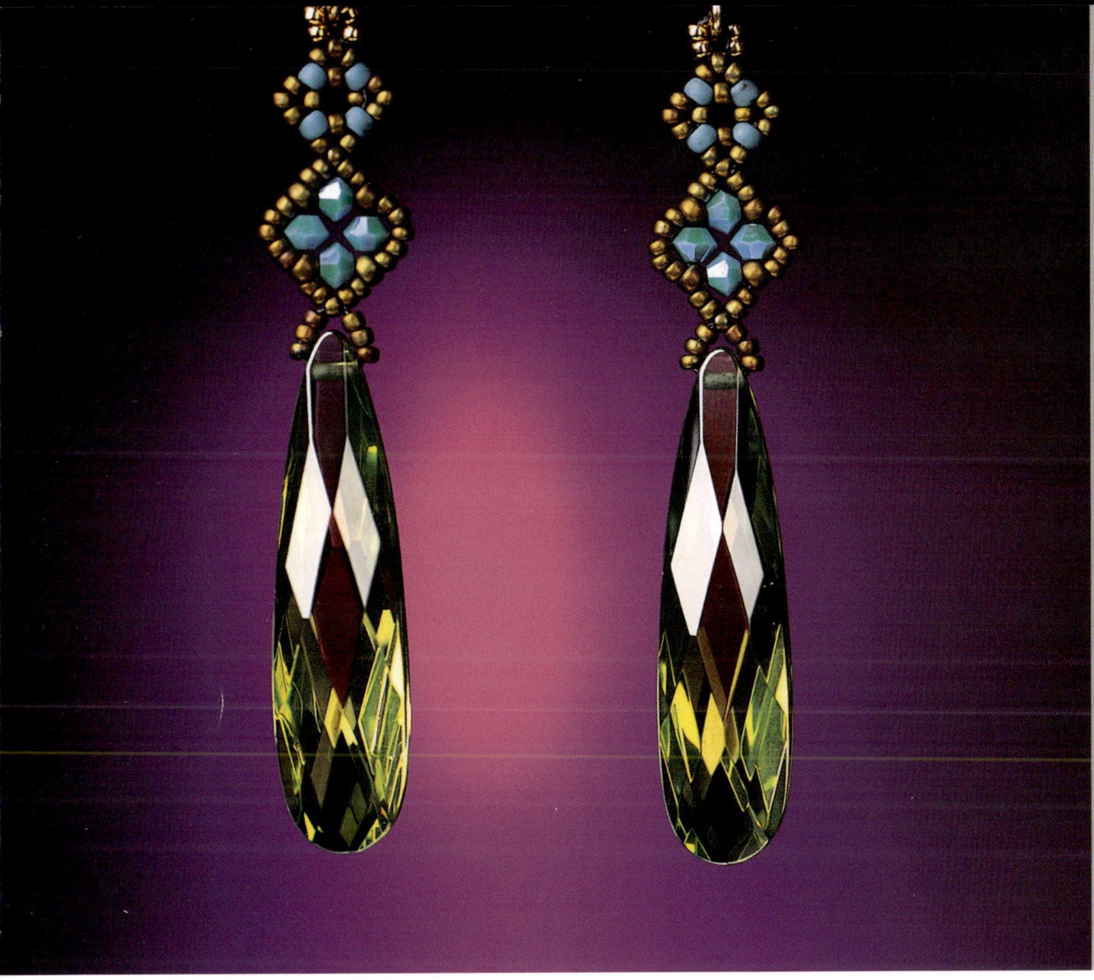

MATERIALIEN

- Grundausstattung (Seite 10)
- 15/0 Saatperlen, Bronze, < 0,5 g
- 11/0 Saatperlen, türkis, 8 St.
- 11/0 Saatperlen, Bronze, < 0,5 g
- 8 St. Doppelkegel, 3 mm, Turquoise 2xAB
- 2 St. Cubic Zirconia Tropfenperlen (horizontal gebohrt, facettiert), 9 x 36 mm, Olive
- 2 St. Ohrhaken, gold

MEDICI DROP

Gefädelte Rauten und Zirkonia-Tropfen erinnern an die Juwelen, welche die Edelfrauen der Renaissance getragen haben.

▶ 1. Einheit 1

Nehmen Sie viermal je 3x 15/0 und 1x 11/0 türkisfarbene Perle auf und machen Sie einen Überhandknoten, um einen straffen Kreis zu formen. Fädeln Sie durch die ersten drei 15/0 und eine 11/0 Perle und nehmen Sie 1x 15/0 Perle auf, fädeln Sie durch die nächste 11/0 Perle und ziehen Sie den Faden fest an. Wiederholen Sie dies drei weitere Male und formen Sie so eine Raute (Grafik 1). Fädeln Sie so durch die Perlen, dass Sie mit der Nadel aus einer 15/0 Eckperle herauskommen.

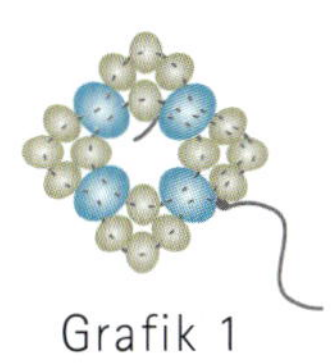

Grafik 1

Weiter auf der nächsten Seite.

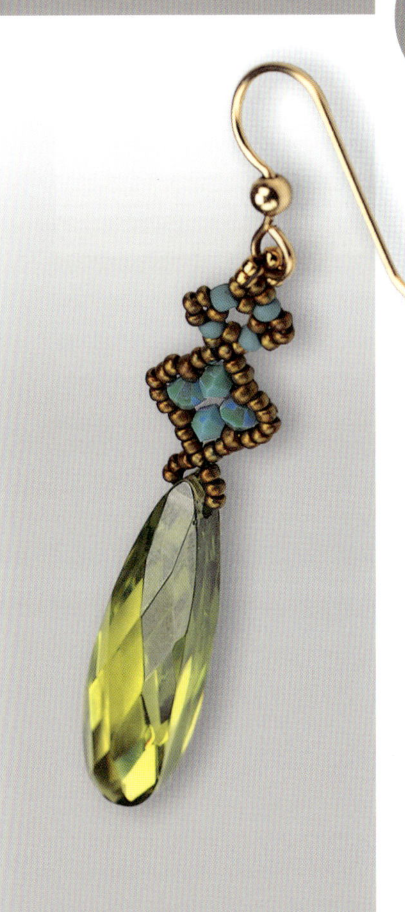

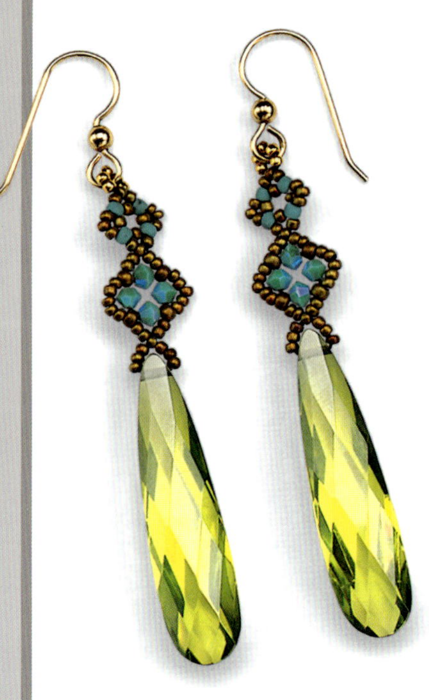

2. Einheit 2

Nehmen Sie 2x 15/0 Perlen auf. Nehmen Sie dreimal je 1x 11/0 und 5x 15/0 Perlen auf. Nehmen Sie 1x 11/0 und 2x 15/0 Perlen auf. Fädeln Sie durch die 15/0 Eckperle, aus der der Faden kommt, die ersten beiden soeben hinzugefügten 15/0 Perlen und die nächste 11/0 Perle. Nehmen Sie einen Doppelkegel auf und fädeln Sie durch die nächste 11/0 Perle. Wiederholen Sie dies drei weitere Male.

3. Tropfen

Fädeln Sie durch den zuerst hinzugefügten Doppelkegel, die nächste 11/0 und die nächsten drei 15/0 Perlen, um mit der Nadel aus der unteren Eckperle der zweiten Einheit herauszukommen. Nehmen Sie 3x 15/0 Perlen, 1x Tropfenperle und 3x 15/0 Perlen auf und fädeln Sie durch die 15/0 Eckperle, aus der der Faden kommt.

4. Schlaufe

Fädeln Sie so durch die Perlen, dass Sie mit der Nadel aus der 15/0 Eckperle an der Spitze von Einheit 1 herauskommen. Nehmen Sie 7x 15/0 Perlen auf und fädeln Sie durch die 15/0 Perle, aus der der Faden kommt, um eine Schlaufe zu formen (Grafik 2). Wiederholen Sie den Fadenlauf, um ihn zu verstärken. Vernähen Sie den Faden und schneiden Sie ihn ab. Hängen Sie einen Ohrhaken in die Perlenschlaufe.

Wiederholen Sie die Schritte und fertigen Sie einen zweiten Ohrhänger an.

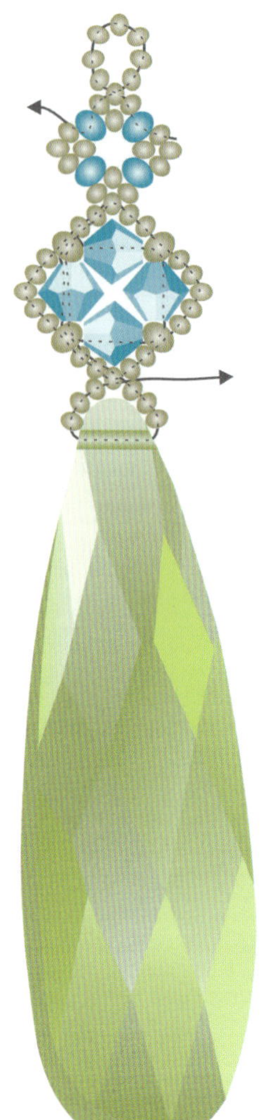

Grafik 2

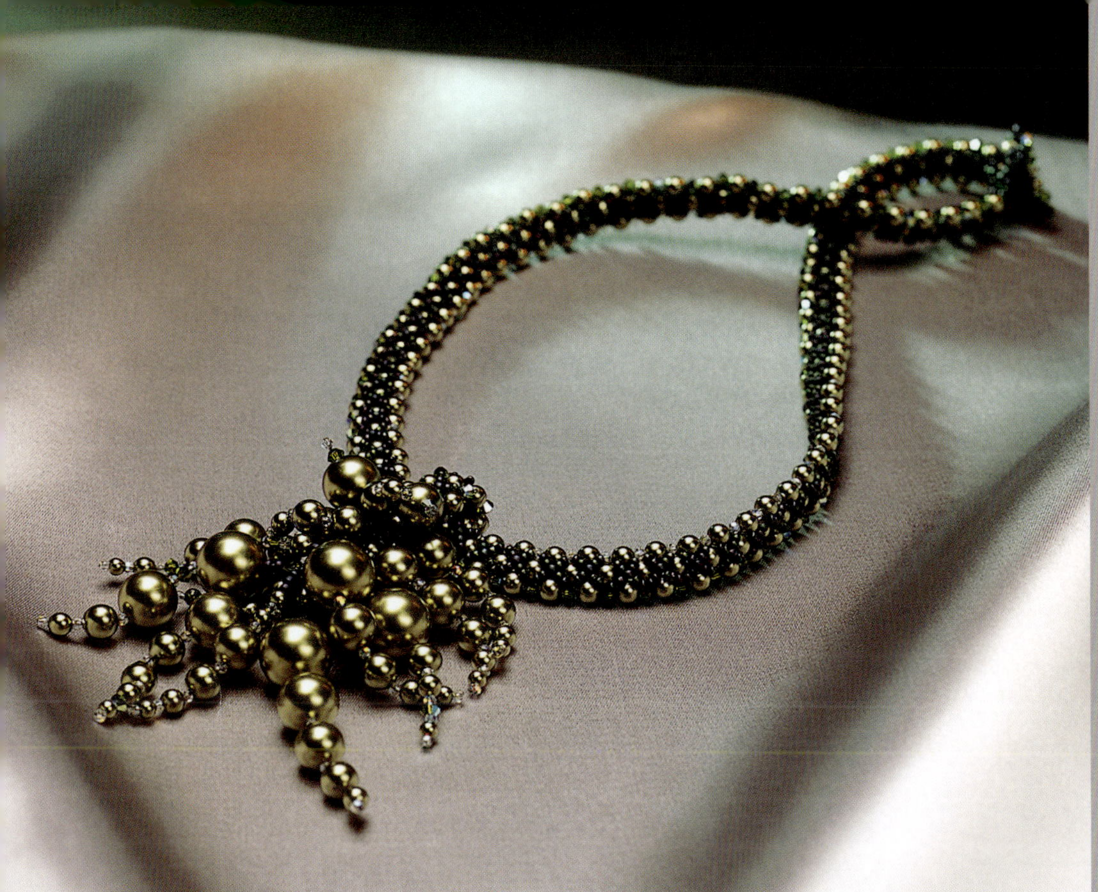

CASSIOPEIA

Der Druckknopf-Verschluss dieser Kette ist verdeckt. Sie kann entweder einzeln oder mit dem üppigen Strauß aus Perlen als Anhänger getragen werden.

MATERIALIEN

- Grundausstattung (Seite 10)
- FireLine, 6 lb, Smoke
- 290 St. Crystal Pearls (Rundperlen), 4 mm, Green
- 15/0 Saatperlen, Forest matt iris, 5 g
- 11/0 Saatperlen, Forest matt iris, 2 g
- 128 St. Doppelkegel, 3 mm, Olivine AB
- 144 St. Kristallperlen, 2 mm, Crystal AB
- 24 St. Crystal Pearls (Rundperlen), 3 mm, Green
- 30 St. Crystal Pearls (Rundperlen), 6 bis 12 mm, Green
- 1 St. Margarite, 8 mm, Olivine AB
- 1 St. Druckknopf, 6 mm, Schwarz

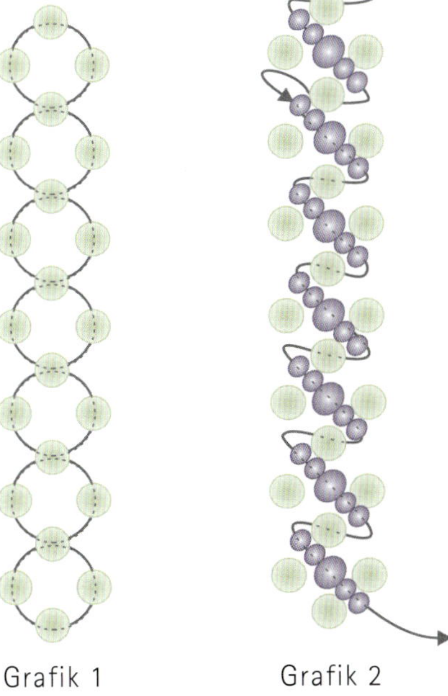

Grafik 1 Grafik 2

▶ 1. Band

Verwenden Sie Rundperlen 4 mm und arbeiten Sie für eine 48 cm lange Halskette einen 1 Einheit breiten und 75 Einheiten langen Streifen im RAW-Stich (Grafik 1).

Legen Sie den Streifen so vor sich hin, dass das Ende nach oben zeigt. Kommen Sie mit der Nadel von rechts nach links aus der oberen Rundperle heraus, nehmen Sie 2x 15/0, 1x 11/0 und 2x 15/0 Perlen auf und fädeln Sie von rechts nach links durch die darunter liegende Rundperle, deren Loch ebenfalls waagerecht liegt, sodass die Saatperlen diagonal über der Einheit aus vier Rundperlen liegen. Wiederholen Sie dies den gesamten Streifen entlang (Grafik 2).

Weiter auf der nächsten Seite.

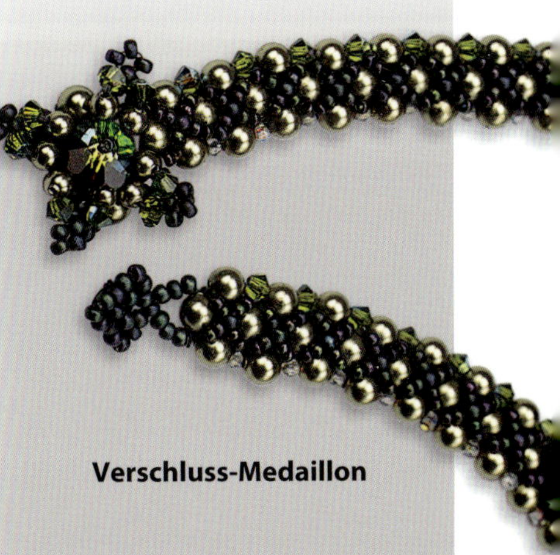

Verschluss-Medaillon

Grafik 3

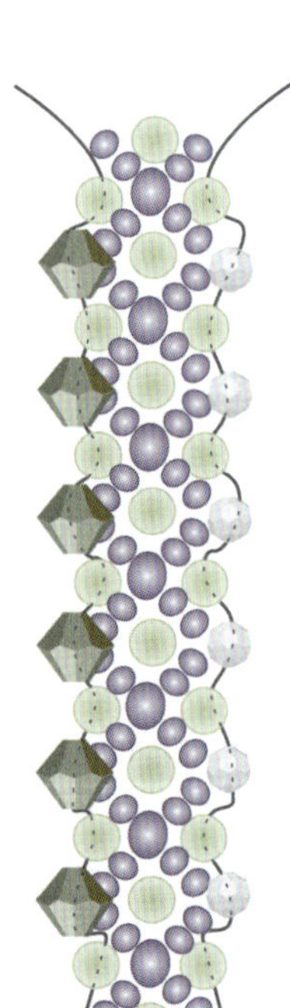

Grafik 4

Nehmen Sie 2x 15/0 Perlen auf und fädeln Sie durch die 11/0 Perle, welche sich in der Mitte der Verzierung der letzten Einheit befindet. Nehmen Sie 2x 15/0 Perlen auf und fädeln Sie von rechts nach links durch die Rundperle, deren Loch waagerecht liegt und die sich über der Rundperle befindet, aus der der Faden kommt. Wiederholen Sie dies den gesamten Streifen entlang (Grafik 3). Wenden Sie den Streifen und wiederholen Sie dies auf der anderen Seite, sodass der gesamte Streifen die Kreuzchenverzierung erhält.

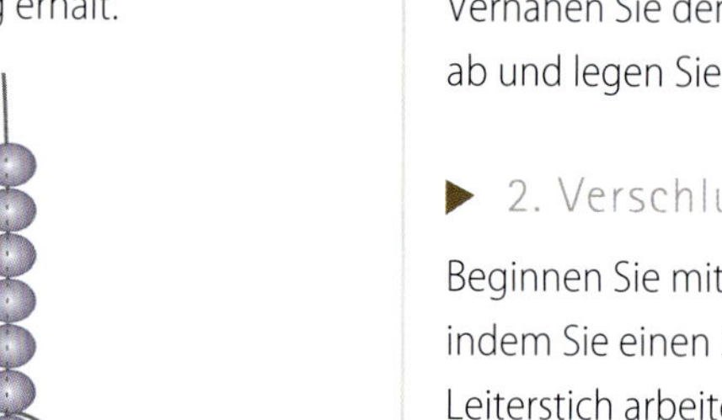

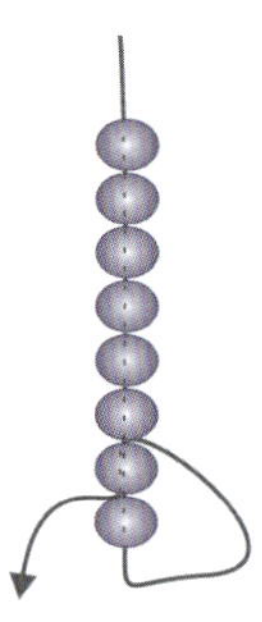

Grafik 5

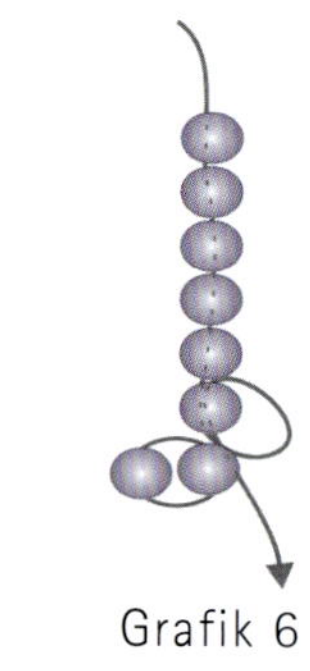

Grafik 6

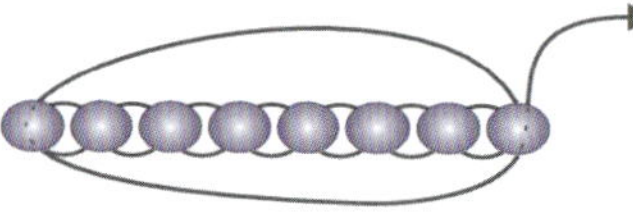

Grafik 7

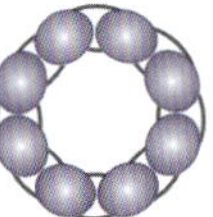

Grafik 8

Legen Sie den Streifen so vor sich hin, dass das Ende nach oben zeigt. Fädeln Sie so durch die Perlen, dass die Nadel nach unten aus einer Seitenperle der obersten Einheit herauskommt. Nehmen Sie 1x Doppelkegel auf und fädeln Sie durch die Seitenperle der nächsten Einheit. Wiederholen Sie dies entlang der ersten Kante des Streifens. Wiederholen Sie dies an der anderen Kante, verwenden Sie jedoch Rundperlen 2 mm. Achten Sie darauf, den Faden nicht zu fest anzuziehen (Grafik 4). Vernähen Sie den Faden, schneiden Sie ihn ab und legen Sie den Streifen beiseite.

▶ 2. Verschluss Medaillon

Beginnen Sie mit dem Verschlusselement, indem Sie einen Streifen aus 8 Perlen im Leiterstich arbeiten: Nehmen Sie dazu 8x 11/0 Perlen auf und fädeln Sie von oben nach unten durch die vorletzte aufgenommene Perle (Grafik 5).

Fädeln Sie wieder von oben nach unten durch die drittletzte aufgenommene Perle (Grafik 6). Wiederholen Sie dies, bis alle Perlen Seite an Seite liegen.

Legen Sie den Streifen so vor sich hin, dass der Arbeitsfaden nach oben aus der letzten Perle herauskommt. Fädeln Sie von oben nach unten durch die erste Perle und von unten nach oben durch die letzte Perle, um einen Ring zu erhalten (Grafik 7 und 8). Schieben Sie die Perlen so zurecht, dass die Fädellöcher nach außen zeigen, und kommen Sie mit der Nadel nach außen heraus.

Nehmen Sie 3x 11/0 Perlen auf und fädeln Sie nach innen durch die nächste Leiterstichperle und dann nach außen durch die folgende Leiterstichperle. Wiederholen Sie dies entlang des Rings und formen Sie somit vier Picots. Fädeln Sie so durch die Perlen, dass Sie mit der Nadel aus der ersten Perle des ersten Picots herauskommen (Grafik 9).

Nehmen Sie 5x 11/0 Perlen auf und fädeln Sie nach unten durch die dritte Perle des ersten Picots; fädeln Sie nicht durch eine Perle des Leiterstichrings. Nehmen Sie eine Rundperle 4 mm auf und fädeln Sie nach oben durch die erste Perle des zweiten Picots. Wiederholen Sie diesen Schritt zwei weitere Male für insgesamt 3 Picots und 3 Perlen. Nehmen Sie 5x 11/0 Perlen auf und fädeln Sie nach unten durch die dritte Perle des vierten Picots. Fädeln Sie durch die Rundperle 4 mm am Ende des Streifens, nach oben durch die drei Perlen des ersten Picots und nach unten durch die folgende Leiterstichperle. Fädeln Sie nach außen durch die Leiterstichperle auf der rechten Seite (Grafik 10).

Nehmen Sie eine Rundperle 3 mm und einen Doppelkegel auf und fädeln Sie durch die mittlere Perle der 5er-Gruppe am Picot des letzten Schritts. Nehmen Sie 3x 11/0 Perlen auf und fädeln Sie durch die 11/0 Perle, aus der der Faden kommt, um eine Schlaufe zu formen. Arbeiten Sie entgegen dem Uhrzeigersinn, nehmen Sie 1x Doppelkegel und 1x Rundperle 3 mm auf und fädeln Sie nach unten durch die nächste Leiterstichperle des Rings und nach oben durch die folgende Perle. Wiederholen Sie dies, bis Sie alle 4 Picots verziert haben (Grafik 11). Nehmen Sie die Margeritenperle und 1x 15/0 Perle auf und fädeln Sie zurück durch die Margerite und die Leiterstichperle, die der Perle, aus der der Faden kommt, gegenüberliegt. Wiederholen Sie den Fadenlauf, um ihn zu verstärken.

Nähen Sie die erste Hälfte des Druckknopfes sorgfältig an die Rückseite (Grafik 12). Vernähen Sie den Faden und schneiden Sie ihn ab.

Weiter auf der nächsten Seite.

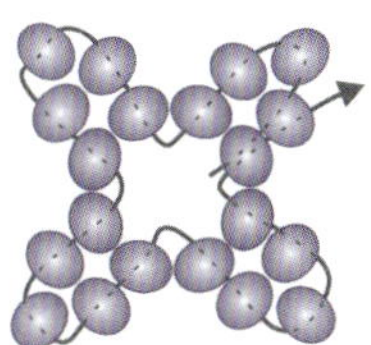

Grafik 9

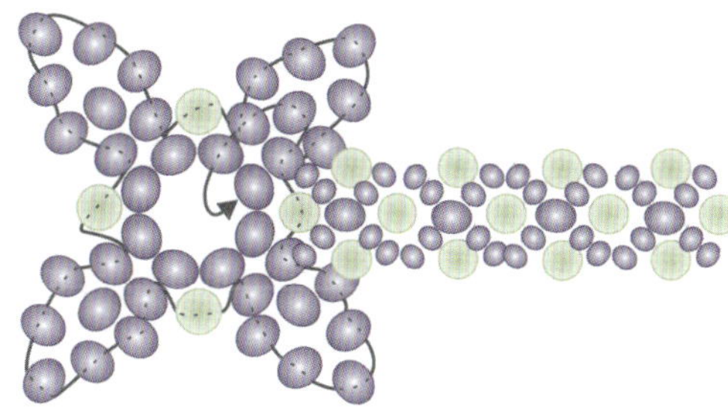

Grafik 10

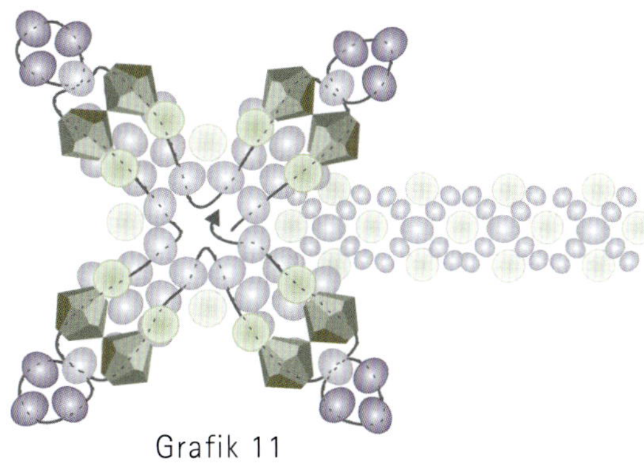

Grafik 11

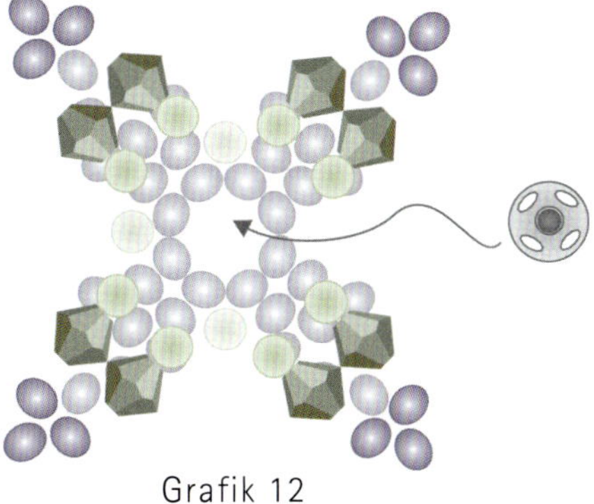

Grafik 12

▶ 3. Verschlussschlaufe

Beginnen Sie mit einem neuen Faden, welcher aus der Rundperle am anderen Ende des Streifens kommt. Nehmen Sie 19x 11/0 Perlen auf und fädeln Sie zurück durch die als viertes hinzugefügte Perle. Nehmen Sie 3x 11/0 Perlen auf und fädeln Sie in entgegengesetzter Richtung durch die Rundperle (Grafik 13).

Fädeln Sie durch die sechs zuerst hinzugefügten Perlen, nehmen Sie 1x 11/0 Perle auf, überspringen Sie drei Saatperlen und fädeln Sie durch die zehnte Saatperle. Fahren Sie damit fort, 1x 11/0 Perle aufzunehmen, drei Perlen auszulassen und durch die nächste zu fädeln, bis Sie insgesamt 4 Saatperlen hinzugefügt haben (Grafik 14).

Nähen Sie die zweite Hälfte des Druckknopfes sorgfältig auf die Oberseite der Schlaufe (Grafik 15). Vernähen Sie den Faden, schneiden Sie ihn ab und legen Sie die Perlenarbeit beiseite.

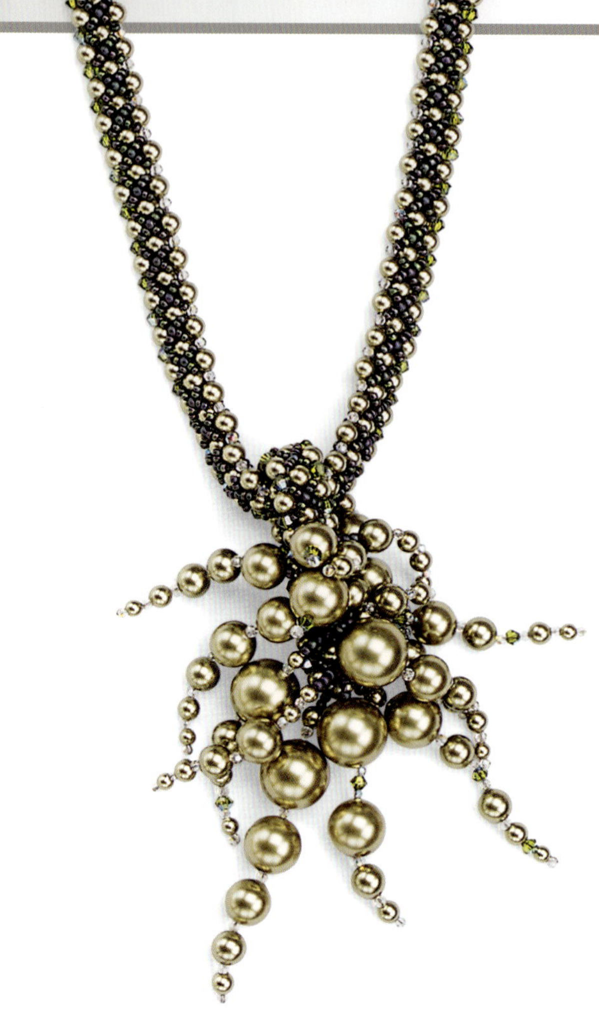

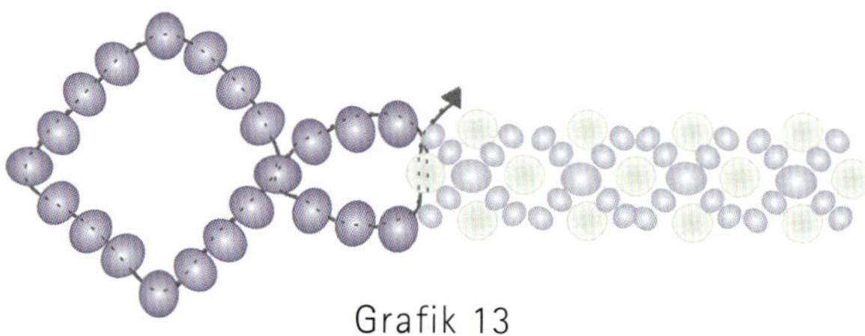

Grafik 13

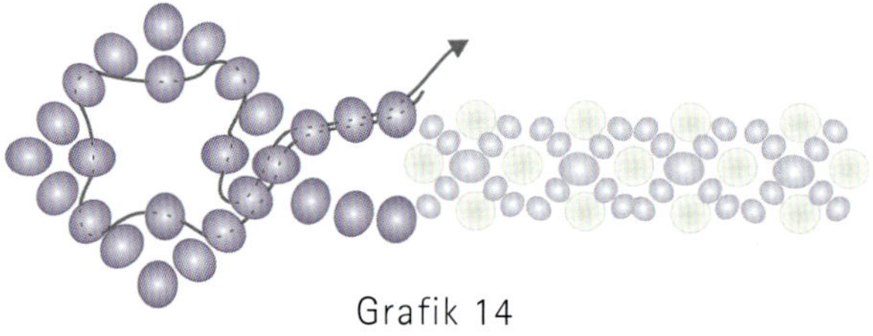

Grafik 14

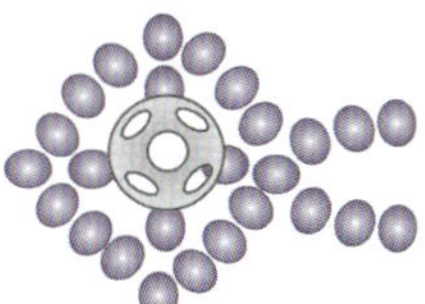
Grafik 15

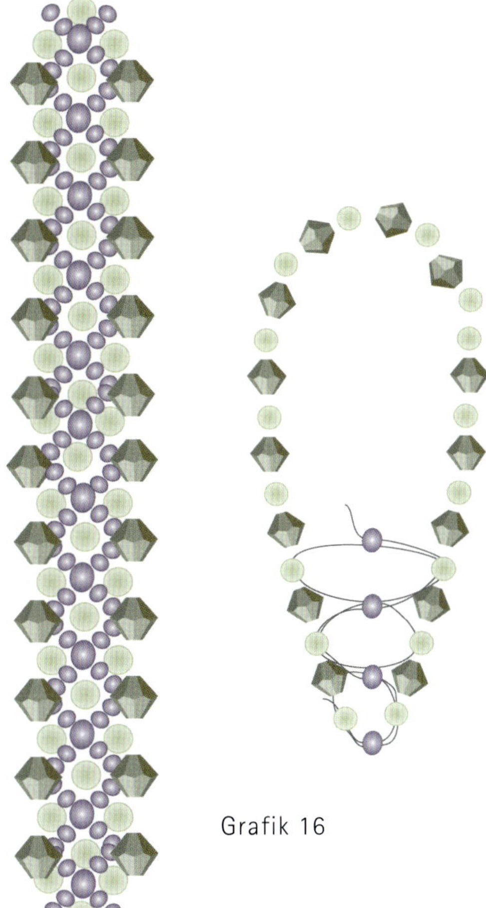
Grafik 16

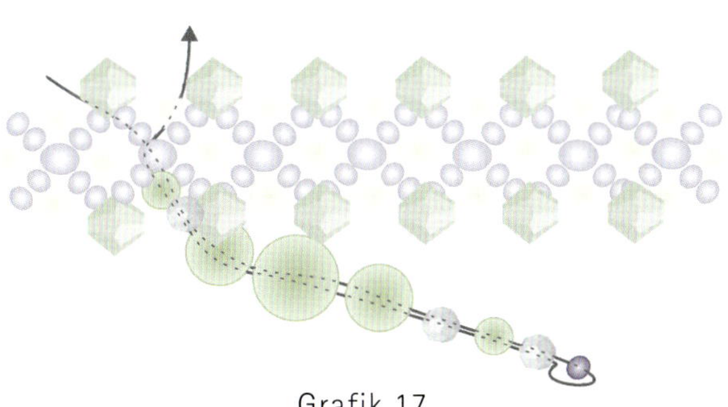
Grafik 17

▶ 4. Anhänger

Wiederholen Sie Schritt 1 und arbeiten Sie einen 14 Einheiten langen Streifen, verwenden Sie jedoch ausschließlich Doppelkegel, um beide Kanten zu verzieren. Falten Sie den Streifen in der Mitte und verbinden Sie die untersten drei Einheiten entlang ihrer Kanten mit 11/0 Perlen (Grafik 16; siehe auch Grafik 20 auf Seite 23).

Kommen Sie mit der Nadel aus einer 11/0 Perle auf der Vorderseite des Streifens heraus, nehmen Sie 12 bis 15 gemischte Perlen (Kristallperlen 2 mm und Rundperlen) auf und enden Sie mit einer Kristallperle 2 mm. Überspringen Sie die zuletzt aufgenommene Perle und fädeln Sie durch alle anderen, soeben aufgenommenen Perlen zurück (Grafik 17). Wiederholen Sie dies an der Vorderseite des gefalteten Streifens und arbeiten Sie insgesamt 16 Fransen. Variieren Sie dabei die Perlengrößen und die Länge der Fransen zufällig. Vernähen Sie den Faden, schneiden Sie ihn ab und schieben Sie den fertiggestellten Anhänger über die Kette.

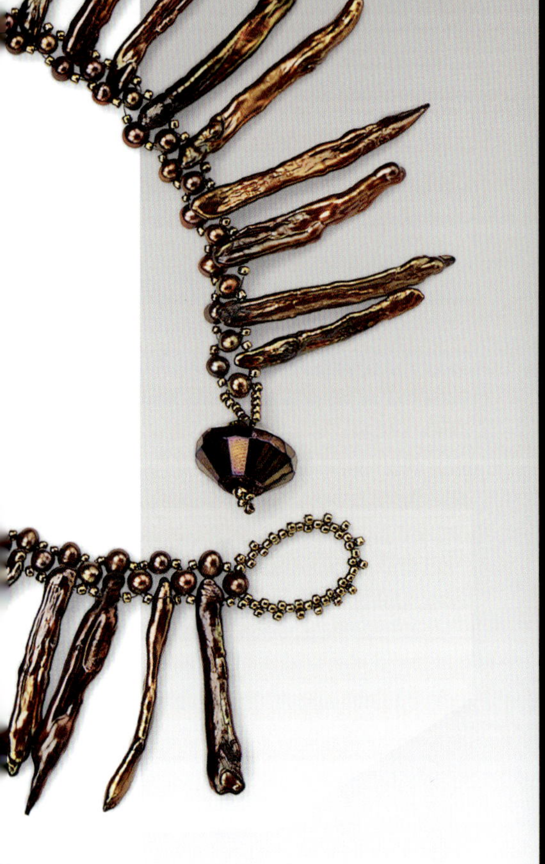

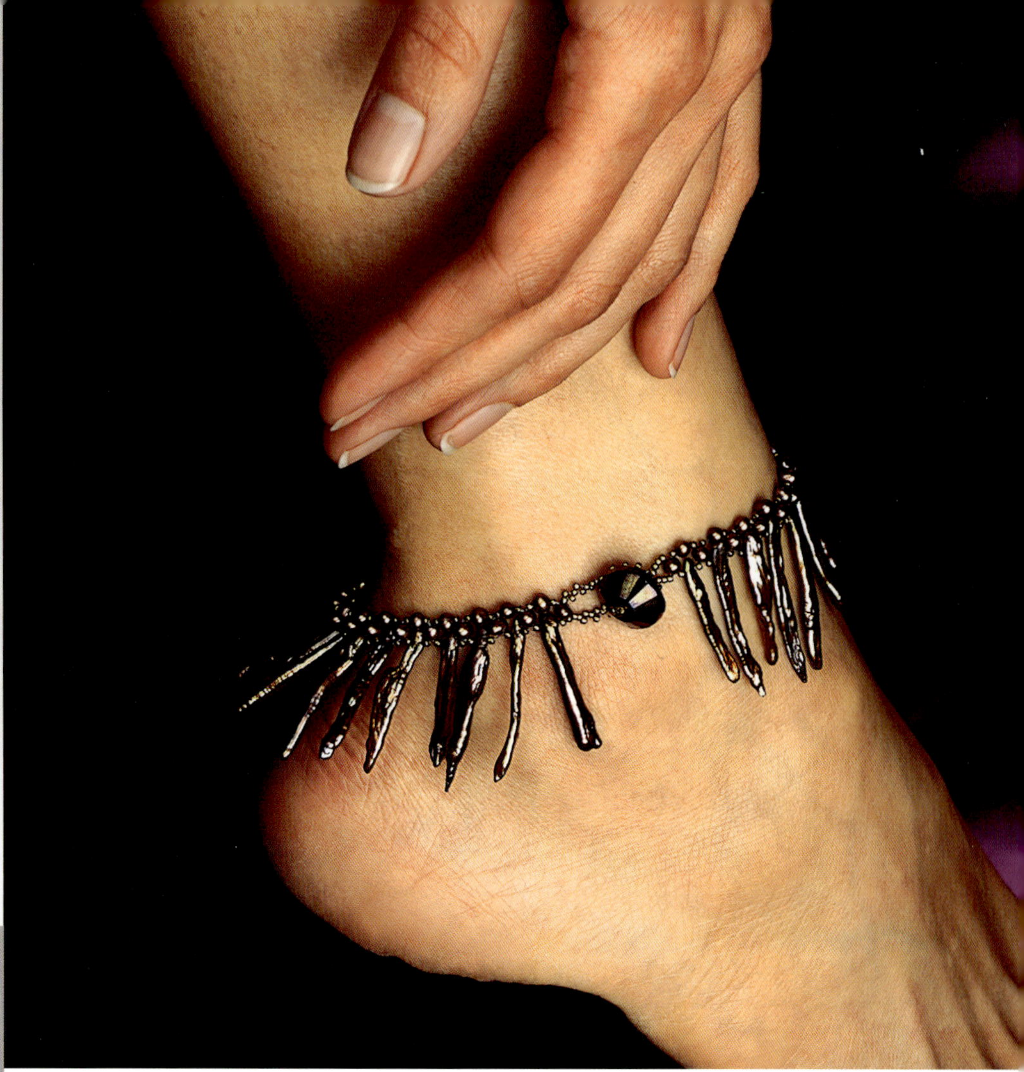

MATERIALIEN

Grundausstattung (Seite 10)

65 St. Süßwasserperlen, 3 mm, Brown

15/0 Saatperlen, Bronze, < 1 g

32 St. Süßwasserperlen (Stabperlen), zwischen 23 und 37 mm lang, oben gebohrt, Brown

1 St. Tschechischer Rivoli mit vertikaler Bohrung, 14 x 9 mm, Brown iris

KA'IULANI

Warme, braune Perlen und unregelmäßige Stabperlen verbinden sich zu einem anmutigen Fußkettchen.

▶ 1. Basis

Nehmen Sie 1x Rundperle, 1x Saatperle, 1x Stabperle, 1x Saatperle, 1x Runderle, 1x Saatperle, 1x Rundperle und 1x Saatperle auf, lassen Sie einen ca. 20 cm langen Fadenrest übrig und machen Sie einen Knoten, um einen straffen Kreis zu formen. Legen Sie die Arbeit so hin, dass die erste Rundperle nach rechts zeigt und die Stabperle unten liegt. Fädeln sie den Arbeitsfaden durch die zuerst hinzugefügte Rundperle (Grafik 1).

Nehmen Sie 1x Saatperle, 1x Stabperle, 1x Saatperle, 1x Rundperle, 1x Saatperle, 1x Rundperle und 1x Saatperle auf. Arbeiten Sie gegen den Uhrzeigersinn, fädeln Sie durch die Seitenperle der ersten Einheit und weiter durch die Saat-, Stab-, die nächste Saat- und die neue Seitenperle (Grafik 2).

Messen Sie den Umfang Ihres Fußgelenks (direkt über dem Knöchel) und fahren Sie damit fort, Einheiten hinzuzufügen, bis Sie diese Länge erreicht haben. (Das gezeigte

Fußkettchen besteht aus 32 Einheiten und ist ca. 24 cm lang.) Fädeln Sie so durch die Perlen, dass die Nadel aus der letzten Seitenperle herauskommt.

2. Verschluss

Nehmen Sie 34 Saatperlen auf und fädeln Sie durch die Seitenperle, aus der der Faden kommt, um eine Schlaufe zu erhalten.

Fädeln Sie durch die erste Saatperle, nehmen Sie 1x Saatperle auf, überspringen Sie 1x Saatperle der Schlaufe und fädeln Sie durch die nächste Saatperle. Wiederholen Sie dies die Schlaufe entlang und fügen Sie so insgesamt 17 Saatperlen hinzu (Grafik 3). Fädeln Sie durch die Seitenperle, vernähen Sie den Faden und schneiden Sie ihn ab.

Fädeln Sie den Fadenrest in eine Nadel und fädeln Sie so durch die Perlen, dass Sie mit der Nadel aus der ersten Seitenperle am Ende der Basis herauskommen. Nehmen Sie 6x Saatperlen, den gebohrten Rivoli und 3x Saatperlen auf und fädeln Sie zurück durch den Rivoli. Nehmen Sie 6x Saatperlen auf und fädeln Sie durch die Seitenperle. Wiederholen Sie den Fadenlauf, um ihn zu verstärken; vernähen Sie den Faden und schneiden Sie ihn ab (Grafik 4).

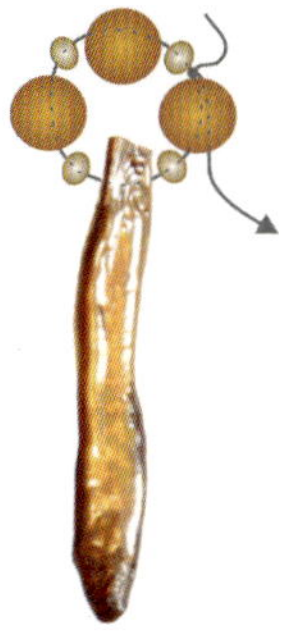

Grafik 1

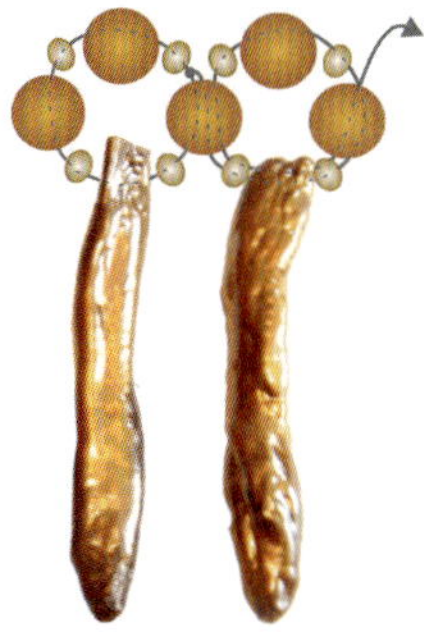

Grafik 2

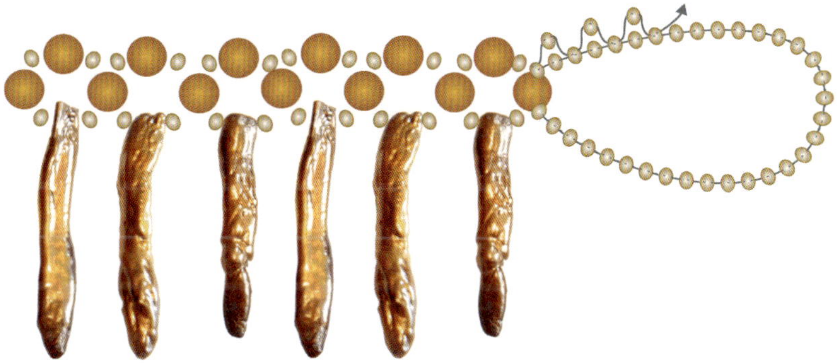

Grafik 3

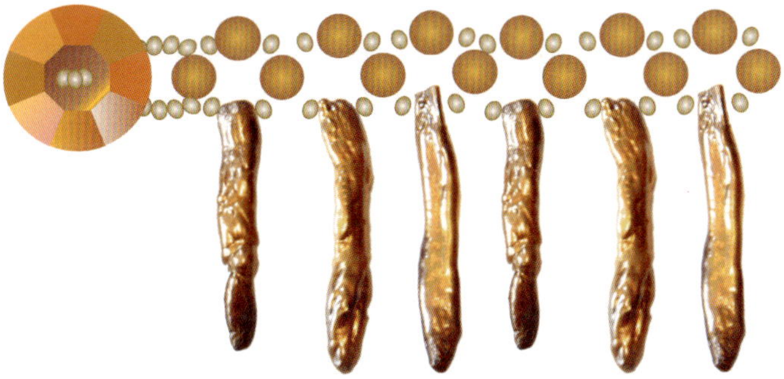

Grafik 4

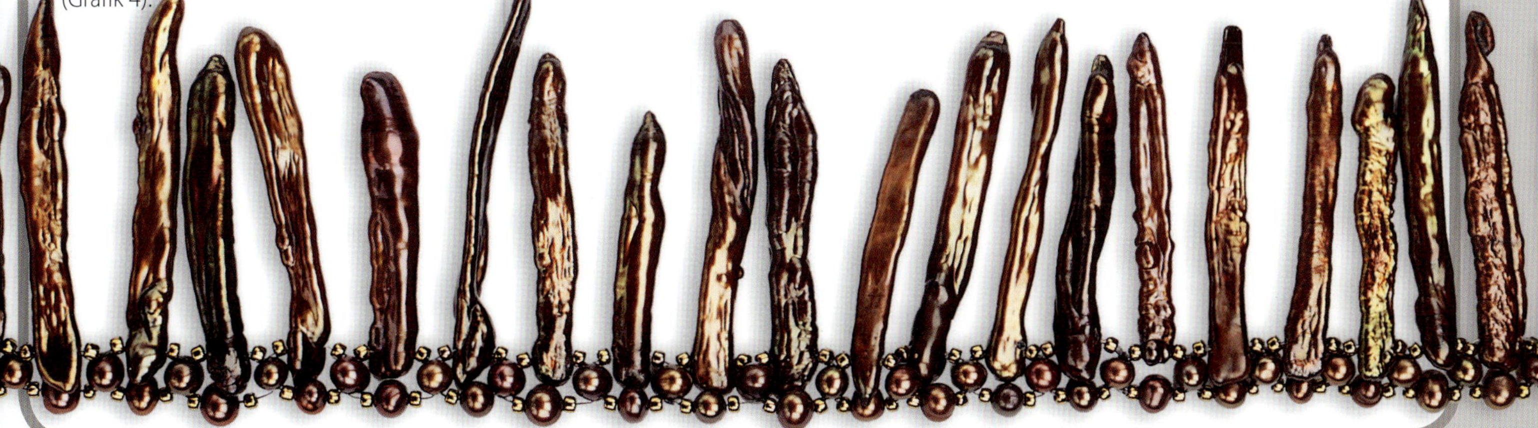

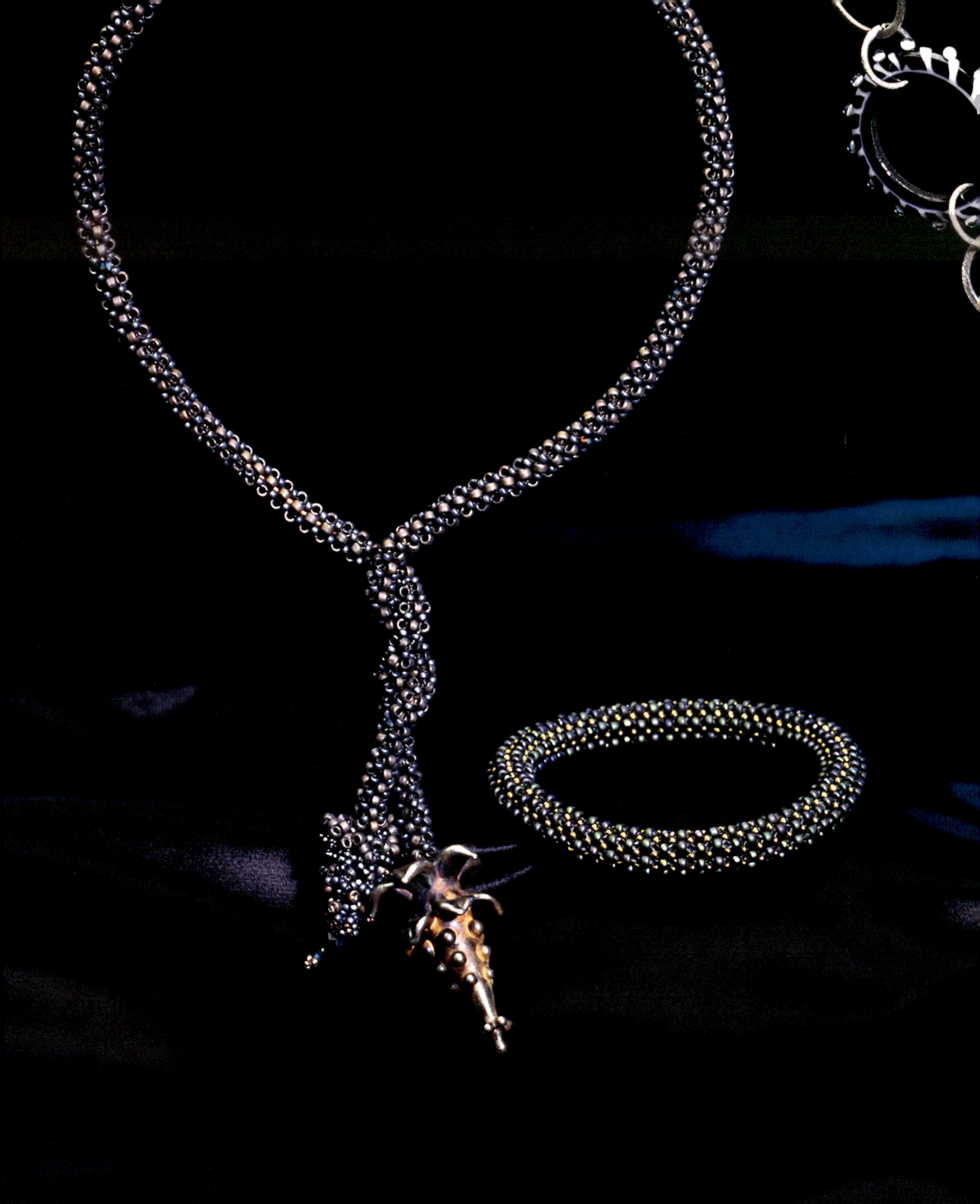

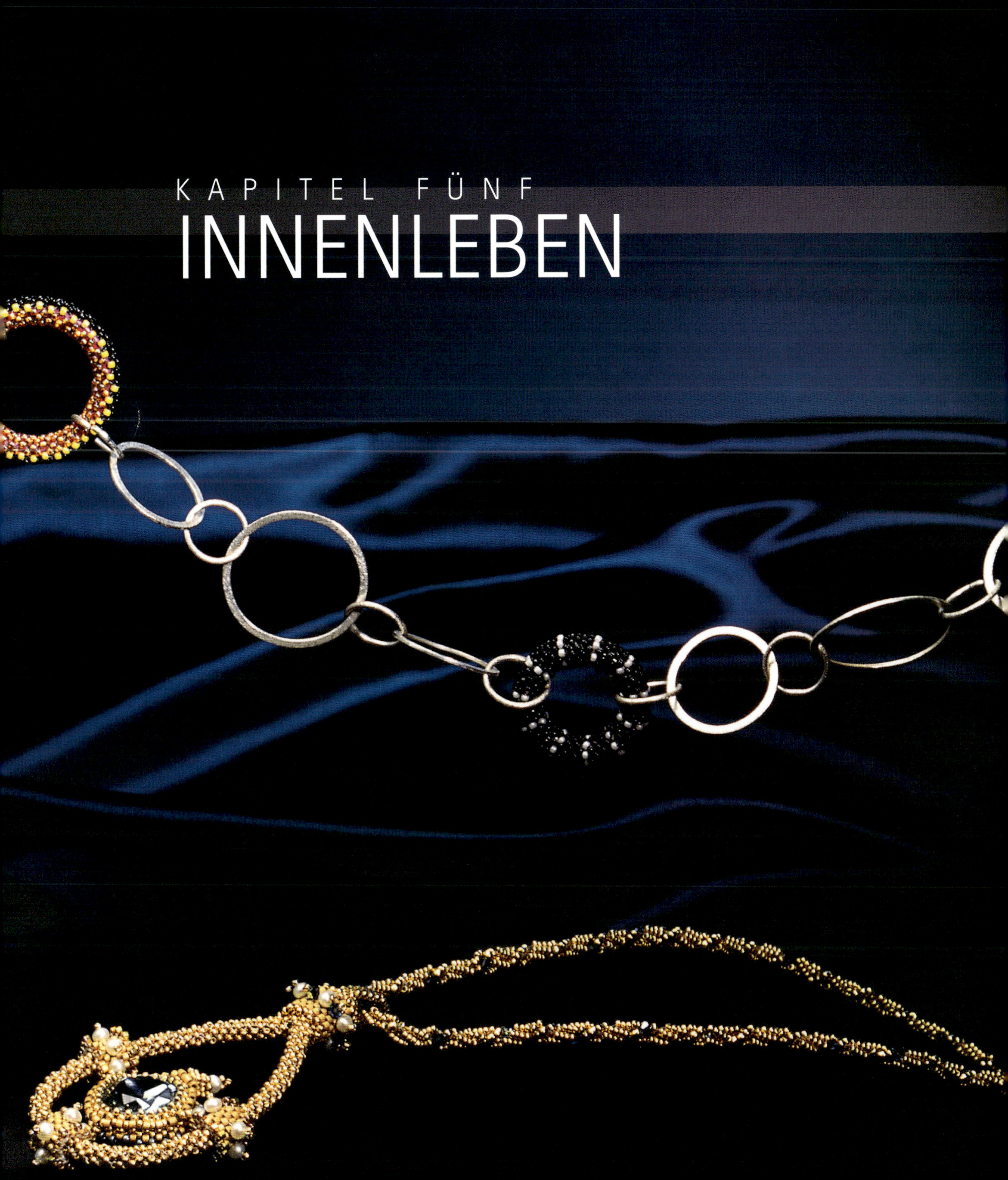

KAPITEL FÜNF

INNENLEBEN

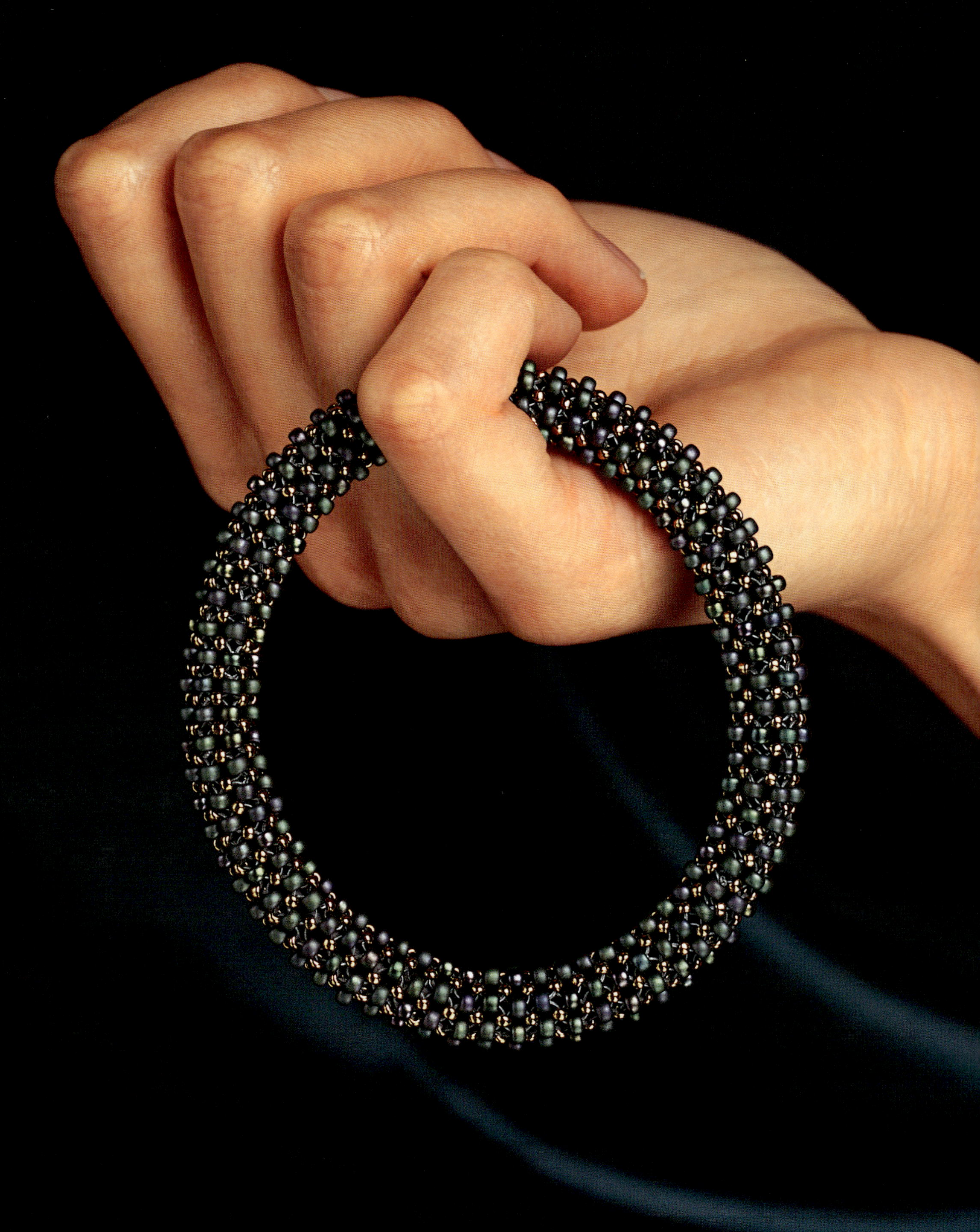

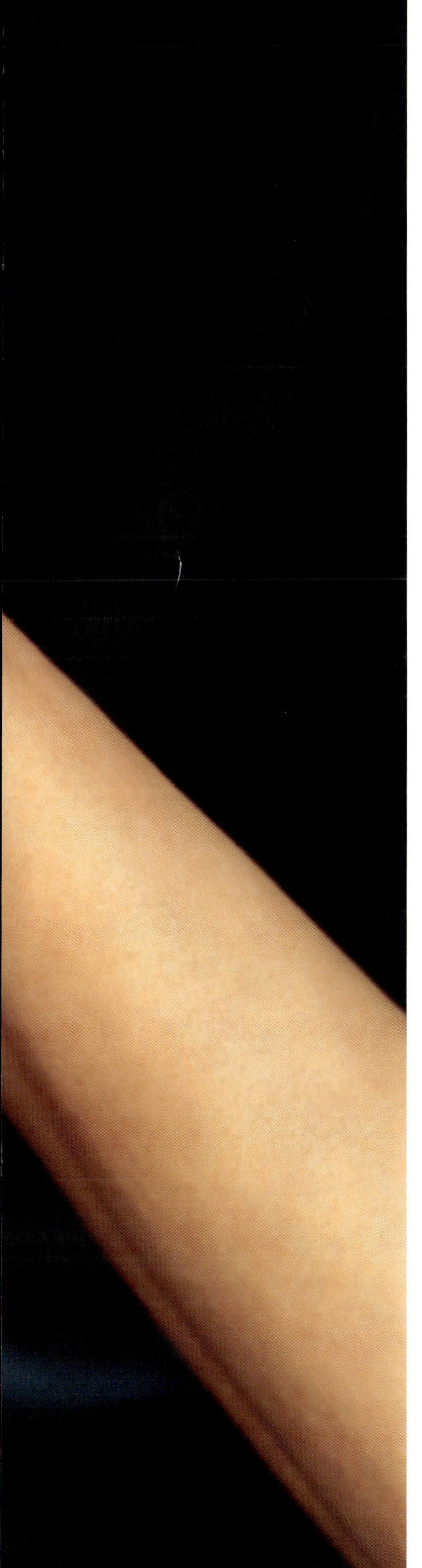

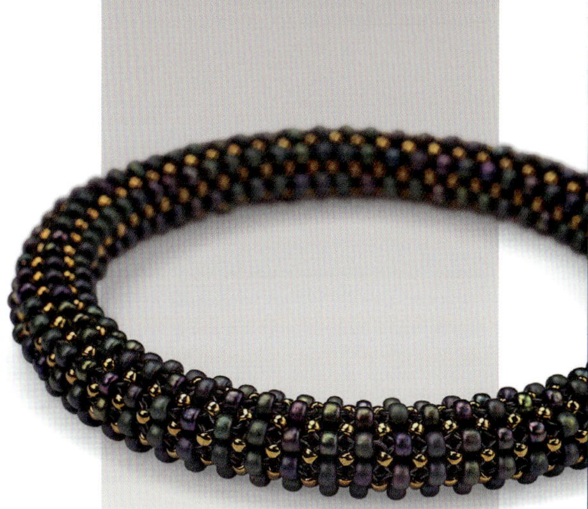

BEADED BANGLE

Ein aus Perlen im Right-Angle-Weave gefädelter Streifen wurde über einem Basisring aus Gummi verbunden und ergibt einen klassischen Armreif. Seine wundervolle Textur rührt von der Verwendung zweier Perlengrößen. Arbeiten Sie fünf oder sechs von diesen Armreifen und tragen Sie sie alle gleichzeitig für einen Look voller spielerischer Raffinesse.

MATERIALIEN

- Grundausstattung (Seite 10)
- Maßband
- Gummischnur als Innenleben, ca. 5 mm im Durchmesser, ca. 18 bis 25 cm in der Länge
- Haushaltsschere
- 2,5 cm Schrumpfschlauch, ca. 9 mm im Durchmesser
- Heißluftpistole
- FireLine, 6 lb, Smoke
- 11/0 Saatperlen, Bronze, 10 g
- 8/0 Saatperlen, Purple Green matt, 20 g
- Faden in Kontrastfarbe oder Korrekturflüssigkeit (optional)

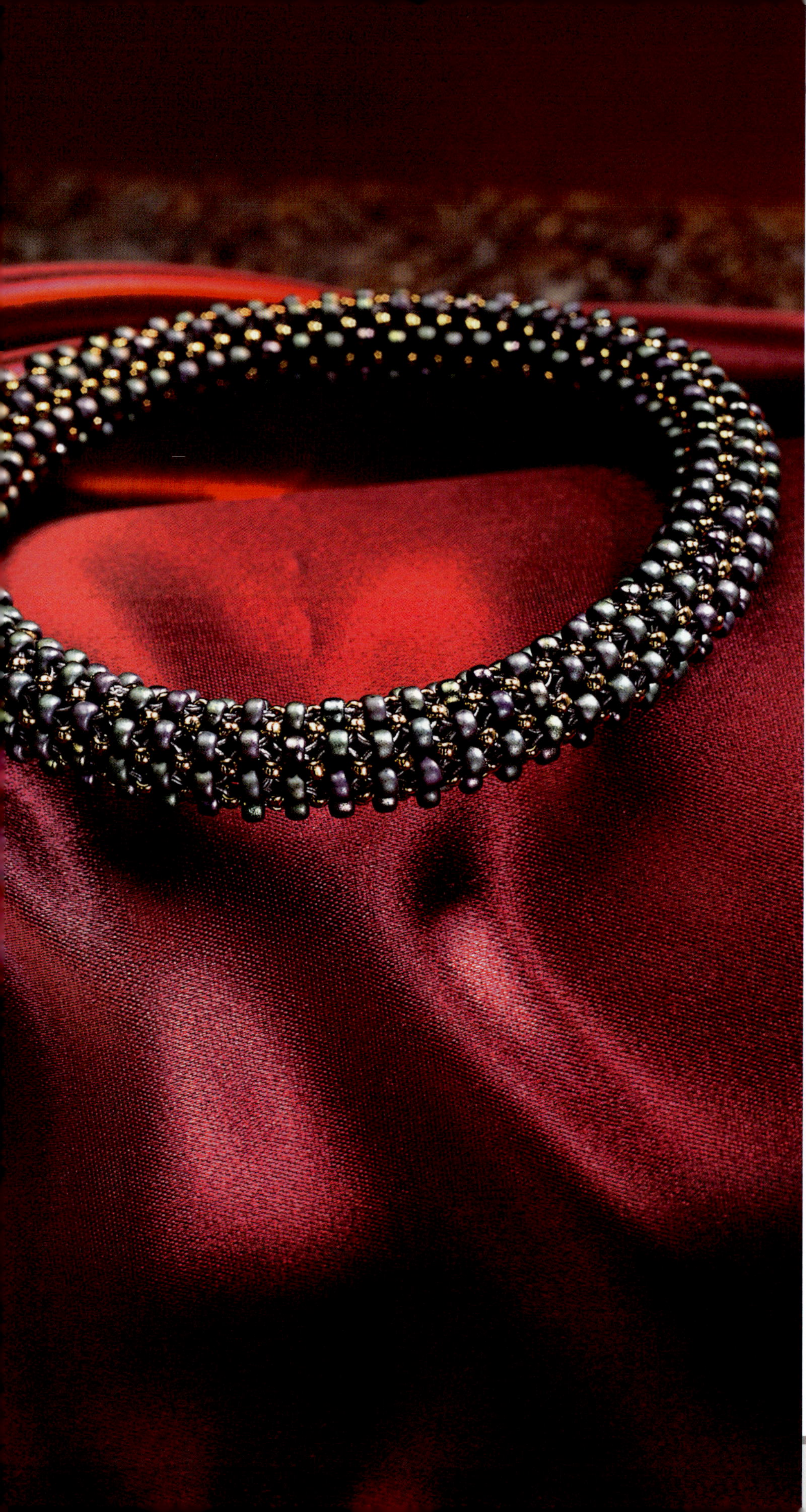

▶ 1. Basisring

Stellen Sie die benötigte Länge für den Basisring aus Gummi fest, indem Sie Ihren Daumen gegen Ihre Handfläche drücken, als ob Sie einen Armreifen anziehen wollten. Messen Sie den weitesten Durchmesser, nahe an der Daumenwurzel. Fügen Sie dieser Länge 2,5 cm hinzu und schneiden Sie das Gummi gerade durch.

Stecken Sie die beiden Enden in den Schrumpfschlauch und drücken Sie das Gummi so weit wie möglich hinein, damit die Enden aneinanderstoßen. Halten Sie den Ring fest, während Sie die Heißluftpistole verwenden, um den Schrumpfschlauch zu erhitzen und alles miteinander zu verbinden (Grafik 1). Dies kann einige Minuten dauern. Legen Sie den Ring beiseite.

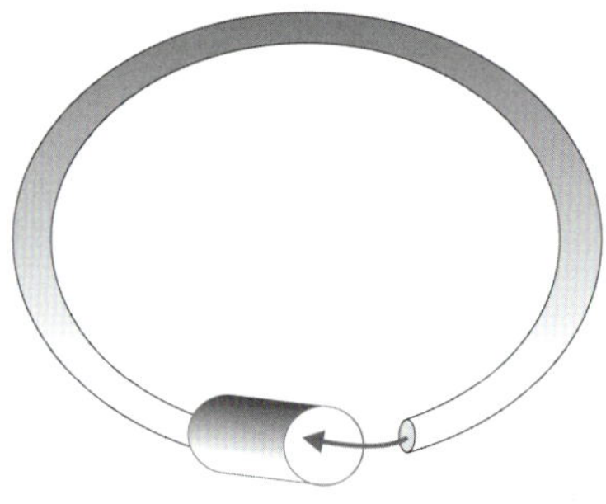

Grafik 1

Weitere Reihen bis zur gewünschten Länge.

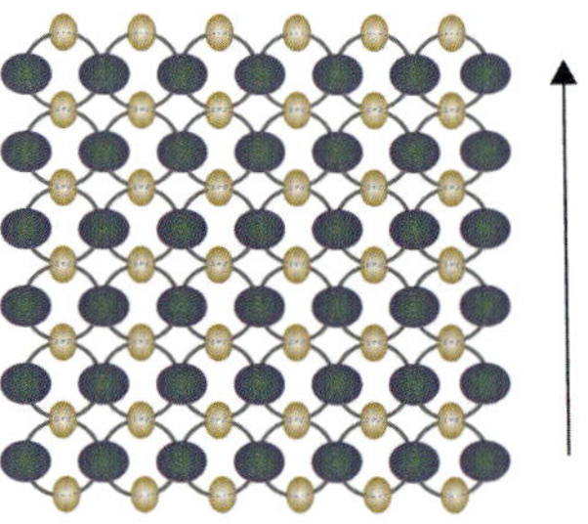

Grafik 2

▶ 2. Streifen

Verwenden Sie doppelten Faden und arbeiten Sie im RAW-Stich einen 6 Einheiten breiten und in der Länge 5 cm längeren Streifen, als Ihre Handmessung ergab. (Der gezeigte Armreif ist 65 Einheiten breit und 25,5 cm lang.). Arbeiten Sie mit 11/0 Perlen auf der Ober- und Unterseite jeder Einheit und mit 8/0 Perlen für die Seiten (Grafik 2). Schneiden Sie den Faden nicht ab.

Markieren Sie eine Endperle auf derselben Seite an der ersten und der letzten Reihe um sicherzustellen, dass sich die Perlenarbeit beim Verbinden der Enden nicht verdreht. Eine Möglichkeit dafür ist es, ein Stückchen Faden in Kontrastfarbe durch eine Perle zu führen, oder Sie können alternativ auch eine entfernbare Farbe wie zum Beispiel Korrekturflüssigkeit verwenden.

▶ 3. Verbindung

Legen Sie die Perlenarbeit unter den Basisring und halten Sie die langen Seiten oben zusammen (Grafik 3). Beginnen Sie an Reihe 1 und schließen Sie die lange Seite, indem Sie 11/0 Perlen verwenden, um die 8/0 Seitenperlen zu verbinden (siehe auch Basisanleitung auf Seite 23).

Wenn Sie 5 cm vom Ende entfernt angekommen sind, halten Sie das verbliebene Stück des Streifens an den Ring, um abzuschätzen, ob die Länge ausreichend ist. Wenn nicht, arbeiten Sie weitere Reihen im RAW-Stich. Sollte die Perlenarbeit zu lang geraten sein, entfernen Sie Reihen. Beenden Sie die Verbindung.

Positionieren Sie die beiden markierten Perlen gegenüber und verbinden Sie die kurzen Enden des Streifens, indem Sie 8/0 Perlen hinzufügen (Grafik 4; siehe auch Grafik 20 auf Seite 23). Vernähen Sie den Faden und schneiden Sie ihn ab.

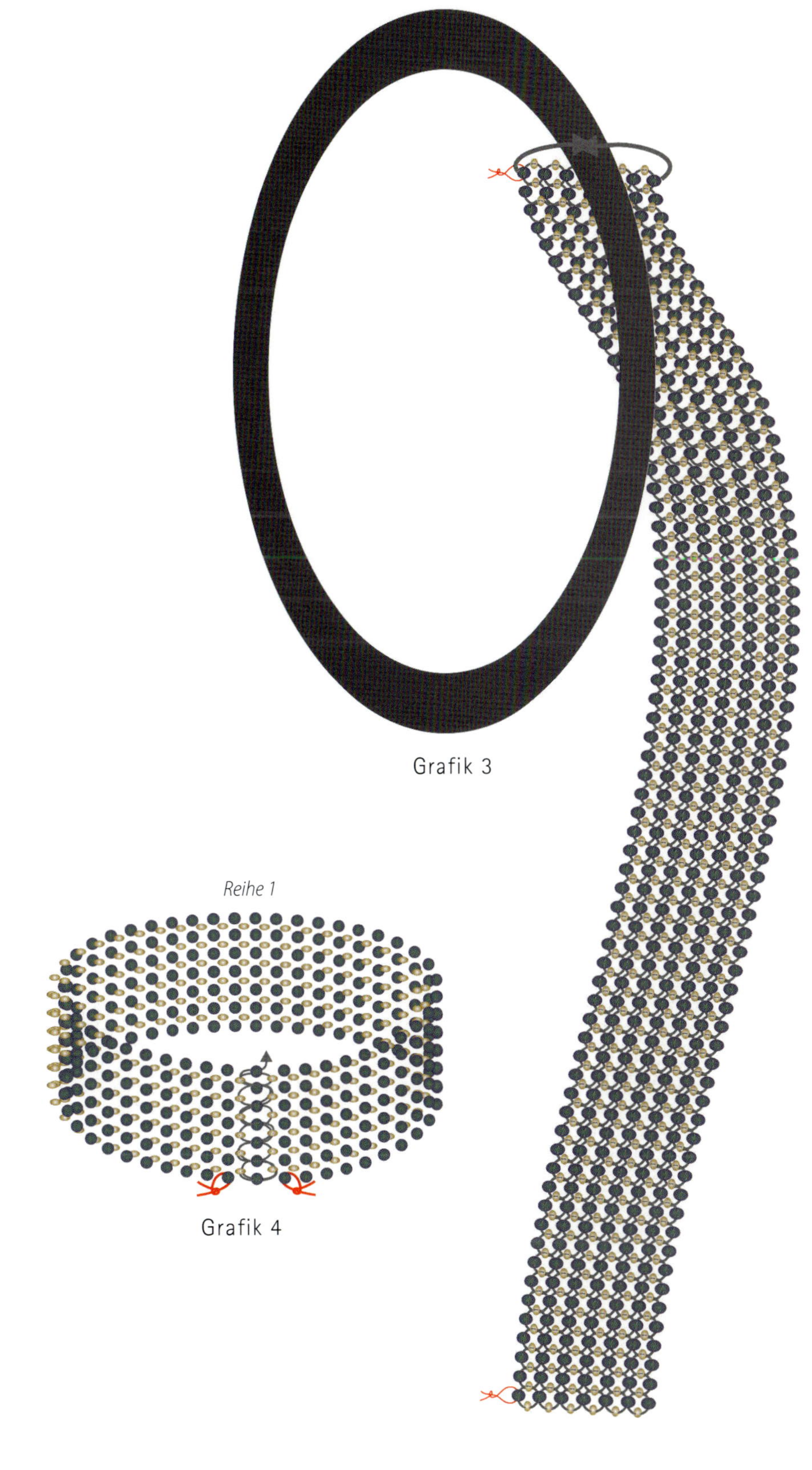

Grafik 3

Grafik 4

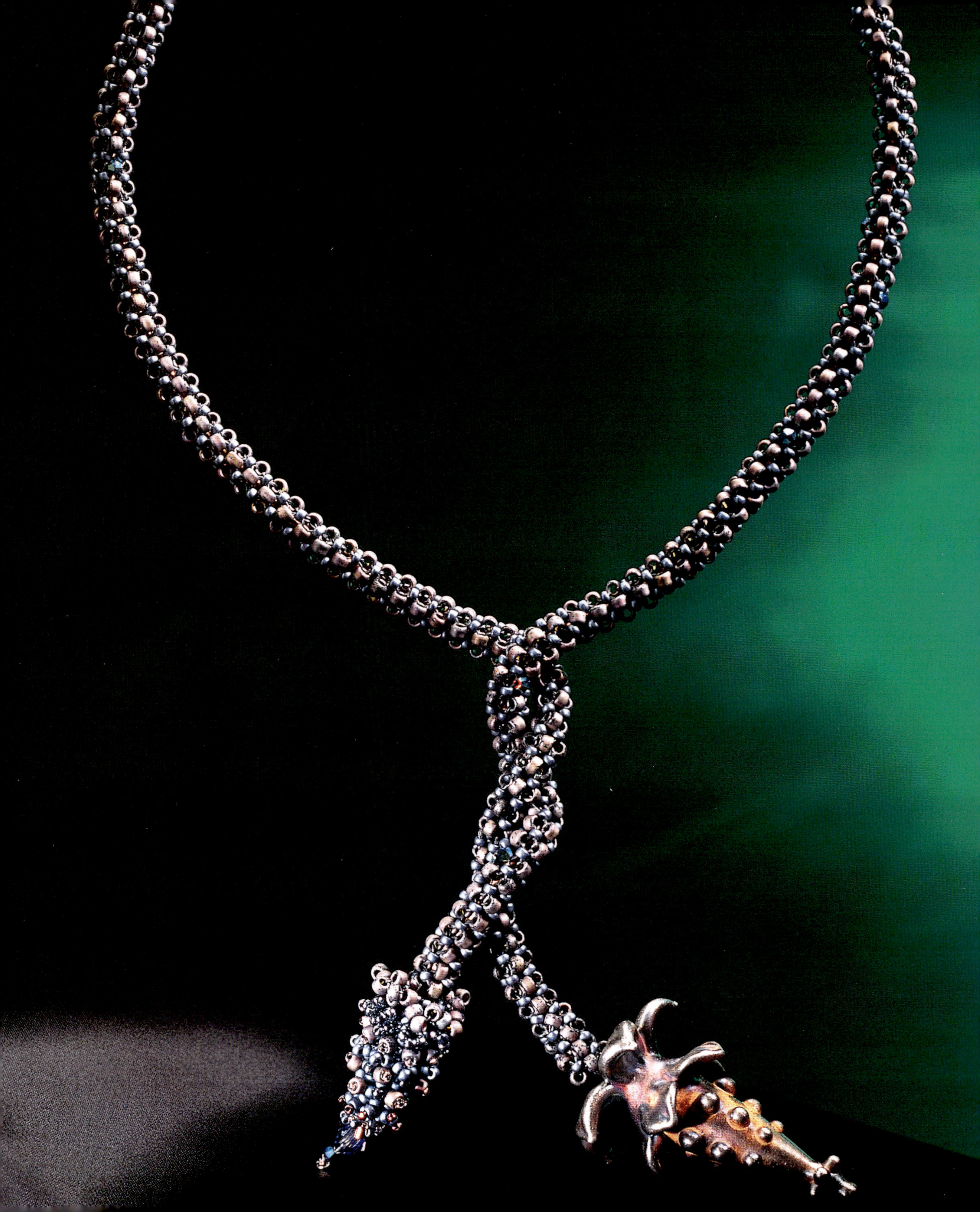

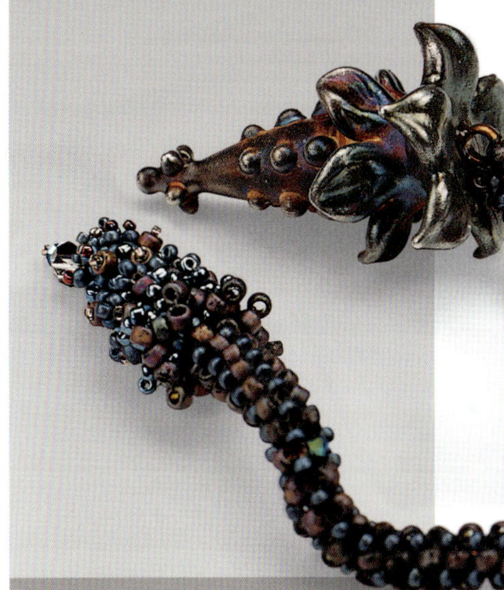

FLEUR FANTAISIE

Eine einfache Kette ist eine tolle Möglichkeit, eine geliebte Fokusperle hervorzuheben. Die skurrile, handgearbeitete Glasperle in dieser Variante erinnert mich an die fantasievollen Kostüme, die bei den Vorstellungen des Cirque du Soleil getragen werden. Sie wurde von einem meiner Lieblingsglaskünstlerin, Gail Crosman Moore, angefertigt.

MATERIALIEN

Grundausstattung (Seite 10)

11/0 Saatperlen:
- Blue matt, 5 g
- Blue metallic, 0,5 g

8/0 Saatperlen, Peach AB, 15 g

48 cm Kupferdraht, 14 gauge

15/0 Saatperlen, Dark Red metallic, 0,5 g

1 St. Kristalltropfen, in der Mitte gebohrt, 6 x 9 mm, Violet AB

1 St. Doppelkegel, 3 mm, Jet 2xAB

1 St. handgearbeitete konische Glasperle im Raku-Stil mit Öse, 29 x 45 mm

Rundzange

Holzstifte:

4 mm im Durchmesser, 15 cm lang

6 mm im Durchmesser, 15 cm lang

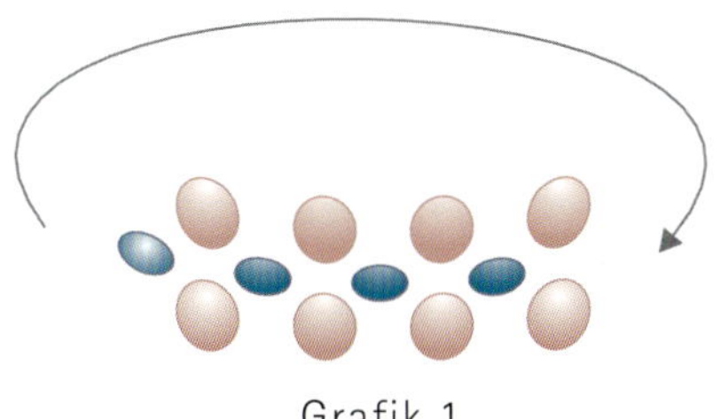

Grafik 1

▶ 1. Kette

Arbeiten Sie einen Schlauch mit 4 Einheiten in der Runde und 61 cm Länge im röhrenförmigen RAW-Stich. Verwenden Sie mattblaue 11/0 Perlen für die Seiten und 8/0 Perlen für die Unten- und Obenperlen (Grafik 1; siehe auch Grafik 17 und 18 auf Seite 22). Legen Sie die Kette beiseite.

▶ 2. Innenleben

Verwenden Sie eine Rundzange und formen Sie eine 6 mm große, flache Öse in den Draht, damit kein scharfes Drahtende in der Kette verbleibt. Führen Sie den Draht vorsichtig mit dem geraden Ende zuerst in die Kette ein, bis dieser ca. 2,5 cm aus dem anderen Ende herausschaut (es verbleiben am Anfang der Kette ca. 10 cm ohne Draht als Innenleben). Biegen Sie eine weitere, 6 mm große, flache Öse.

Weiter auf der nächsten Seite.

Messen Sie ca. 12,5 cm Draht vom Ende ab. Wickeln Sie den beperlten Draht 1,5-mal locker um den 4 mm Holzstift. Biegen Sie den Rest des beperlten Drahtes in einen Kreis, welcher ca. 15 cm im Durchmesser hat und gut um Ihren Hals passt. Legen Sie den beperlten Draht zur Seite.

▶ 3. Geperlte Perle

Verwenden Sie mattblaue 11/0 Perlen und arbeiten Sie einen 7 Einheiten breiten und 7 Reihen hohen Streifen im RAW-Stich. Verbinden Sie die Enden und formen Sie somit eine Röhre (siehe auch Grafik 20 auf Seite 23). Fädeln Sie so durch die Perlen, dass die Nadel aus einer waagerechten Perle der Runde 1 herauskommt.

Schieben Sie die Röhre auf den 6 mm Stift und richten Sie sie senkrecht aus. Beginnen Sie oben und verzieren Sie die Röhre. Orientieren Sie sich für die Perlentypen an Grafik 2, während Sie folgende Runden fädeln:

Runde 1: Nehmen Sie 5x 8/0 Perlen auf und führen Sie die Nadel durch die nächste waagerechte Perle. Wiederholen Sie dies noch 7 weitere Male. Fädeln Sie durch eine senkrechte Perle zwischen den Reihen und eine waagerechte Perle der Runde 2.

Runde 2: Nehmen Sie 5x 11/0 Perlen blaumetallic auf und fädeln Sie durch die nächste waagerechte Perle. Wiederholen Sie dies 7 weitere Male und fädeln Sie zu den Perlen der dritten Runde vor.

Runde 3: Nehmen Sie 1x 8/0 und 1x 15/0 Perle auf, fädeln Sie zurück durch die 8/0 Perle und durch die nächste waagerechte Perle. Wiederholen Sie dies 7 weitere Male und fädeln Sie dann zu den Perlen der Runde 4 vor.

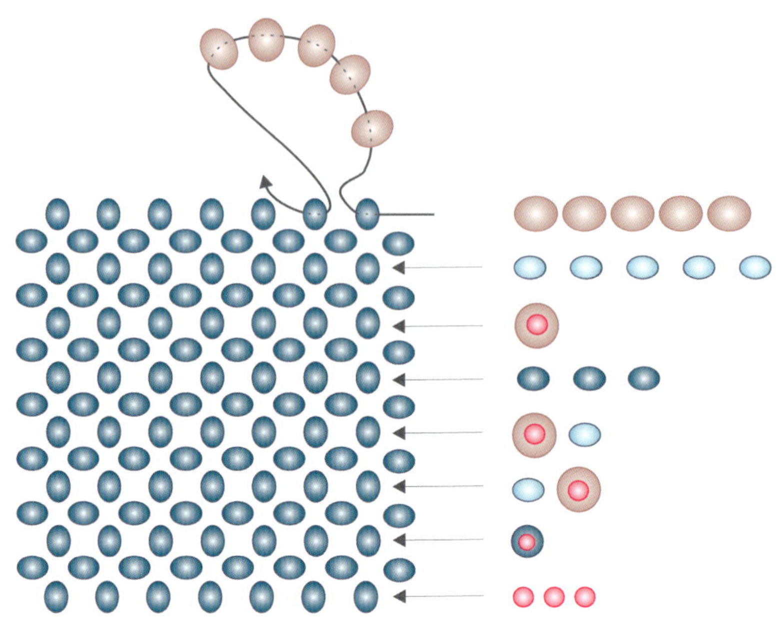

Grafik 2

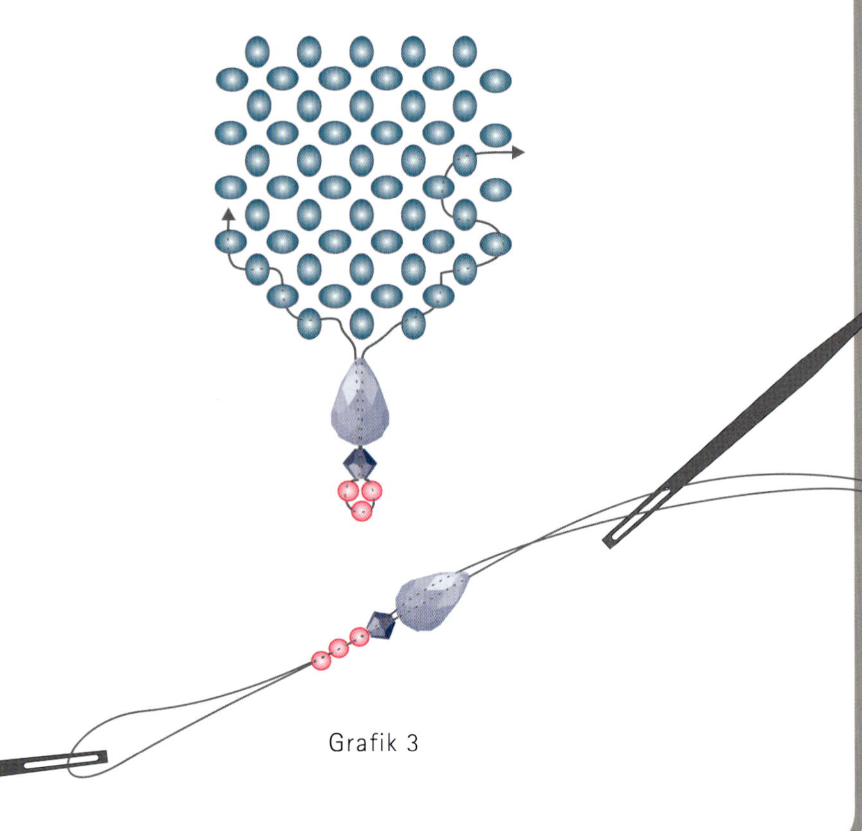

Grafik 3

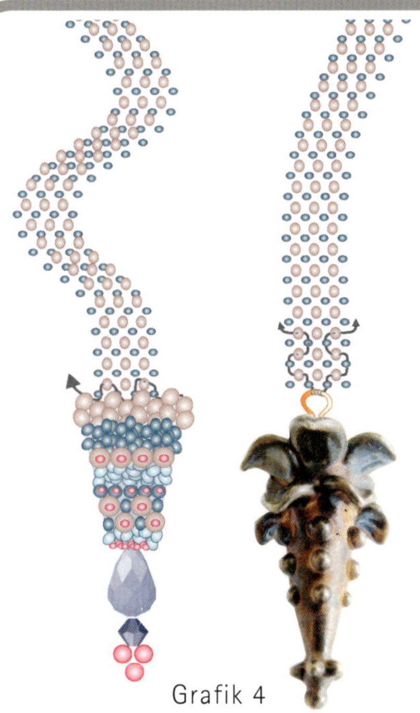

Grafik 4

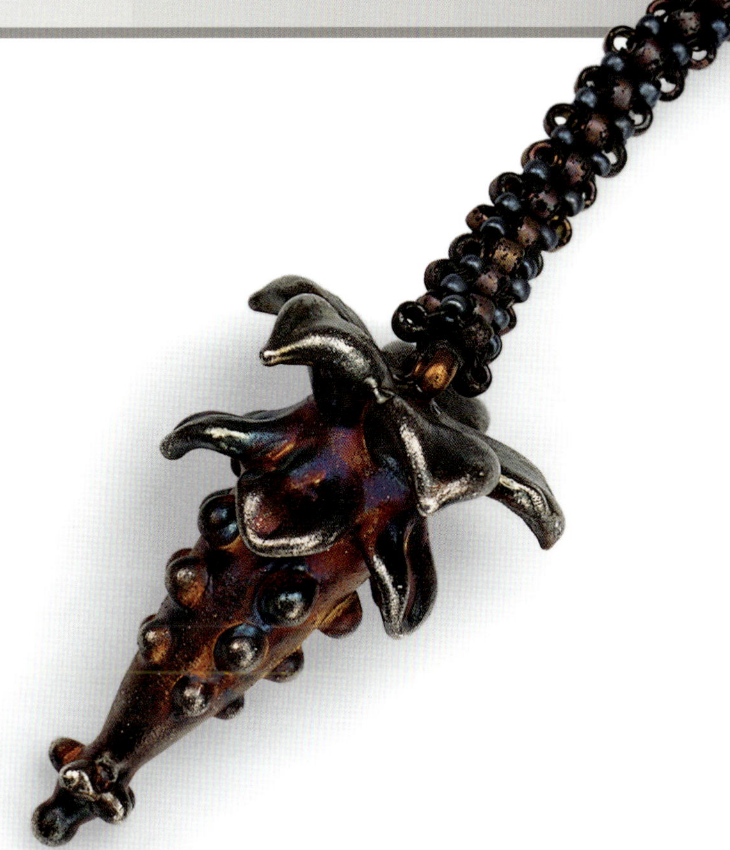

Runde 4: Nehmen Sie 3x 11/0 Perlen blaumatt auf und fädeln Sie durch die nächste waagerechte Perle. Wiederholen Sie dies 7 weitere Male und fädeln Sie zu den Perlen der Runde 5 vor.

Runde 5: Nehmen Sie 1x 8/0 und 1x 15/0 Perle auf. Fädeln Sie durch die 8/0 Perle zurück und weiter durch die nächste waagerechte Perle. Nehmen Sie 1x 11/0 Perle auf und fädeln Sie durch die nächste waagerechte Perle. Wiederholen Sie dies abwechselnd zwischen der 8/0 Perlenfranse und der 11/0 Perle, bis die Runde beendet ist. Fädeln Sie zu den Perlen der Runde 6 vor.

Runde 6: Wiederholen Sie die Runde 5, wechseln Sie jedoch die Reihenfolge.

Runde 7: Nehmen Sie 1x 11/0 blaumatt und 1x 15/0 Perle auf und fädeln Sie zurück durch die 11/0 Perle und durch die nächste waagerechte Perle. Wiederholen Sie dies 7 weitere Male und fädeln Sie zu den Perlen der Runde 8 vor.

Runde 8: Nehmen Sie 3x 15/0 Perlen auf und fädeln Sie durch die nächste waagerechte Perle. Wiederholen Sie dies 7 weitere Male. Entfernen Sie den Stift; vernähen Sie den Faden und schneiden Sie ihn ab.

Fädeln Sie ca. 1 m Faden in die Nadel ein und ziehen Sie die Enden gleich lang. Fädeln Sie beide Fadenenden in eine zweite Nadel und nehmen Sie die tropfenförmige Kristallperle, den Doppelkegel und 3x 15/0 Perlen auf. Fädeln Sie durch den Doppelkegel und die tropfenförmige Kristallperle zurück, um eine Franse zu erhalten. Schieben Sie die Franse in die Mitte des Fadens. Fädeln Sie jede Nadel durch die gegenüberliegende Seite der letzten Runde der geperlten Perle. Dies wird die Franse an der Unterseite der geperlten Perle zentrieren, siehe Grafik 3, in der die geperlte Perle unverziert gezeigt wird. Vernähen Sie einen der Arbeitsfäden und schneiden Sie ihn ab.

▶ 4. Fertigstellung

Bringen Sie die handgearbeitete Glasperle an dem anderen Ende der Kette an, indem Sie eine Nadel einfädeln, den Faden doppelt nehmen und die beiden Fadenenden in eine weitere Nadel einfädeln. Nehmen Sie die Glasperle auf und schieben Sie sie in die Mitte des Fadens. Fädeln Sie mehrfach durch die Öse der Glasperle und führen Sie dann die Nadeln in die Kette, sodass diese an gegenüberliegenden Seiten, einige Reihen höher, wieder herauskommen. Fädeln Sie durch mehrere Perlen, vernähen Sie die Fäden und schneiden Sie sie ab. Sollte die Fokusperle keine Öse haben, verwenden Sie einen Nietstift und formen damit eine Öse.

Schieben Sie die geperlte Perle auf die Kette und nähen Sie sie sorgfältig an (Grafik 4).

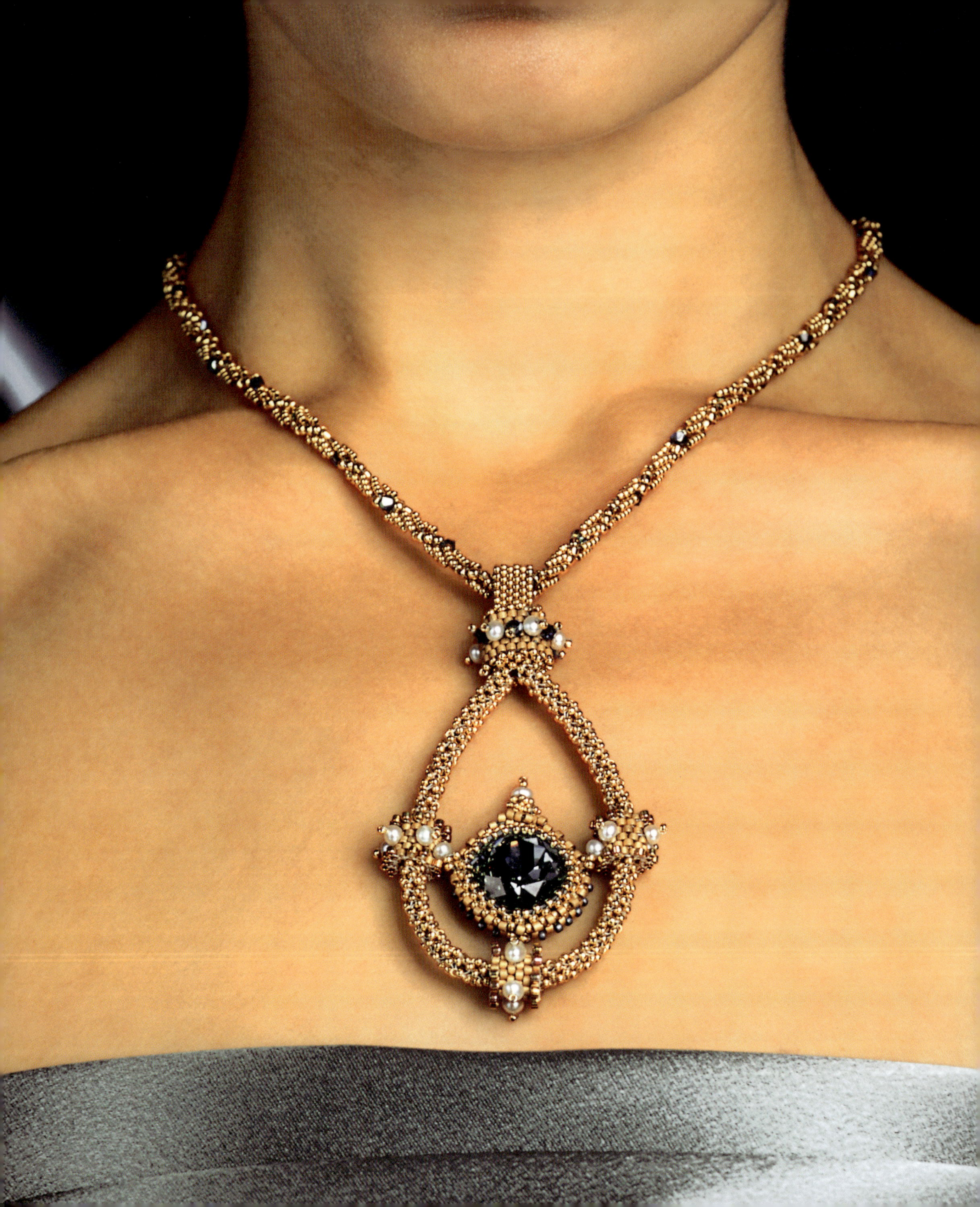

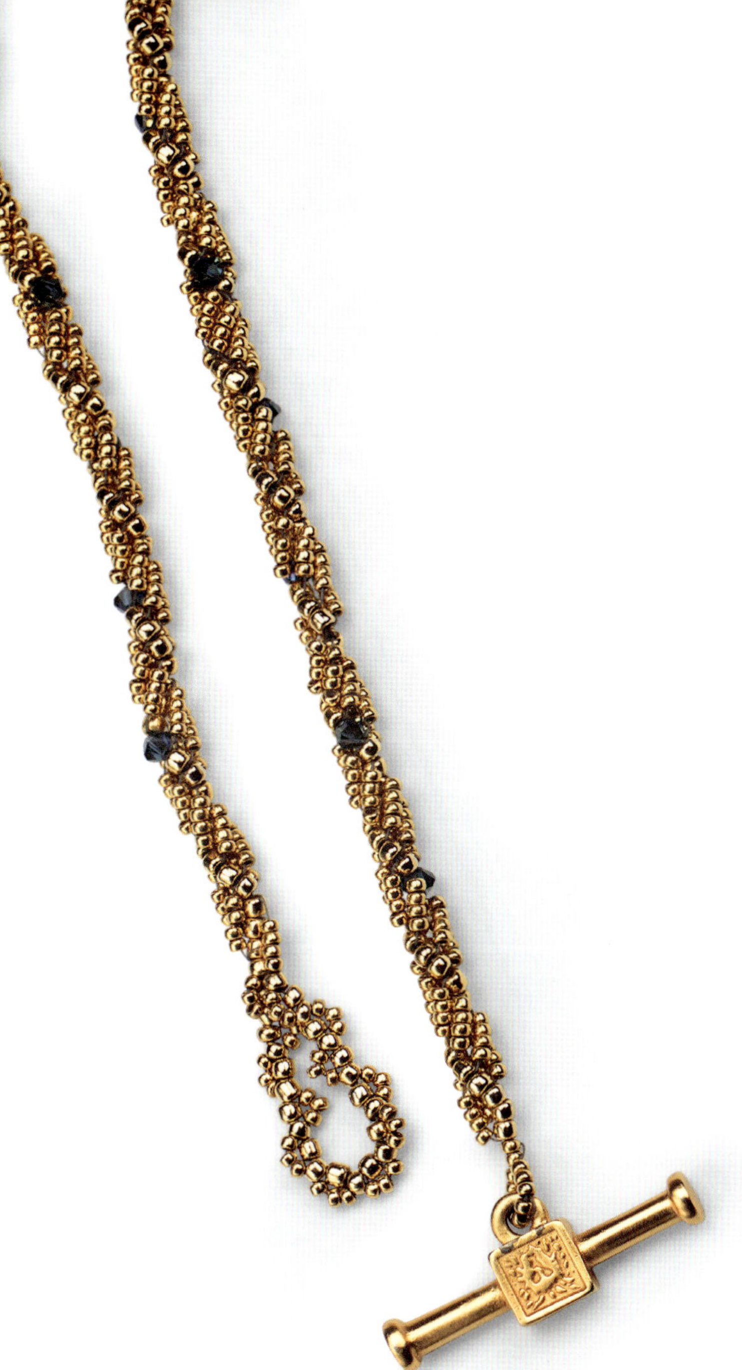

ETRUSCAN TREASURE

Ein graziös tropfenförmig eingefasster Rivoli bildet das Mittelstück und glitzernde Kristalle in der Kette ergeben einen Halsschmuck, der einer Königin würdig wäre.

MATERIAL FÜR DEN ANHÄNGER

Grundausstattung (Seite 10)

18 cm Draht 16 gauge, gold

FireLine, 6 lb, Smoke

15/0 Saatperlen:

- Gold metallic, 5 g (A)
- Blue metallic matt, < 0,5 g (B)

11/0 Saatperlen:

- Gold matt, 2 g (C)
- Gold metallic AB, < 1 g (D)

24 St. Süßwasserperlen, 3 mm, White

5 St. Doppelkegel, 3 mm, Montana Blue AB

1 St. Rivoli, 18 oder 20 mm, Dark Indigo

2 St. Zwischenperlen in Sternenform, 6 mm

1 St. Zwischenperle in Blümchenform, 5 mm

Flachzangen

Drahtschneider

MATERIALLIEN FÜR DIE KETTE

(Länge ca. 46 cm)

Grundausstattung (Seite 10)

FireLine, 6 lb, Smoke

15/0 Saatperlen, Gold metallic, 5 g (dieselben wie Perle A)

11/0 Saatperlen, Gold metallic, 2 g (E)

28 St. Doppelkegel, 3 mm, Montana Blue AB

1 St. Knebel, 29 mm, Gold

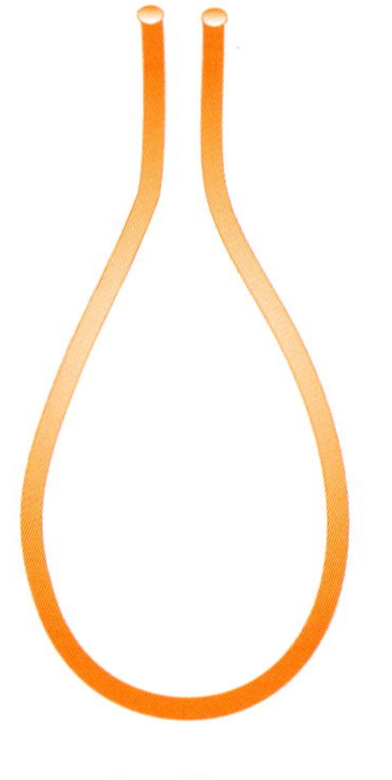

Grafik 1

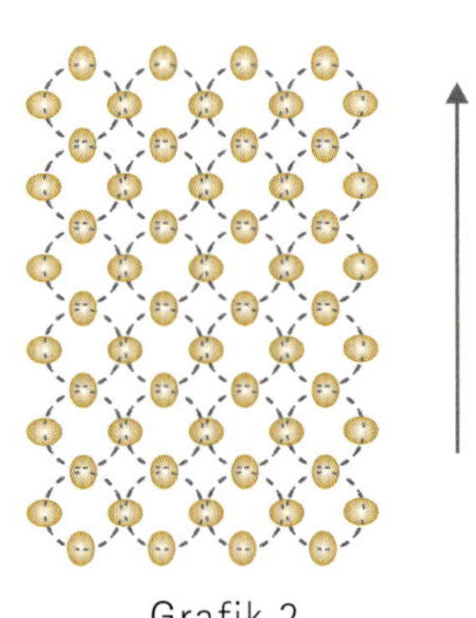

Grafik 2

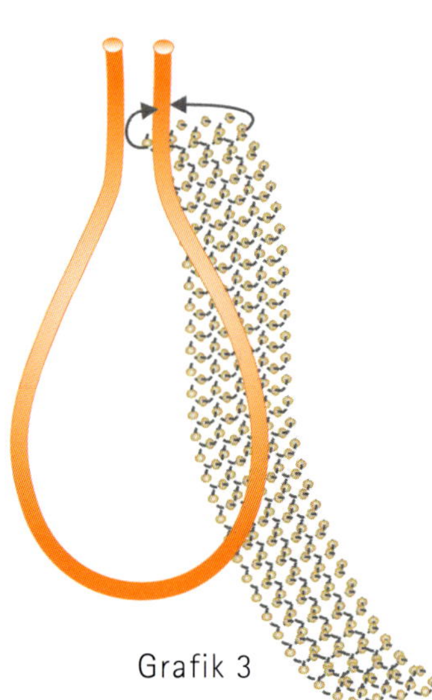

Grafik 3

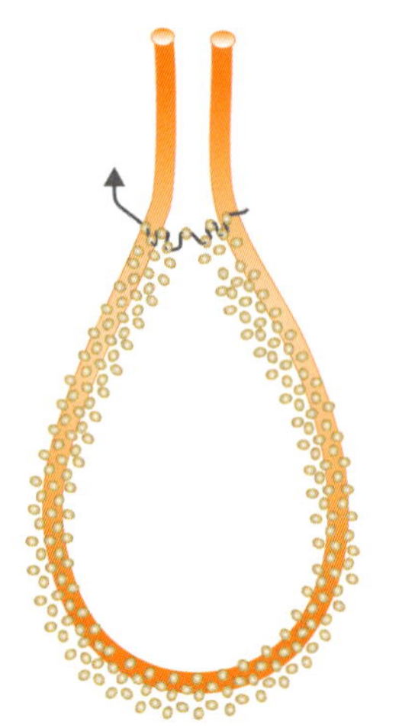

Grafik 4

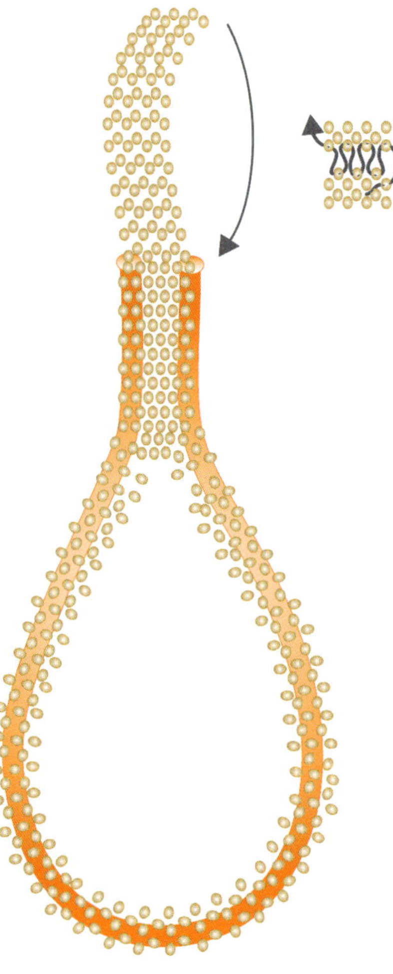

Grafik 5

1. Innenleben

Biegen Sie den Draht mit Ihren Fingern ungefähr in die Form, die Grafik 1 zeigt. Verfeinern Sie die Form, indem Sie Flachzangen verwenden und die Winkel biegen; lassen Sie dabei ca. 2 cm Draht auf jeder Seite übrig (Grafik 1). Legen Sie den Draht beiseite.

Verwenden Sie A Perlen und fädeln Sie einen 4 Einheiten breiten und 16,5 cm langen Streifen im RAW-Stich (Grafik 2). Schneiden Sie den Faden nicht ab.

Wickeln Sie den Streifen, beginnend an den Winkeln, so um den Draht, dass sich die langen Seiten treffen. Beginnen Sie an Reihe 1 und fügen Sie A Perlen als Oben- und Untenperlen hinzu, um den Streifen zu einer Röhre um den Draht herum zu verbinden (Grafik 3; siehe auch Grafik 20 auf Seite 23). Verlängern oder verkürzen Sie die Perlenarbeit, sodass sie sich dem Draht in der Länge anpasst.

2. Aufhängung

Fädeln Sie so durch die Perlen, dass Sie mit der Nadel aus einer Randperle an einem Ende der Röhre herauskommen. Nehmen Sie 1x A Perle auf und fädeln Sie durch die nächste Randperle. Wiederholen Sie dies zwei weitere Male und arbeiten Sie so im Peyotestich um die Röhre herum. Nehmen Sie 1x A Perle auf und fädeln Sie durch eine Randperle am anderen Ende der Röhre. Arbeiten Sie auch hier im Peyotestich um die Röhre herum und fügen Sie 3x A Perlen hinzu (Grafik 4). Nehmen Sie 1x A Perle auf und fädeln Sie durch die benachbarte RAW-Perle der ersten Röhre und weiter durch die erste Peyoteperle, um den Aufschritt zur nächsten Runde zu arbeiten.

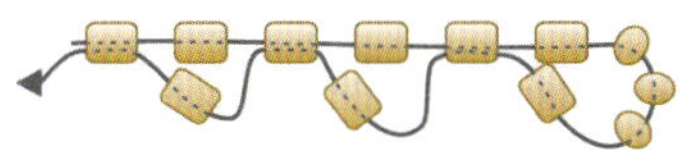

Grafik 6

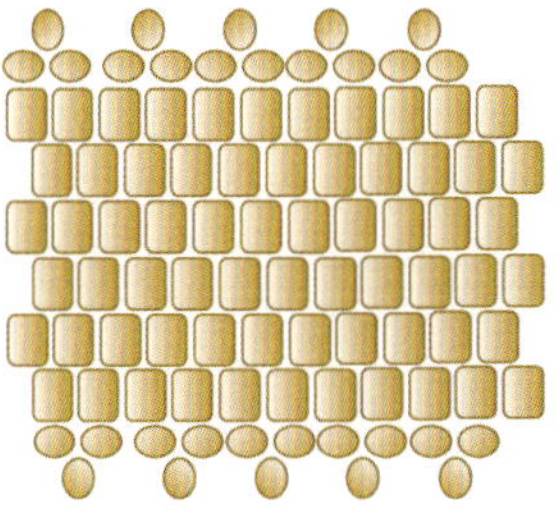

Grafik 7

Verwenden Sie je 8x A Perlen pro Runde und arbeiten Sie im röhrenförmigen Peyotestich 12 Runden lang um beide Drähte herum. Fädeln Sie durch die erste Perle der vorigen und der aktuellen Runde, um den Aufschritt nach jeder Runde zu arbeiten. Verwenden Sie einen Seitenschneider, um den Draht glatt an oder ein wenig unterhalb der Perlenarbeit abzukneifen.

Arbeiten Sie auf der Vorderseite einen 7 Perlen breiten und 30 Reihen langen Streifen im flachen Peyotestich aus der Röhre heraus. Verbinden Sie die erste mit der letzten Reihe, um die Aufhängung zu erhalten (Grafik 5). Vernähen Sie den Faden und schneiden Sie ihn ab.

▶ 3. Verzierung der Aufhängung

Verwenden Sie C Perlen und arbeiten Sie einen 6 Perlen breiten und 32 Reihen langen Streifen im Peyotestich. Nehmen Sie in jeder dritten und vierten Reihe 3x A Perlen auf, bevor Sie die erste C Perle der Reihe hinzufügen, um eine Randverzierung zu erhalten (Grafik 6 und 7).

Fädeln Sie so durch die Perlen, dass Sie mit der Nadel aus einer C Perle in der Mitte des Streifens herauskommen. Nehmen Sie 1x Rundperle und 1x A Perle auf, fädeln Sie

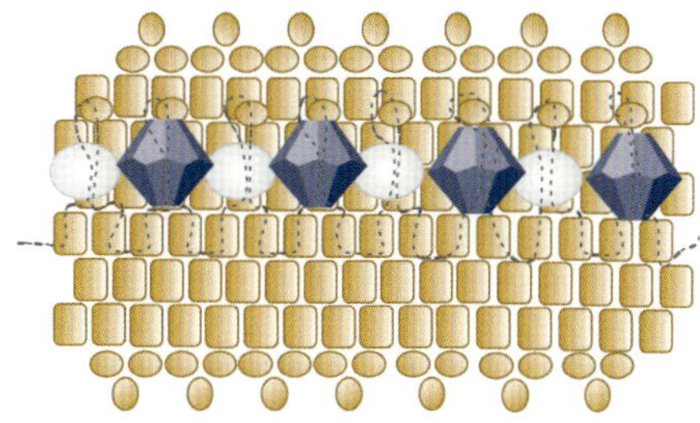

Grafik 8

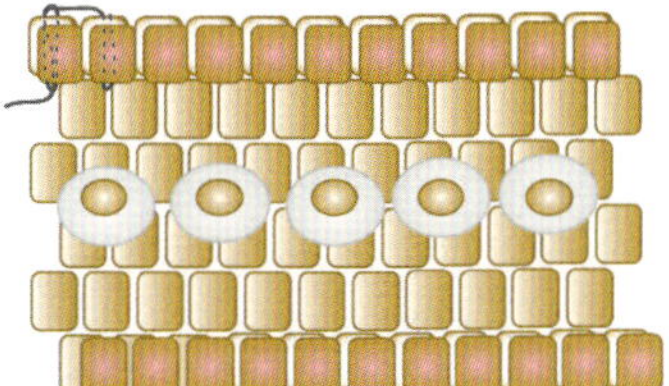

Grafik 9

durch die Rundperle zurück und weiter durch die benachbarte C Perle nach unten. Nehmen Sie 1x Doppelkegel 3 mm und 1x A Perle auf und fädeln Sie zurück durch den Doppelkegel und die benachbarte C Perle des Streifens. Wiederholen Sie dies, fügen Sie dabei insgesamt 5 Rundperlen und 5 Doppelkegel hinzu und wechseln Sie dabei zwischen Rundperlen und Doppelkegeln (Grafik 8).

Verbinden Sie die erste und letzte Reihe des Streifens, um eine Röhre zu formen. Schieben Sie die Röhre über die Aufhängung. ***Hinweis:*** Diese Röhre wird an ihrem Platz bleiben, sobald Sie die Halskette durch die Aufhängung geschoben haben.

▶ 4. Bänder

Verwenden Sie C Perlen und fertigen Sie einen 6 Perlen breiten und 22 Reihen langen Streifen im Peyotestich an. Fädeln Sie so durch die Perlen, dass Sie mit der Nadel aus einer C Perle in der Mitte des Streifens herauskommen. Nehmen Sie 1x Rundperle und 1x A Perle auf und fädeln Sie zurück durch die Rundperle. Fädeln Sie

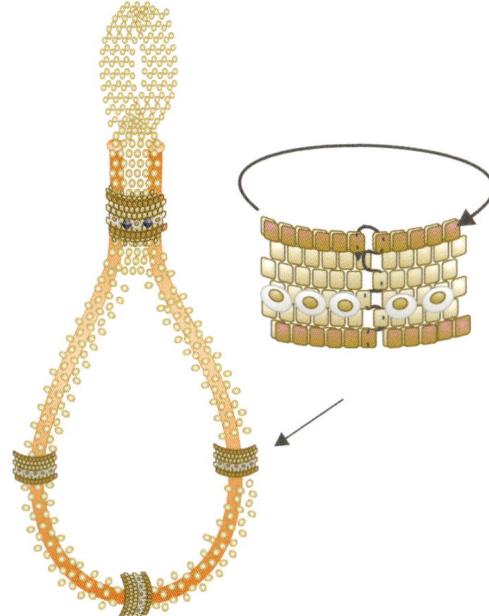

Grafik 10

so durch die Perlen, dass Sie mit der Nadel aus einer C Perle zwei Perlen unterhalb der Stelle herauskommen, an der Sie gerade die Rundperle hinzugefügt haben. Wiederholen Sie dies und fügen Sie insgesamt 5 Rundperlen hinzu.

Fädeln Sie so durch die Perlen, dass Sie mit der Nadel aus einer C Randperle herauskommen. Nehmen Sie 1x D Perle auf und fädeln Sie durch die C Perle, aus der der Faden kommt, und durch die nächste C Randperle, sodass die D Perle auf der Oberseite der Perlenarbeit liegt. Wiederholen Sie dies an beiden Rändern und fügen Sie so auf jeder C Perle eine D Perle hinzu (Grafik 9).

Wickeln Sie das Band um die untere Mitte der Perlenarbeit, wie Grafik 10 zeigt. Verbinden Sie die erste und letzte Reihe, um eine Röhre zu formen, und platzieren Sie dabei die Verbindungsreihe an der inneren Kante der Perlenarbeit. Nähen Sie das Band an die Perlenarbeit, damit es an seinem Platz bleibt. Vernähen Sie den Faden und schneiden Sie ihn ab.

Weiter auf der nächsten Seite.

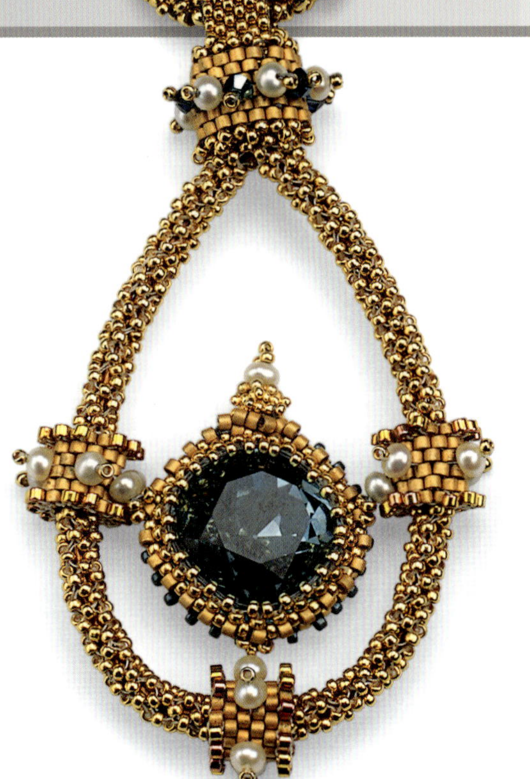

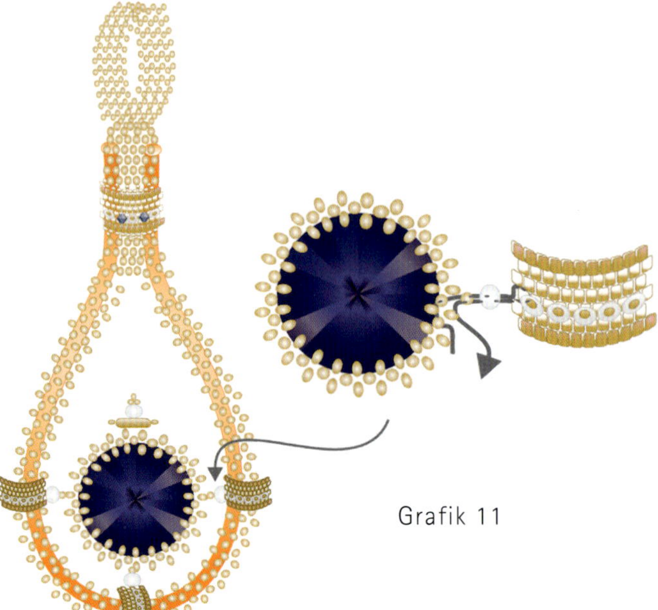

Grafik 11

Wiederholen Sie dies und fertigen Sie zwei weitere Bänder an. Positionieren Sie diese auf beiden Seiten der Perlenarbeit, wie Grafik 10 zeigt.

5. Einfassung

Verwenden Sie A Perlen und fertigen Sie einen Streifen im RAW-Stich an, welcher so lang ist, dass er um den Rivoli passt. Arbeiten Sie eine ungerade Anzahl von Einheiten, sodass Sie nach dem Verbinden eine gerade Anzahl Lücken haben. Prüfen Sie die Passform: Der Streifen sollte gut um den Rivoli passen und es sollte nur eine kleine Lücke zwischen den Enden übrig sein. Arbeiten Sie den Streifen vier Reihen breit und verbinden Sie die kurzen Seiten (siehe Grafik 20 auf Seite 23).

Kommen Sie mit der Nadel aus einer Eckperle heraus, fädeln Sie, ohne weitere Perlen hinzuzufügen, durch die Ranperlen und ziehen Sie am Faden. Dies wird den Ring kelchförmig zusammenziehen. Legen Sie den Rivoli mit dem Gesicht nach oben ein.

Fädeln Sie so durch die Perlen, dass Sie mit der Nadel aus einer Randperle auf der anderen Seite herauskommen. Fädeln Sie wieder durch die Randperlen, wie Sie es bereits bei der Rückseite der Einfassung gemacht haben. Sollte Faden zu sehen sein, fügen Sie in jeder zweiten Lücke je 1x A Perle hinzu. Fädeln Sie so durch die Perlen, dass Sie mit der Nadel aus einer Perle am Rand des Rivoli herauskommen, deren Fädelloch waagerecht liegt und die sich eine Reihe von der Vorderkante entfernt befindet.

Nehmen Sie 1x C Perle auf und fädeln Sie durch die nächste A Perle mit waagerechtem Fädelloch der Runde. Wiederholen Sie dies den Rivoli entlang. Fädeln Sie so durch die Perlen, dass Sie mit der Nadel aus einer unteren A Perle der nächsten Runde herauskommen. Fügen Sie auch hier je 1x C Perle zwischen den waagerechten Perlen hinzu und fädeln Sie dann je 1x B Perle zwischen die eben hinzugefügten Perlen. Fädeln Sie so durch die Perlen, dass Sie mit der Nadel aus einer C Perle der ersten Runde der Verzierung herauskommen.

6. Fertigstellung

Legen Sie die Einfassung zwischen die drei Bänder der Perlenarbeit. Biegen Sie die Perlenarbeit sanft mit Ihren Fingern so zurecht, dass an allen drei Verbindungsstellen ca. 3 mm Platz ist.

Verwenden Sie den Arbeitsfaden der Einfassung (welcher aus einer C Perle herauskommen sollte) und nehmen Sie 1x A und 1x Rundperle auf. Fädeln Sie durch die C Perle auf der Innenseite in der Mitte des Bands, wo sich keine Verzierung befindet. Fädeln Sie durch zwei bis drei benachbarte C Perlen und kommen Sie dann mit der Nadel wieder aus der C Perle heraus, an der Sie begonnen hatten. Fädeln Sie durch die Rundperle und die C Perle der Einfassung zurück. Wiederholen Sie den Fadenlauf, um ihn zu verstärken. Fädeln Sie so

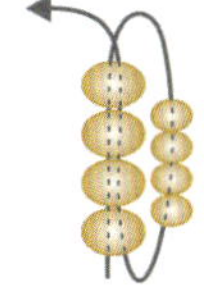

Grafik 12

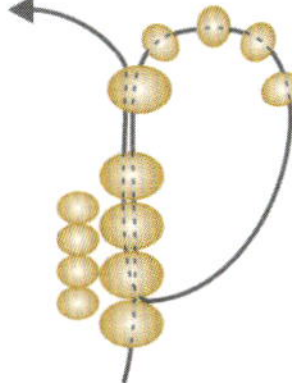

Grafik 13

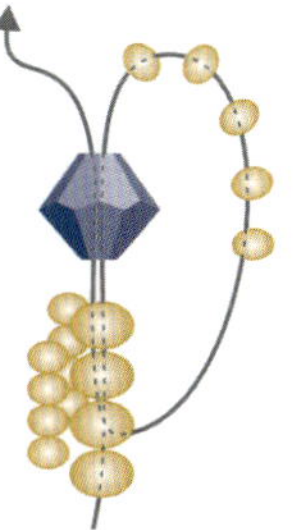

Grafik 14

durch die Perlen der Einfassung, dass Sie mit der Nadel an der Unterseite der Einfassung herauskommen. Wiederholen Sie diesen Schritt, um die Unter- und die dritte Seite der Einfassung mit der Perlenarbeit zu verbinden.

Fädeln Sie so durch die Perlen, dass Sie mit der Nadel aus einer A Perle auf der Oberseite des Rivoli herauskommen. Nehmen Sie 2x Zwischenperlen 6 mm, 1x Zwischenperle 5 mm, 1x Rundperle und 3x A Perlen auf und fädeln Sie zurück durch die Rund-, die Zwischenperlen und die nächste A Perle der Einfassung, um eine Franse zu erhalten (Grafik 11). Vernähen Sie den Faden und schneiden Sie ihn ab. Legen Sie den Anhänger beiseite.

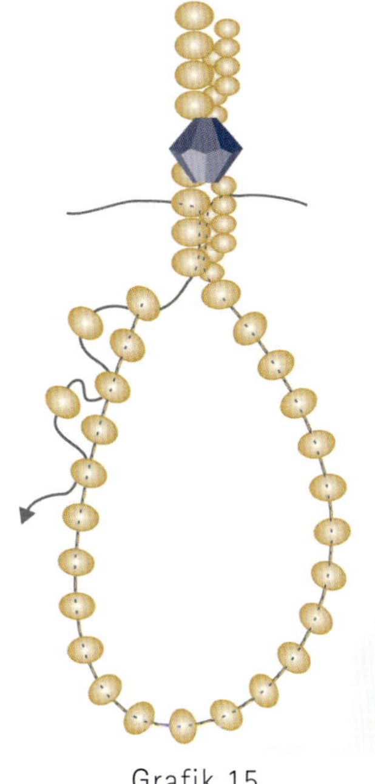

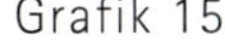

Grafik 15

▶ 7. Halskette

Verwenden Sie doppelten Faden und nehmen Sie 4x E Perlen (im folgenden Kernperlen genannt) und 4x A Perlen (im folgenden Spiralperlen genannt) auf und lassen Sie ca. 20 cm Fadenrest übrig. Fädeln Sie nochmals durch die Kernperlen und drücken Sie die Spiralperlen zur Seite (Grafik 12).

Nehmen Sie 1x Kern- und 4x Spiralperlen auf und fädeln Sie durch die letzten drei und die neue Kernperle. Drücken Sie die Spiralperlen zur Seite (Grafik 13).

Wiederholen Sie diesen Schritt bis zur gewünschten Länge, verwenden Sie jedoch in jeder zwölften Wiederholung einen Doppelkegel 3 mm als Kern- und 5x A Perlen als Spiralperlen. Fädeln Sie durch die vorigen drei Kernperlen und den Doppelkegel. Drücken Sie die Spiralperlen zur Seite (Grafik 14).

Nehmen Sie 12x A Perlen auf und fädeln Sie durch die Öse des Knebels und zurück durch die dritte, zweite und erste soeben aufgenommene A Perle. Wiederholen Sie den Fadenlauf, um ihn zu verstärken. Vernähen Sie den Faden und schneiden Sie ihn ab.

Verwenden Sie den Fadenrest und nehmen Sie genug E Perlen auf, sodass der Knebel gut hindurch passt. Fädeln Sie durch die Perlen am Ende der Kette zurück und kommen Sie mit der Nadel aus der ersten E Perle der Öse heraus. Verwenden Sie je 3x A Perlen (die Grafik zeigt 1x E Perle) und arbeiten Sie im Peyotestich um die Öse herum (Grafik 15). Vernähen Sie den Faden und schneiden Sie ihn ab.

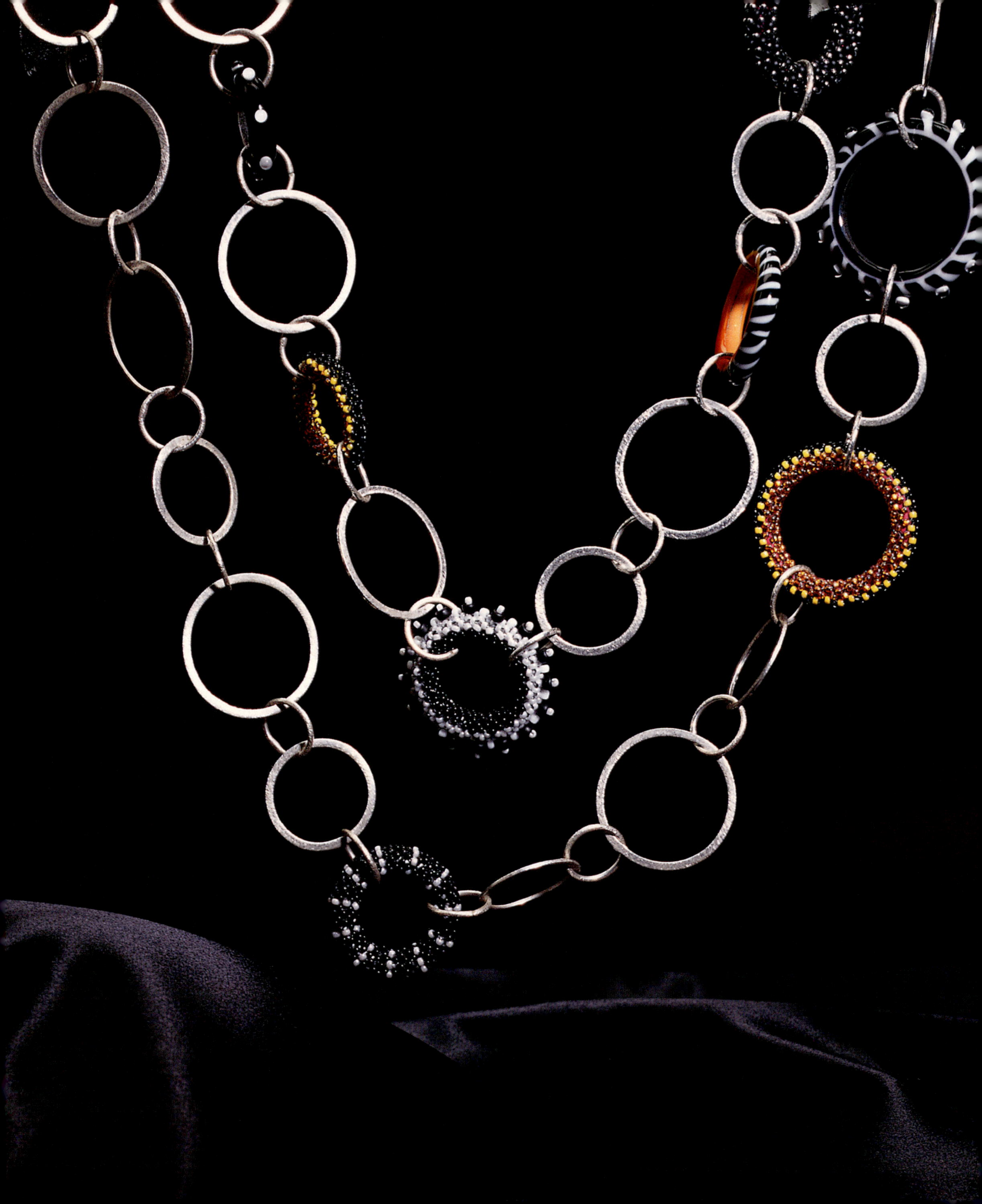

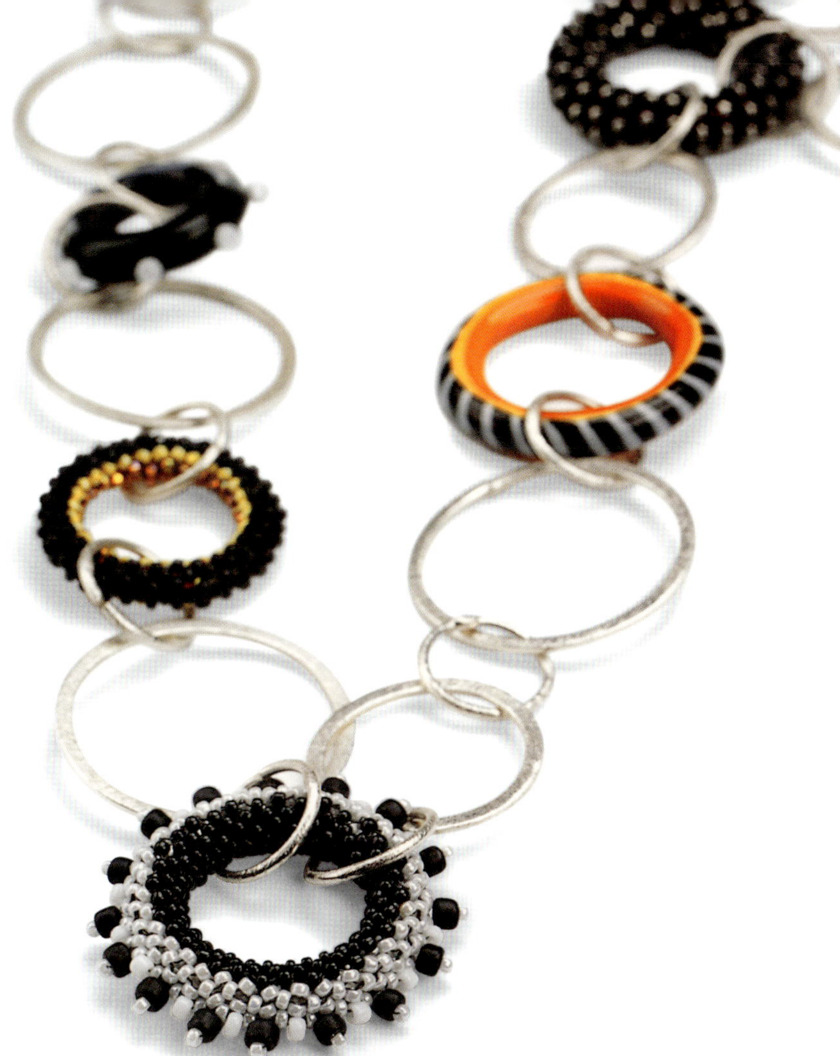

RINGLETS

Inspiriert durch die Farben und Muster von Heather Trimletts handgearbeiteten Glasringen besteht diese Kette aus Saatperlenringen, welche über Aluminiumringe gefädelt wurden. Gepaart mit matten Silberkettengliedern und Heathers Glasringen ergibt dies einen absolut angesagten Look.

MATERIALIEN

Grundausstattung (Seite 10)

15/0 Saatperlen:
- Yellow, 0,5 g
- Orange, 0,5 g
- Black, 0,5 g
- White, 0,5 g
- Silver, 0,5 g

Eloxierte Aluminiumringe:

1 St. 1 1/4 inch im Durchmesser (3,2 cm), 3 mm dick, Fuchsia

1 St. 3/4 inch (1,9 cm) im Durchmesser, 2 mm dick, Silver

2 St. 1 inch (2,5 cm) im Durchmesser, 3 mm dick, Silver

1 St. 1 inch (2,5 cm) im Durchmesser, 3 mm dick, Fuchsia

11/0 Saatperlen:
- White, 0,5 g
- Black matte, 0,5 g

8/0 Saatperlen, Black matt, 20 St.

76 cm Silberkette mit unterschiedlich großen Gliedern

1 St. handgearbeiteter Glasring, 40 mm, Schwarz / Weiß

1 St. handgearbeiteter Glasring, 30 mm, Schwarz / Weiß / Orange / Gelb

1 St. handgearbeiteter Glasring, 22 mm, Schwarz / Weiß / Transparent

Drahtschneider

Zwei Flachzangen

Grafik 1

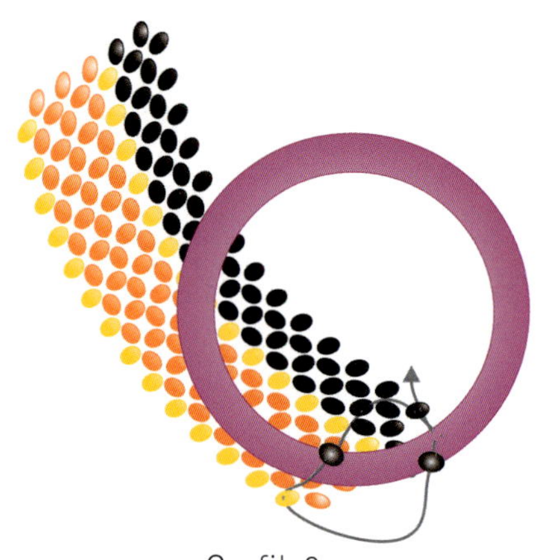

Grafik 2

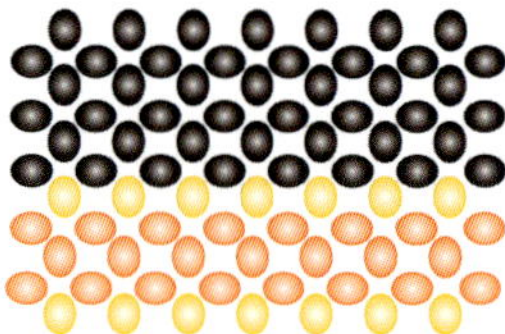

Grafik 3

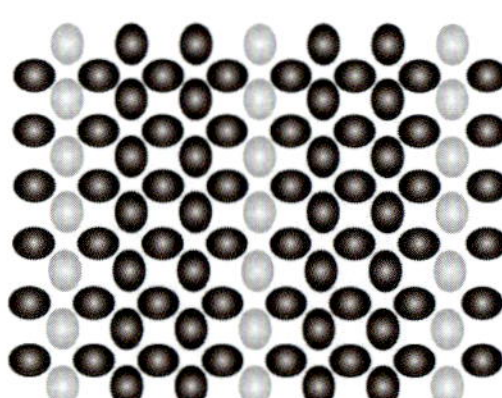

Grafik 4

1. Ring Eins

Verwenden Sie 15/0 Perlen und arbeiten Sie einen 39 Einheiten breiten und 5 Reihen langen Streifen im RAW-Stich nach folgendem Muster:

Reihe 1: Gelbe Unten-, orange Seiten- und Obenperlen (Grafik 1).

Reihe 2: Orange Seiten- und Obenperlen

Reihe 3: Orange Seiten- und gelbe Obenperlen

Reihe 4: Schwarze Seiten- und Obenperlen

Reihe 5: Schwarze Seiten- und Obenperlen

Hinweis: Die hier beschriebene Anzahl an Einheiten hat bei mir gut funktioniert. Jedoch können ein leichter Größenunterschied der Perlen, die Fadenart und Ihre persönliche Fadenspannung die Anzahl ändern. Um dies zu messen, wickeln Sie die erste Reihe des RAW um den Umfang des Aluminiumrings, welchen Sie verwenden möchten. Es sollte eine ein oder zwei Perlen breite Lücke zwischen den Enden sein. Grundsätzlich sollte es eine gerade Anzahl an Lücken sein, damit die Verzierung abgewechselt werden kann. Wenn Sie also mit einer ungeraden Anzahl beginnen, haben Sie nach der Verbindung eine gerade Anzahl von Lücken.

Verbinden Sie die kurzen Enden, um einen Ring zu formen. Verwenden Sie dabei die entsprechende Farbe der Reihe, wenn Sie die 15/0 Verbindungsperlen einsetzen (siehe auch Grafik 20 auf Seite 23). Fädeln Sie so durch die Perlen, dass Sie mit Ihrer Nadel aus einer Randperle herauskommen.

Legen Sie den gefädelten Ring in den Aluminiumring (ca. 3,2 cm) und falten Sie die Perlenarbeit über den Aluminiumring, sodass die langen Seiten sich an der Außenkante treffen. Verbinden Sie die langen Seiten mit den schwarzen 15/0 Perlen (Grafik 2; siehe auch Grafik 20 auf Seite 23). Vernähen Sie den Faden und schneiden Sie ihn ab. Legen Sie den Ring beiseite.

Hinweis: Zuerst mag es scheinen, als sei der Ring zu groß, um zu passen. Wenn Sie aber damit fortfahren, die Außenkante zu verbinden, werden die Perlen zusammenrücken und perfekt in den Ring passen.

2. Ring Zwei

Verwenden Sie gelbe, orange und schwarze 15/0 Perlen und arbeiten Sie einen 29 Einheiten breiten und 4 Reihen langen Streifen im RAW-Stich nach dem Muster der Grafik 3.

Verbinden Sie die kurzen Enden und formen Sie so einen Ring; verwenden Sie dabei die entsprechende Farbe der Reihe. Fädeln Sie so durch die Perlen, dass die Nadel aus einer Randperle herauskommt. Legen Sie den gefädelten Ring in den Aluminiumring (ca. 1,9 cm) und verbinden Sie die langen Seiten mit gelben 15/0 Perlen. Vernähen Sie den Faden und schneiden Sie ihn ab. Legen Sie den Ring beiseite.

3. Ring Drei

Verwenden Sie schwarze und weiße 15/0 Perlen und arbeiten Sie einen 32 Einheiten breiten und 6 Reihen langen Streifen im RAW-Stich nach dem Muster der Grafik 4.

Verbinden Sie die kurzen Enden, verwenden Sie dabei schwarze 15/0 Perlen und formen Sie so einen Ring. Fädeln Sie so durch die Perlen, dass die Nadel aus einer Randperle herauskommt. Legen Sie den gefädelten Ring in einen Aluminiumring (ca. 2,5 cm) und verbinden Sie die langen Seiten mit schwarzen 15/0 Perlen. Vernähen Sie den Faden und schneiden Sie ihn ab. Legen Sie den Ring beiseite.

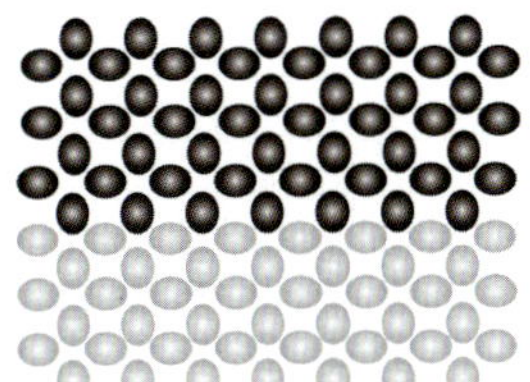

Grafik 5

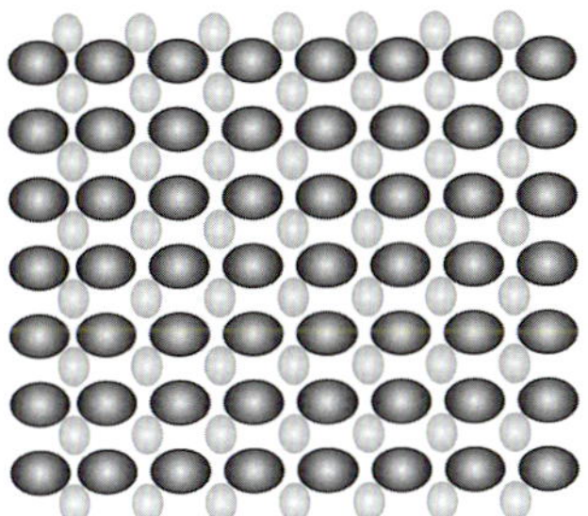

Grafik 6

Rings of Saturn besteht aus Ringen, die über einem Innenleben gearbeitet wurden, wie die *Ringlets*. Sie drehen sich um einen im Peyote-Stich gearbeiteten Kern.

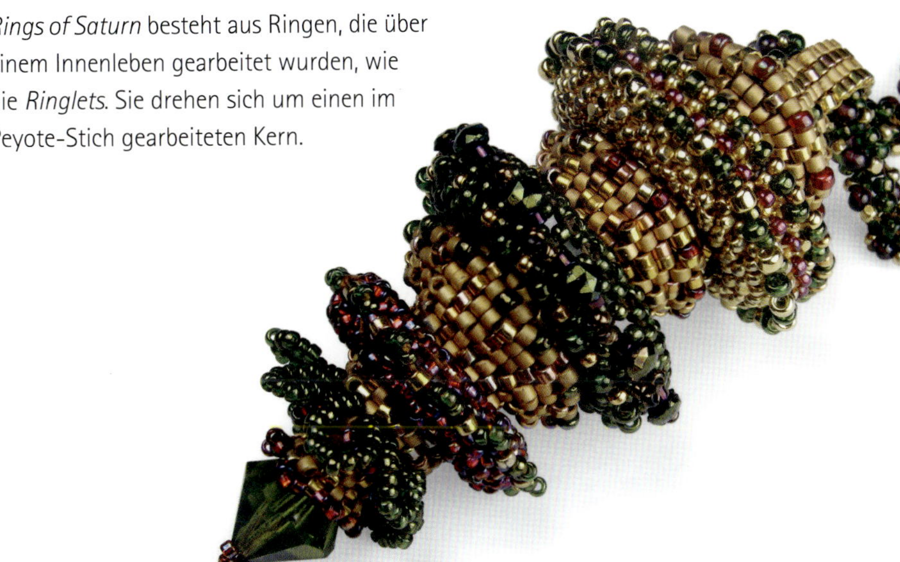

4. Ring Vier

Verwenden Sie schwarze und weiße 15/0 Perlen und arbeiten Sie einen 31 Einheiten breiten und 6 Reihen langen Streifen im RAW-Stich nach dem Muster der Grafik 5.

Verbinden Sie die kurzen Enden und verwenden Sie dabei die entsprechende Farbe der Reihe. Fädeln Sie so durch die Perlen, dass Sie mit der Nadel aus einer Randperle herauskommen. Legen Sie den gefädelten Ring in einen Aluminiumring (ca. 2,5 cm) und verbinden Sie die langen Seiten mit weißen 15/0 Perlen.

Verzieren Sie die mittlere Reihe der weißen Perlen abwechselnd mit 1x 11/0 Perle weiß und einer Franse aus 1x 8/0 Perle schwarz und 1x 15/0 Perle weiß als Wendeperle (siehe Grafik 21 auf Seite 24): Vernähen Sie den Faden und schneiden Sie ihn ab. Legen Sie den Ring beiseite.

5. Ring Fünf

Verwenden Sie silberfarbene 15/0 und schwarze 11/0 Perlen und arbeiten Sie einen 29 Einheiten breiten und 6 Reihen langen Streifen im RAW-Stich nach dem Muster der Grafik 6.

Verbinden Sie die kurzen Enden und verwenden Sie dabei die silberfarbenen 15/0 Perlen. Fädeln Sie so durch die Perlen, dass die Nadel aus einer Randperle herauskommt. Legen Sie den gefädelten Ring in einen Aluminiumring der Farbe Fuchsia (ca. 2,5 cm) und verbinden Sie die langen Seiten mit schwarzen 11/0 Perlen. Vernähen Sie den Faden und schneiden Sie ihn ab.

6. Fertigstellung

Verwenden Sie einen Drahtschneider und schneiden Sie ein ca. 11,5 cm langes Stück Kette ab. Öffnen Sie einen kleinen Ring, indem Sie jede Seite der Öffnung mit einer Zange greifen, dann ein Ende wegdrücken und ein Ende heranziehen. Hängen Sie ein Ringlet oder einen handgearbeiteten Glasring ein und schließen Sie den Ring vorsichtig. Wiederholen Sie dies und verbinden Sie somit alle Ringlets und Glasringe mit Kettenstücken in unterschiedlicher Länge.

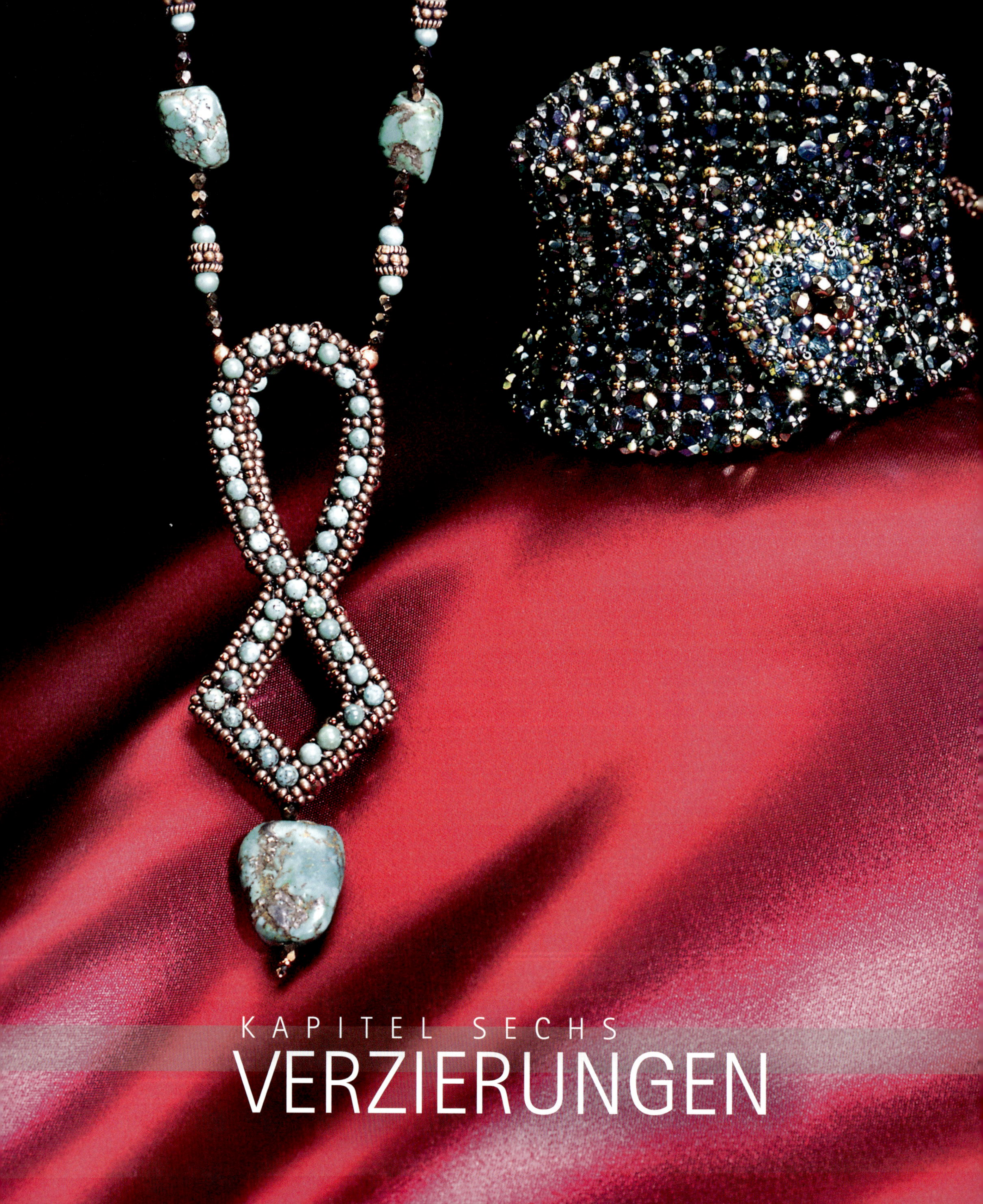

KAPITEL SECHS

VERZIERUNGEN

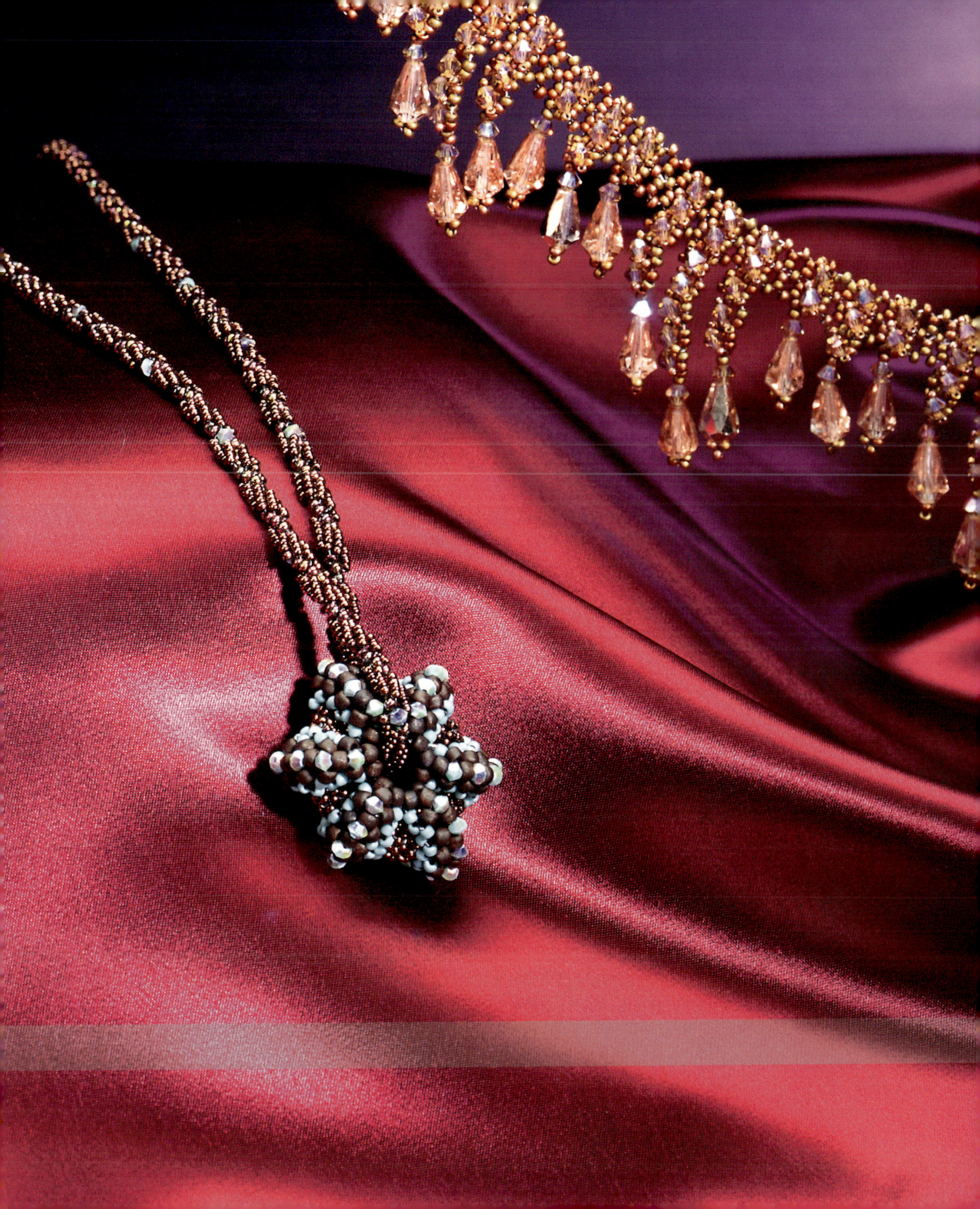

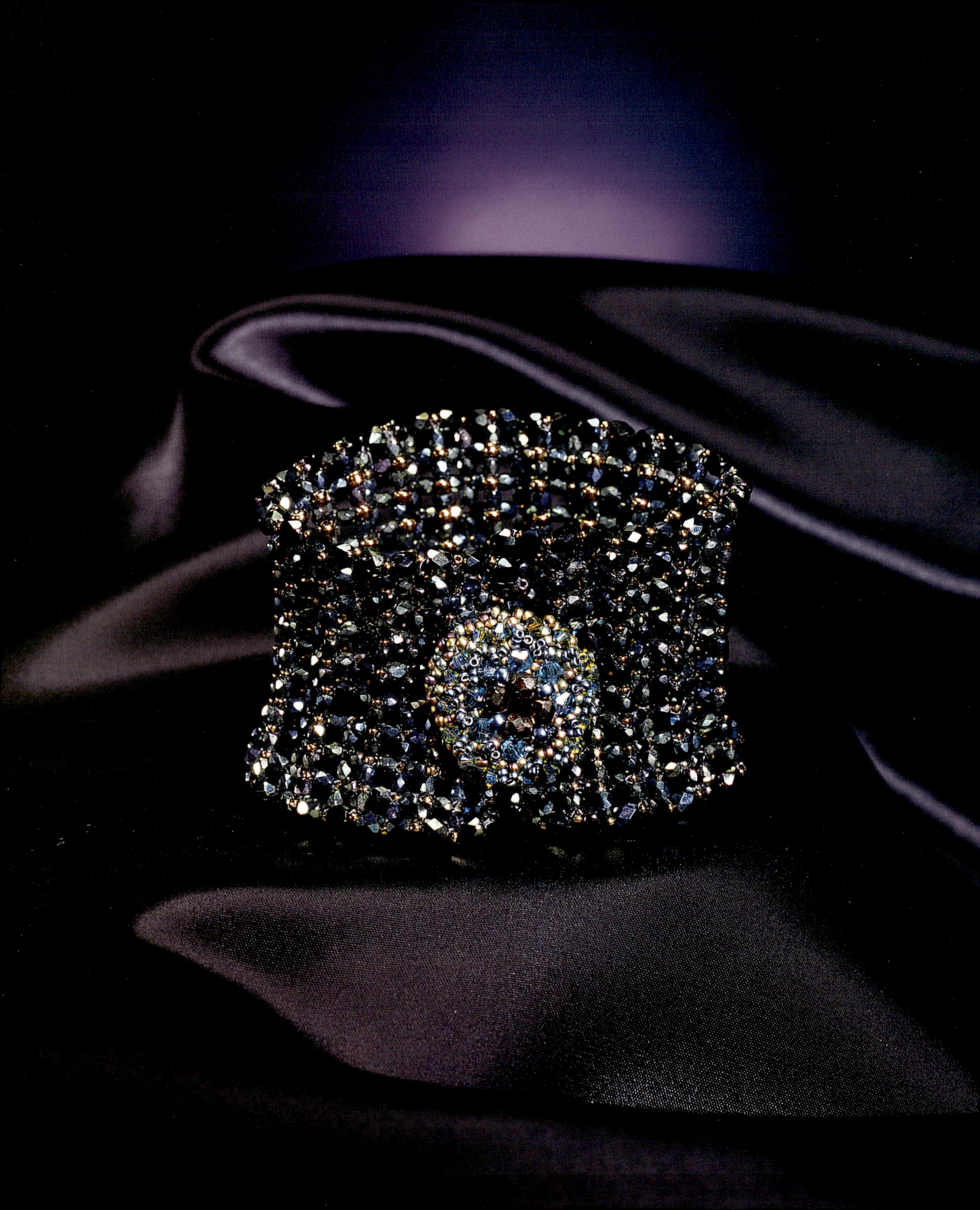

CAPPADOCIA

Ein einfaches Design in ein breites, schickes Armband umgesetzt, bei dem ein raffiniertes Medaillon für den Mittelpunkt sorgt und den Verschluss verdeckt.

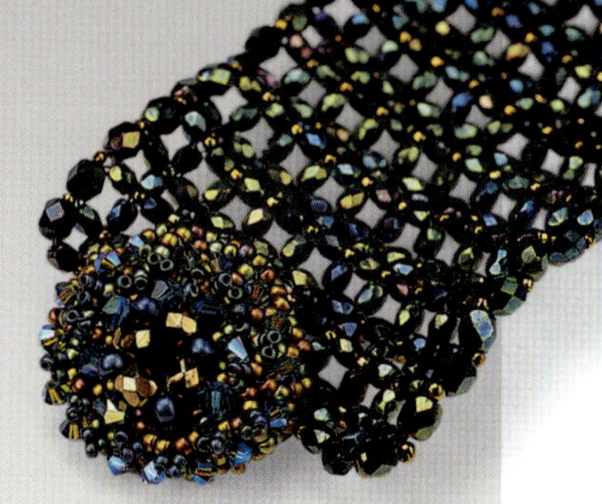

Medaillon

1. Basis

Arbeiten Sie einen 9 Einheiten breiten und 41 Reihen langen Streifen im RAW-Stich aus den feuerpolierten Glasschliffperlen 3 mm mit je einer feuerpolierten Glasschliffperle 4 mm an den Außenkanten. Die Gesamtlänge beträgt ca. 20 cm; entfernen oder fügen Sie so viele Reihen hinzu, dass das Armband bequem um Ihr Handgelenk passt.

Legen Sie den Steifen so ab, dass die letzte Reihe oben liegt. Fädeln Sie so durch die Perlen, dass Sie mit der Nadel aus der Obenperle der Einheit ganz links, in Richtung der Mitte des Streifens, herauskommen. Nehmen Sie 1x 15/0 Perle auf und fädeln Sie durch die Obenperle der nächsten Einheit. Wiederholen Sie dies den Rand entlang. Fädeln Sie zum Startpunkt der nächsten Reihe vor, indem Sie durch die feuerpolierte Glasschliffperle 4 mm am Rand und die benachbarte feuerpolierte Glasschliffperle 3 mm der nächsten Reihe vorfädeln. Verzieren Sie die zweite Reihe mit je 1x 8/0 Perle zwischen den feuerpolierten Glasschliffperlen 3 mm. Wiederholen Sie dies an der gesamten Basis und wechseln Sie dabei zwischen den Verzierungsreihen aus 15/0 und 8/0 Perlen ab (Grafik 1; siehe auch Grafik 21 auf Seite 24).

Fügen Sie je 1x 15/0 Perle zwischen den feuerpolierten Glasschliffperlen 4 mm an den langen Außenrändern hinzu (Grafik 2).

Nähen Sie das Verschlussteil mit der Öse in der Mitte einer Schmalseite auf die Vorderseite der Basis. Nähen Sie das zweite Verschlussteil auf der Rückseite am anderen Ende der Basis an. (Grafik 3).

Weiter auf der nächsten Seite.

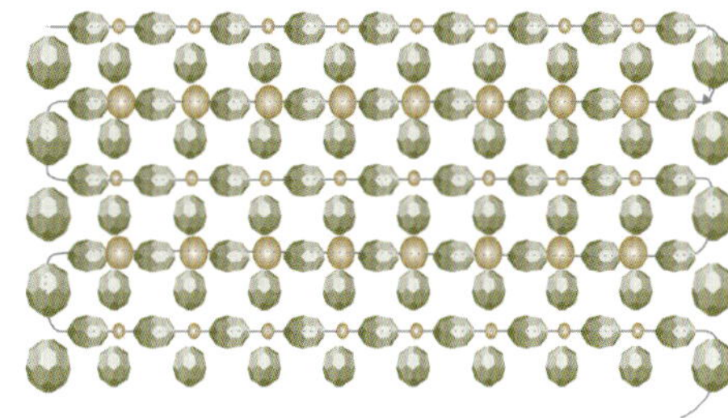

Grafik 1

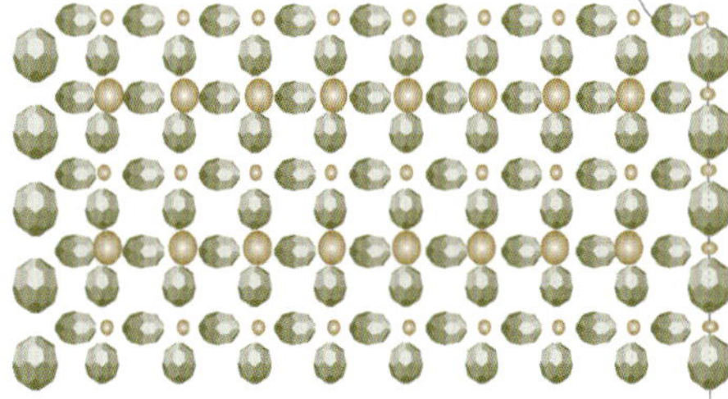

Grafik 2

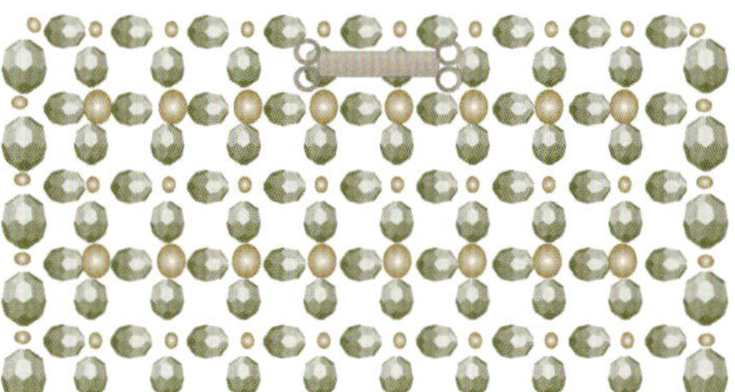

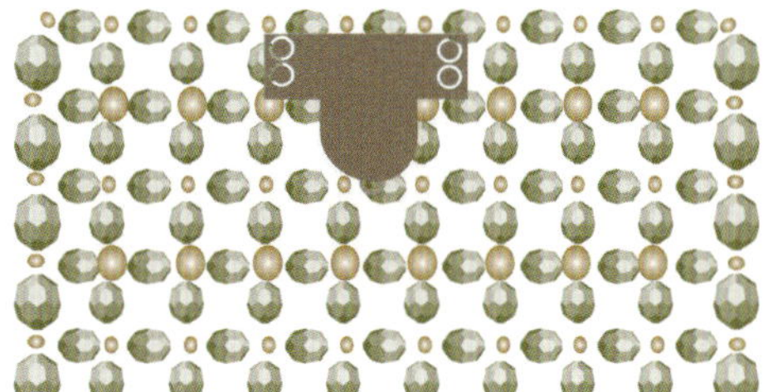

Grafik 3

MATERIALIEN FÜR DAS ARMBAND

- Grundausstattung (Seite 10)
- 706 St. feuerpolierte Glasschliffperlen, 3 mm, Green iris
- 84 St. feuerpolierte Glasschliffperlen, 4 mm, Green iris
- 15/0 Saatperlen, Bronze metallic, 1,5 g
- 8/0 Saatperlen, Bronze metallic, 5 g
- 1 St. Hakenverschluss, 18 mm, Schwarz

MATERIALIEN FÜR DAS MEDAILLON

- Grundausstattung (Seite 10)
- 11/0 Saatperlen, Gold matt AB, 0,5 g
- 16 St. Doppelkegel, 3 mm, Olivine AB
- 15/0 Saatperlen, Blue matte, 0,2 g
- 8 St. Doppelkegel, 4 mm, Indicolite
- 4 St. feuerpolierte Glasschliffperlen, 4 mm, Bronze
- 8/0 Saatperlen, Blue matt, 4 St.

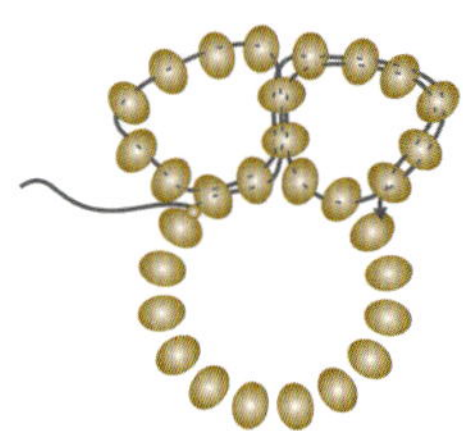
Grafik 4

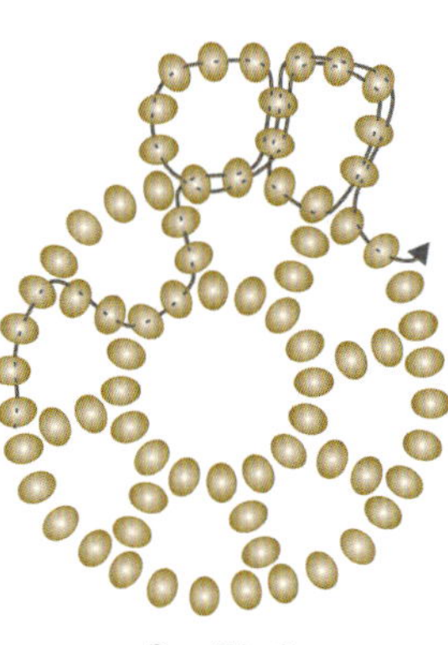
Grafik 5

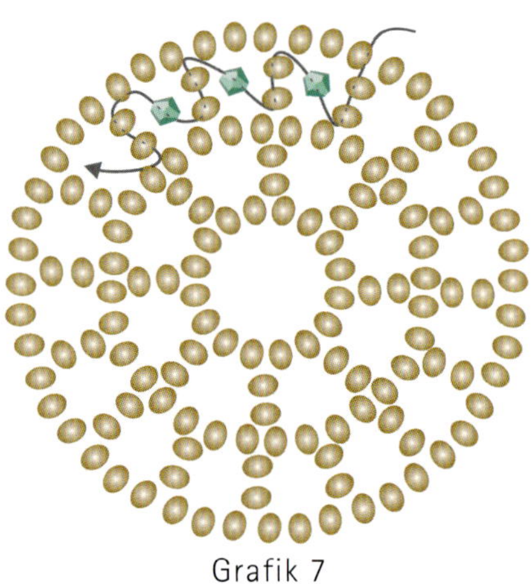
Grafik 6

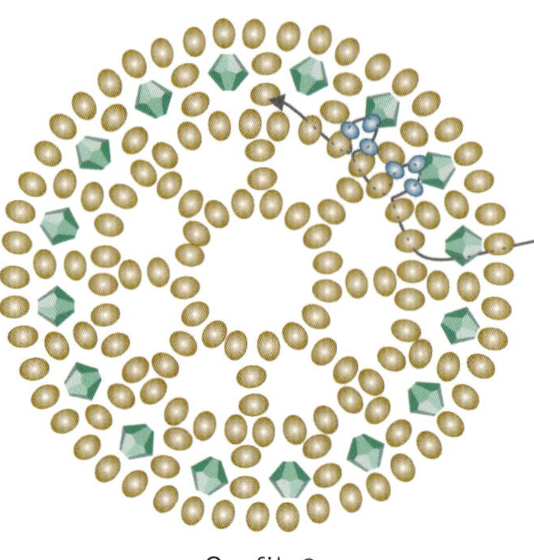
Grafik 8

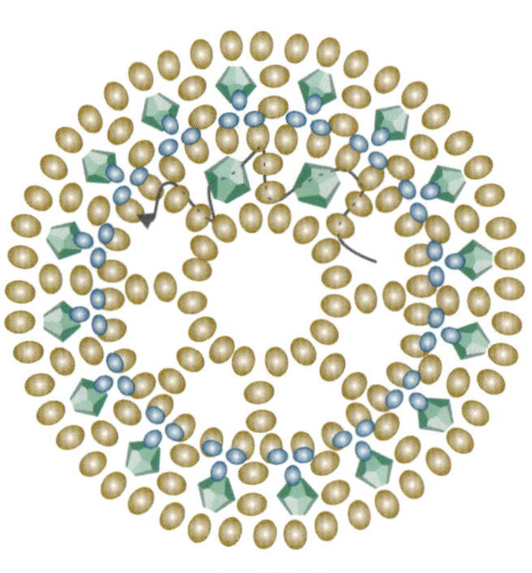
Grafik 9

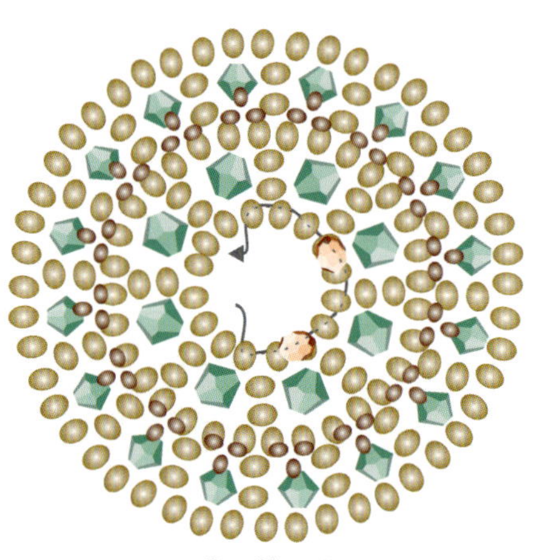
Grafik 10

Grafik 7

2. Medaillon

Fertigen Sie ein Medaillon als Mittelpunkt und Verschlussüberdeckung an.

Basisrunde: Nehmen Sie 16x 11/0 Perlen auf und knoten Sie einen Überhandknoten, um einen Kreis zu erhalten (Grafik 4). Fädeln Sie durch zwei Perlen rechts vom Knoten vor.

Runde 1: Nehmen Sie 8x 11/0 Perlen auf und fädeln Sie durch die letzten zwei Basiskreisperlen, aus denen die Nadel kommt, um einen Kreis entgegen dem Uhrzeigersinn zu erhalten. Fädeln Sie durch die beiden soeben zuerst hinzugefügten Perlen (dies sind die Seitenperlen). Nehmen Sie 6x 11/0 Perlen auf, arbeiten Sie den Kreis entgegen dem Uhrzeigersinn, fädeln Sie zurück durch die nächsten zwei Perlen des Basiskreises, die zwei gemeinsamen Seitenperlen der ersten Einheit und die vier Oben- und zwei Seitenperlen, die für diese Einheit hinzugefügt wurden (Grafik 5). Fahren Sie in dieser Art fort und fügen Sie fünf weitere Einheiten hinzu. Verbinden Sie die siebte und erste Einheit mit vier Obenperlen und fertigen Sie somit eine achte Einheit an.

Runde 2: Verwenden Sie 11/0 Perlen und arbeiten Sie 16 Einheiten im RAW-Stich auf die Runde 1. Jede Einheit besteht aus 2 Unten-, 2 Seiten- und 3 Obenperlen (Grafik 6). Verbinden Sie die erste und letzte Einheit mit 3 Obenperlen. Vernähen Sie den Faden und schneiden Sie ihn ab.

3. Verzierung des Medaillons

Beginnen Sie mit einem doppelten Faden, welcher aus den 2 Seitenperlen der Runde 2, in Richtung Medaillonmitte, herauskommt.

Nehmen Sie 1x Doppelkegel 3 mm auf und fädeln Sie von oben nach unten durch die nächsten zwei Seitenperlen, in Richtung der Medaillonmitte. Wiederholen Sie dies, bis Sie insgesamt 16 Doppelkegel hinzugefügt haben (Grafik 7).

Fädeln Sie so durch die Perlen, dass Sie mit der Nadel aus zwei Obenperlen der Runde 1 herauskommen. Nehmen Sie 3x 15/0 Perlen auf und fädeln Sie durch die nächsten beiden 11/0 Perlen der Runde 1, um einen Picot zu erhalten. Wiederholen Sie dies und fügen Sie insgesamt 16 Picots hinzu (Grafik 8).

Fädeln Sie so durch die Perlen, dass die Nadel aus zwei Seitenperlen der Runde 1, in Richtung zum Medaillonrand, herauskommt. Nehmen Sie eine Doppelkegel 4 mm auf und fädeln Sie von unten nach oben durch die nächste Gruppe Seitenperlen. Wiederholen Sie dies und fügen Sie insgesamt 8 Doppelkegel hinzu (Grafik 9).

Fädeln Sie so durch die Perlen, dass die Nadel aus den zwei Perlen der Basisrunde herauskommt. Nehmen Sie 1x feuerpolierte Glasschliffperle 4 mm auf, überspringen Sie zwei Perlen der Basisrunde und fädeln Sie durch die nächsten beiden Perlen der Basisrunde. Wiederholen Sie dies, bis Sie 4 feuerpolierte Glasschliffperlen hinzugefügt haben. Fädeln Sie durch die erste feuerpolierte Glasschliffperle 4 mm vor (Grafik 10).

Nehmen Sie 1x 8/0 Perle auf und fädeln Sie durch die nächste feuerpolierte Glasschliffperle 4 mm, die der Basisrunde hinzugefügt wurde. Wiederholen Sie dies und fügen Sie insgesamt vier 8/0 Perlen hinzu (Grafik 11). Fädeln Sie nochmals durch alle 8/0 und feuerpolierten Glasschliffperlen, um den Fadenlauf zu verstärken.

Fädeln Sie so durch die Perlen, dass Sie mit der Nadel aus der Außenseite des Medaillons, Runde 2, herauskommen. Fädeln Sie durch alle 11/0 Perlen des Außenrands und ziehen Sie vorsichtig am Faden, sodass sich das Medaillon wölbt.

Legen Sie das Medaillon so auf das Ende der Basis, dass eine Hälfte über den Rand reicht und nähen Sie es an den Berührungspunkten sorgfältig fest (Grafik 12).

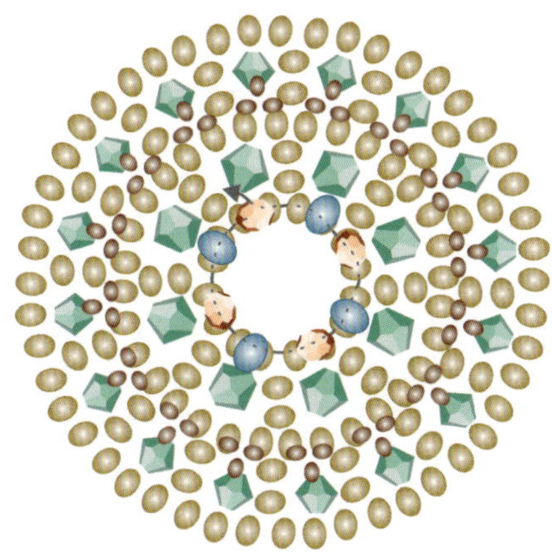

Grafik 11

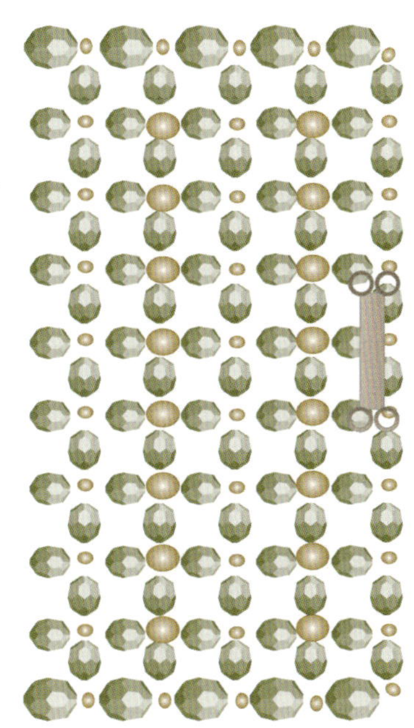

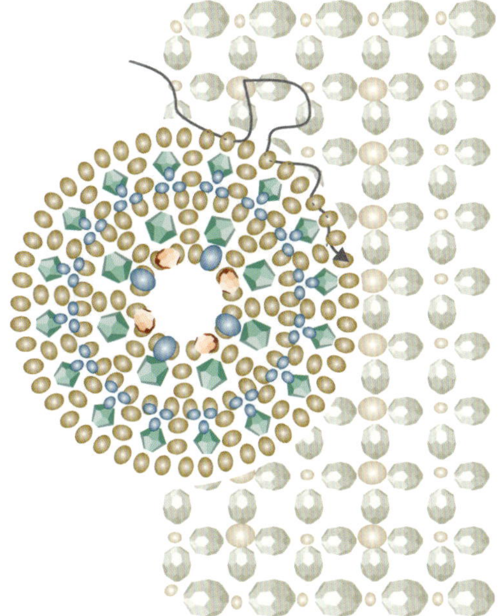

Grafik 12

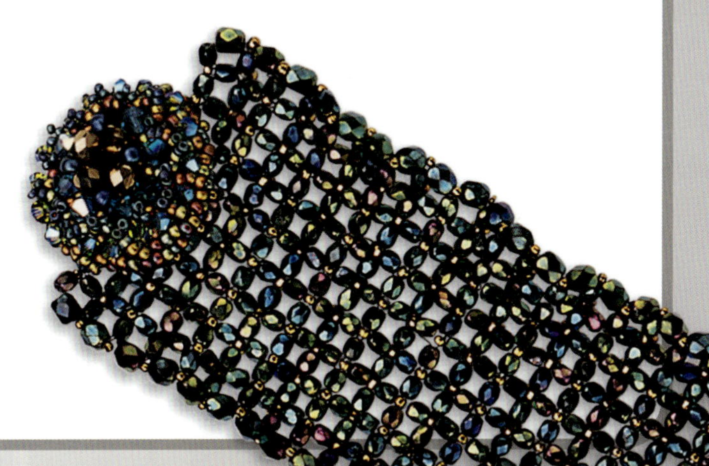

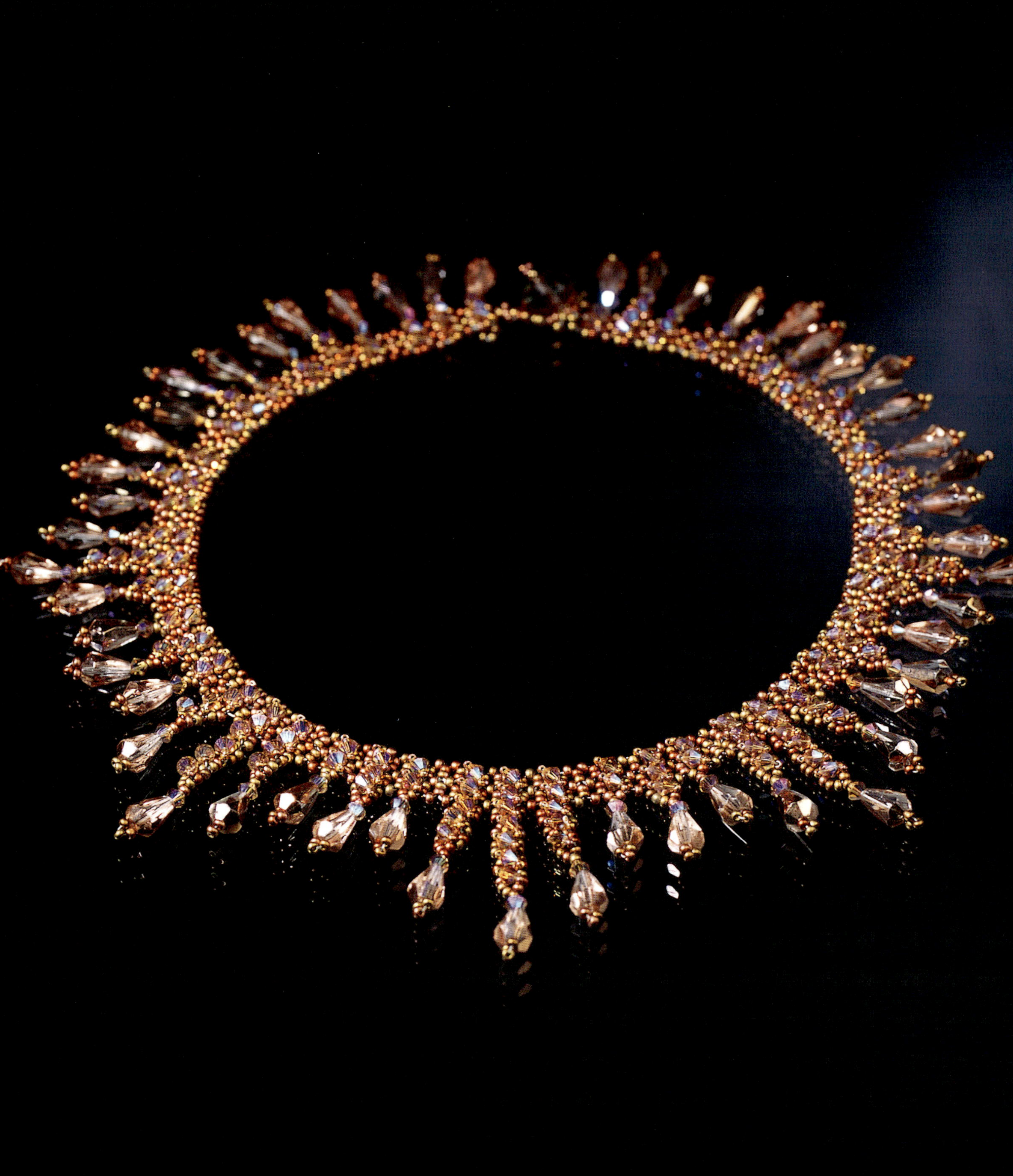

CASCADE

Abgestufte Längen im Right-Angle-Weave ergeben die perfekte Kulisse, um die kupferfarbenen Kristalle und Tropfen zu präsentieren.

▶ 1. Basis

Hinweis: Die Basis besteht aus einer Reihe RAW-Spalten. Die Hauptspalten werden aus 2x 11/0 Perlen als Seitenperlen gearbeitet und von den anderen Hauptspalten durch RAW-Spalten mit 1x 11/0 Perle in der Breite und 2x 11/0 Perlen in der Höhe getrennt. Diese werden Spaltentrenneinheiten genannt (Grafik 1).

Die einzelnen Spalten sind zu Gruppen aus drei Spalten, genannt Spaltengruppen, zusammengefasst; die mittlere Spalte ist eine Einheit länger als die beiden Seitenspalten. Diese Gruppen werden separiert von 2 Einheiten im RAW-Stich, die eine Perle breit und zwei Perlen hoch sind und Gruppentrennspalten genannt werden.

Verwenden Sie einfachen Faden und 11/0 Perlen und beginnen Sie mit einem 2 Perlen breiten und 2 Reihen langen Streifen im RAW-Stich, der aus einer Oben- und Untenperle und je zwei Seitenperlen besteht.

Arbeiten Sie die Basis der Kette aus diesem Quadrat heraus, indem Sie sich an die folgenden Spaltengruppen halten. Fügen Sie immer Spaltentrenneinheiten zwischen den Spalten und Gruppentrennspalten zwischen den Spaltengruppen hinzu:

Grafik 1

Verschlussspaltengruppe 1: Fädeln Sie für die erste Spalte 2 Einheiten, für die zweite Spalte 3 Einheiten und für die dritte Spalte 2 Einheiten.

Spaltengruppen 2-5: Arbeiten Sie für die erste Spalte 2 Einheiten, für die zweite Spalte 3 Einheiten und für die dritte Spalte 2 Einheiten (Grafik 2). Wiederholen Sie dies drei weitere Male, sodass Sie insgesamt 4 Gruppen gefädelt haben.

Spaltengruppe 6: Fädeln Sie für die erste Spalte 3 Einheiten, für die zweite Spalte 5 Einheiten und für die dritte Spalte 3 Einheiten.

Spaltengruppe 7: Arbeiten Sie 2 Einheiten, 3 Einheiten und 2 Einheiten.

Spaltengruppe 8: Arbeiten Sie 4 Einheiten, 6 Einheiten und 4 Einheiten.

Spaltengruppe 9: Arbeiten Sie 2 Einheiten, 3 Einheiten und 2 Einheiten.

Spaltengruppe 10: Arbeiten Sie 5 Einheiten, 7 Einheiten und 5 Einheiten; dies ist die Mitte der Halskette.

Spaltengruppen 11-18: Wiederholen Sie die Spaltengruppen 1-9 in umgekehrter Reihenfolge, um die andere Seite der Halskette zu arbeiten; Sie erhalten somit eine ca. 46 cm lange Basis. Schneiden Sie den Faden nicht ab.

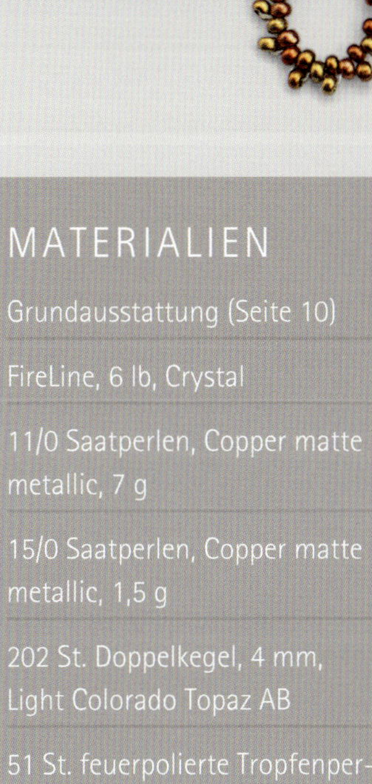

MATERIALIEN

- Grundausstattung (Seite 10)
- FireLine, 6 lb, Crystal
- 11/0 Saatperlen, Copper matte metallic, 7 g
- 15/0 Saatperlen, Copper matte metallic, 1,5 g
- 202 St. Doppelkegel, 4 mm, Light Colorado Topaz AB
- 51 St. feuerpolierte Tropfenperlen, 7 x 10 mm, Copper AB
- 1 St. feuerpolierter Rivoli mit mittig gebohrtem Fädelloch, 13 x 9 mm, Copper transparent

Weiter auf der nächsten Seite.

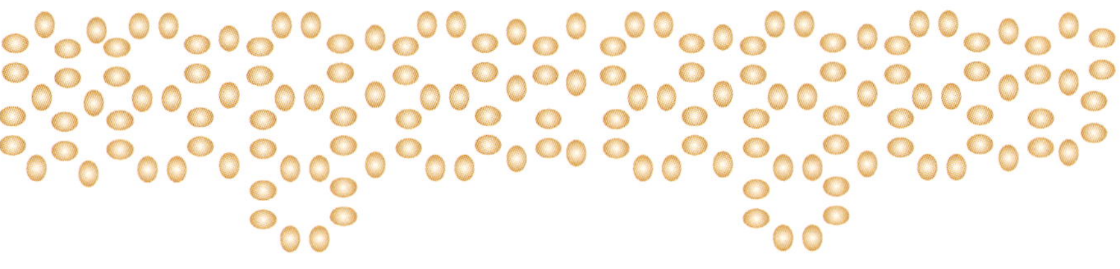

Grafik 2

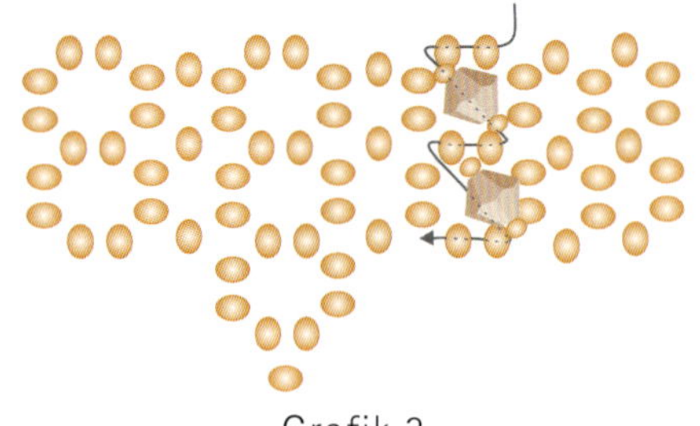

Grafik 3

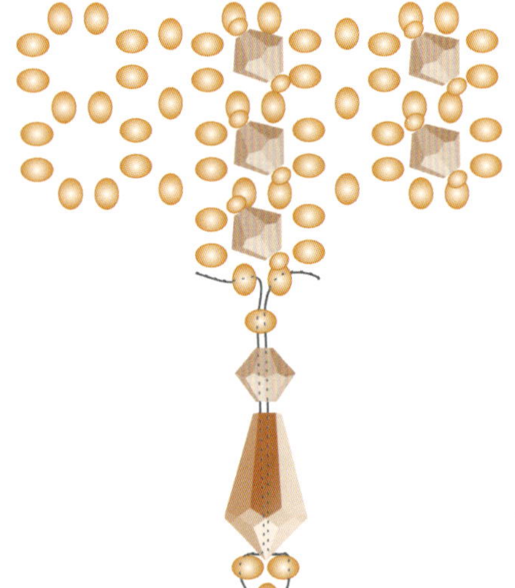

Grafik 4

2. Verzierung

Beginnen Sie mit einem neuen, doppelten Faden und kommen Sie mit der Nadel von rechts nach links aus den Obenperlen der dritten Spalte von rechts heraus. Nehmen Sie 1x 15/0 Perle, 1x Doppelkegel 4 mm und 1x 15/0 Perle auf und fädeln Sie von rechts nach links durch die beiden 11/0 Untenperlen derselben Einheit. Wiederholen Sie dies auf der nächsten Einheit derselben Spalte (Grafik 3).

Fädeln Sie durch die Perlenarbeit und wiederholen Sie die Doppelkegelverzierung in der nächsten Spalte. Fädeln Sie in der untersten Einheit durch die erste der beiden Untenperlen, nehmen Sie 1x 11/0 Perle, 1x Doppelkegel 4 mm, 1x feuerpolierte Tropfenperle und 3x 15/0 Perlen auf und fädeln Sie zurück durch den Tropfen, den Doppelkegel und die 11/0 Perle sowie die zweite 11/0 Untenperle der untersten Einheit (Grafik 4).

Fädeln Sie durch die Perlen und wiederholen Sie die Doppelkegelverzierung auf der nächsten Spalte.

Wiederholen Sie dies, bis alle zwei Perlen breiten Einheiten verziert sind.

3. Verschluss

Legen Sie die Perlenarbeit waagerecht so vor sich ab, dass die Verzierungen nach oben zeigen. Beginnen Sie mit einem neuen einfachen Faden und kommen Sie mit der Nadel nach unten aus den linken Seitenperlen der obersten Einheit der ersten Spalte von Spaltengruppe 1 heraus. Nehmen Sie 24x 11/0 Perlen auf und fädeln Sie durch die linken Seitenperlen der unteren Einheit der dritten Spalte. Fädeln Sie durch einige benachbarte Perlen vor und dann zurück durch die zuletzt hinzugefügte 11/0 Perle. Fügen Sie zwischen jeder 11/0 Perle der Perlenschlaufe je 1x 11/0 Perle hinzu. Fädeln Sie zurück durch die erste 11/0 Perle, vernähen Sie den Faden und schneiden Sie ihn ab (Grafik 5).

Beginnen Sie am anderen Ende der Kette mit einem neuen Faden und kommen Sie mit der Nadel aus der Perle heraus, die der Perle an der Perlenschlaufe entspricht. Nehmen Sie den Rivoli, 1x 11/0 Perle und 3x 15/0 Perlen auf und fädeln Sie zurück durch die 11/0 Perle und den Rivoli und weiter durch die Perlen der Basis (Grafik 6). Wiederholen Sie den Fadenlauf, um ihn zu verstärken; vernähen Sie den Faden und schneiden Sie ihn ab.

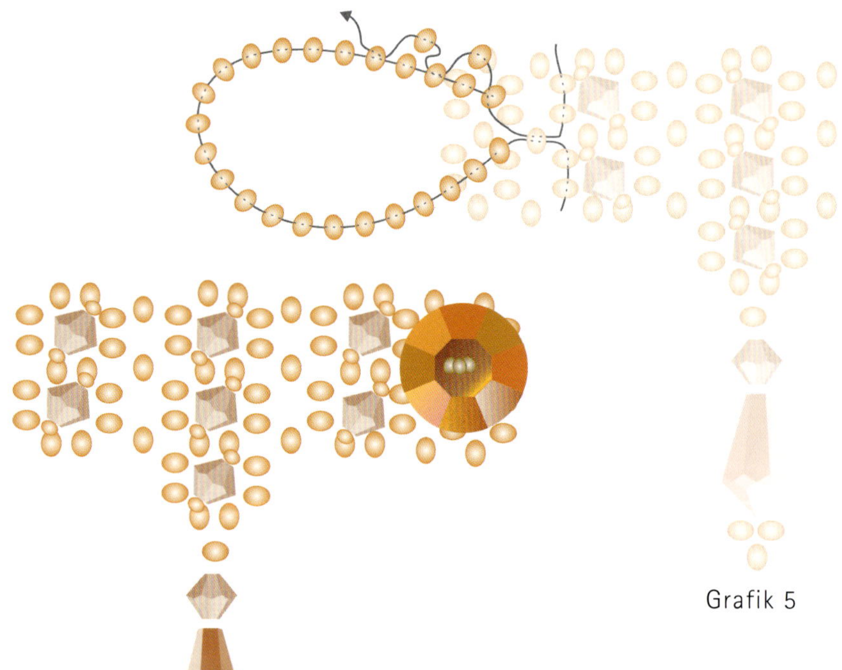

Grafik 5

Grafik 6

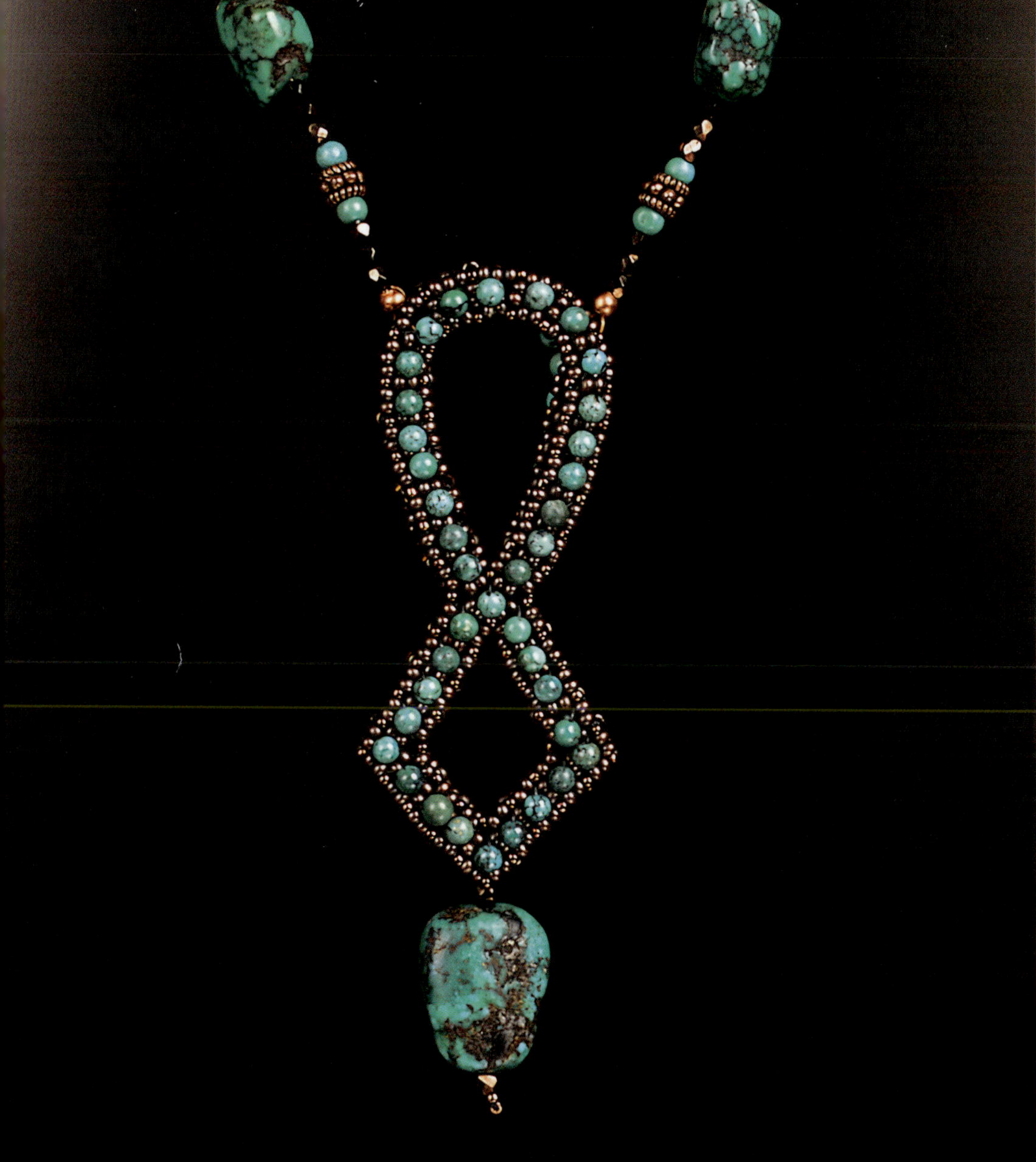

MATERIALIEN

- Grundausstattung (Seite 10)
- 11/0 Metall-Saatperlen, Antique Copper, 3 g
- 177 St. feuerpolierte Glasschliffperlen, 3 mm, Dark Bronze
- 114 St. Türkisperlen, 3 mm
- 15/0 Saatperlen, Bronze metallic, 1 g
- 1 St. Türkisnugget-Perle, 16 x 21 mm
- 80 cm Schmuckdraht, 0,5 mm stark, Copper
- 10 St. Zwischenperlen, 5,5 x 5 mm, Antique Copper metallic
- 7 St. Türkisnugget-Perlen, 10 - 15 mm
- 4 St. Quetschperlen, 2 x 2 mm, Copper
- 2 St. Quetschperlenhüllen, 3 mm, Copper
- Drahtschneider
- Quetschperlenzange
- Flachzange

GABRIELLA

Die klare Geometrie dieses Anhängers erregt sofort Aufmerksamkeit. Sein anmutiger Bogen und der Türkis, der an der rautenförmigen Spitze hängt, verleihen ihm ein ethnisches Flair und Dramatik.

▶ 1. Bogen

Arbeiten Sie einen 6 Einheiten langen Streifen aus je 2x 11/0 Perlen für die Oben-, Unten- und Seitenperlen. Verwenden Sie für die Einheiten 7 bis 13 je 3x 11/0 für die Obenperlen und 2x 11/0 für die Unten- und Seitenperlen. Fädeln Sie die Einheiten 14 bis 19 mit 2x 11/0 Perlen für die Oben-, Unten- und Seitenperlen.

Weiter auf der nächsten Seite.

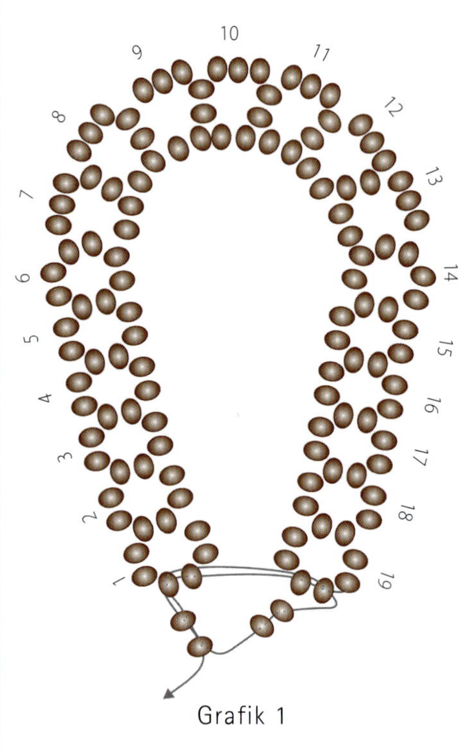

Grafik 1

Grafik 2

Fädeln Sie von rechts nach links durch die beiden Seitenperlen von Einheit 19 und von rechts nach links durch die zwei Seitenperlen von Einheit 1. Nehmen Sie 4x 11/0 Perlen auf und fädeln Sie durch die beiden Seitenperlen von Einheit 19, die beiden Seitenperlen von Einheit 1 und die beiden soeben zuerst hinzugefügten Perlen (Grafik 1).

▶ 2. Raute

Nehmen Sie 6x 11/0 Perlen auf und fädeln Sie durch die zwei Perlen, aus denen die Nadel kommt, um die erste RAW-Einheit der Raute zu erhalten. Wiederholen Sie dies und fügen Sie vier weitere Einheiten hinzu. Arbeiten Sie die Eckwende, indem Sie aus den zwei inneren Perlen der fünften Einheit herauskommen (vorher waren dies Untenperlen). Fädeln Sie vier weitere Einheiten, um die zweite Seite der Raute zu erhalten, dann arbeiten Sie die Eckwende wie zuvor und fädeln wieder vier Einheiten, um die dritte Seite der Raute anzufertigen. Arbeiten Sie wieder eine Eckwende und dann drei Einheiten für die vierte Seite der Raute. Verbinden Sie die letzte Einheit mit der dritten und vierten Perle, welche Sie dem Bogen hinzugefügt hatten und fügen Sie nun nur die Seitenperlen hinzu, um die neue Einheit anzufertigen (Grafik 2). Schneiden Sie den Faden nicht ab, legen Sie die Perlenarbeit beiseite.

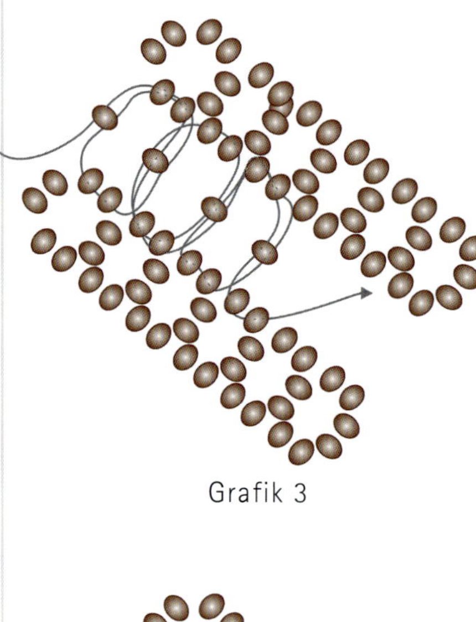

Grafik 3

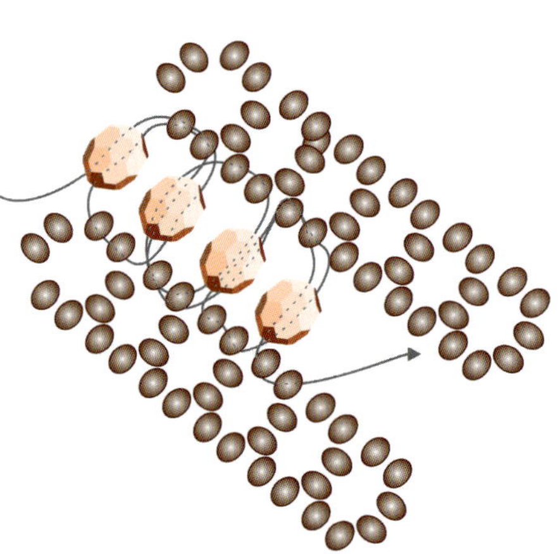

Grafik 4

Wiederholen Sie die Schritte 1 und 2 und fertigen Sie eine zweite Basis an.

▶ 3. Schichten

Halten Sie die beiden Basen so aneinander, dass die inneren Ränder übereinander liegen. Arbeiten Sie mit einem der Arbeitsfäden und fädeln Sie so durch die Perlen, dass Sie mit der Nadel aus zwei inneren Untenperlen herauskommen Nehmen Sie 1x 11/0 Perle auf und fädeln Sie durch die entsprechenden Untenperlen am inneren Rand der zweiten Basis.
Nehmen Sie 1x 11/0 Perle auf und fädeln Sie zurück durch die Untenperlen, aus denen die Nadel kommt. Arbeiten Sie weiter im RAW-Stich, bis alle inneren Untenperlen miteinander verbunden sind (Grafik 3; siehe auch Grafik 20 auf Seite 23).

Wiederholen Sie die Verbindung am äußeren Rand und verwenden Sie dafür feuerpolierte Glasschliffperlen (Grafik 4), ausgenommen an den drei Ecken, wo Sie 11/0 Perlen verwenden.

▶ 4. Verzierung

Fädeln Sie so durch die Perlen, dass Sie mit der Nadel aus zwei Seitenperlen auf der Vorderseite der Basis herauskommen. Nehmen Sie 1x Rundperle auf und fädeln Sie durch die beiden Seitenperlen der nächsten Einheit; formen Sie dabei ein „Z" mit dem Faden. Dies legt die Rundperle diagonal über die Freifläche in der Einheit. Wiederholen Sie dies, bis alle Einheiten auf der Vorder- und Rückseite verziert wurden (Grafik 5).

Fädeln Sie so durch die Perlen, dass Sie mit der Nadel aus zwei Perlen auf der Vorderseite am Rand herauskommen, nehmen Sie 1x 15/0 Perle auf und fädeln Sie durch die beiden Randperlen der nächsten Einheit. Wiederholen Sie dies und verzieren Sie so die Oberseite (Grafik 6; siehe auch Grafik 21 auf Seite 24).

Fädeln Sie so durch die Perlen, dass Sie mit der Nadel aus zwei 11/0 Perlen an der Ecke der unteren Spitze der Raute herauskommen. Nehmen Sie 1x feuerpolierte Glasschliffperle, die 16 x 21 mm große Türkisperle, 1x feuerpolierte Glasschliffperle und 3x 15/0 Perlen auf und fädeln Sie zurück durch die feuerpolierte Glasschliffperle, die Türkisperle und die feuerpolierte Glasschliffperle. Ziehen Sie den Faden fest an. Fädeln Sie durch die beiden 11/0 Perlen an der Ecke (Grafik 7).

Weiter auf der nächsten Seite.

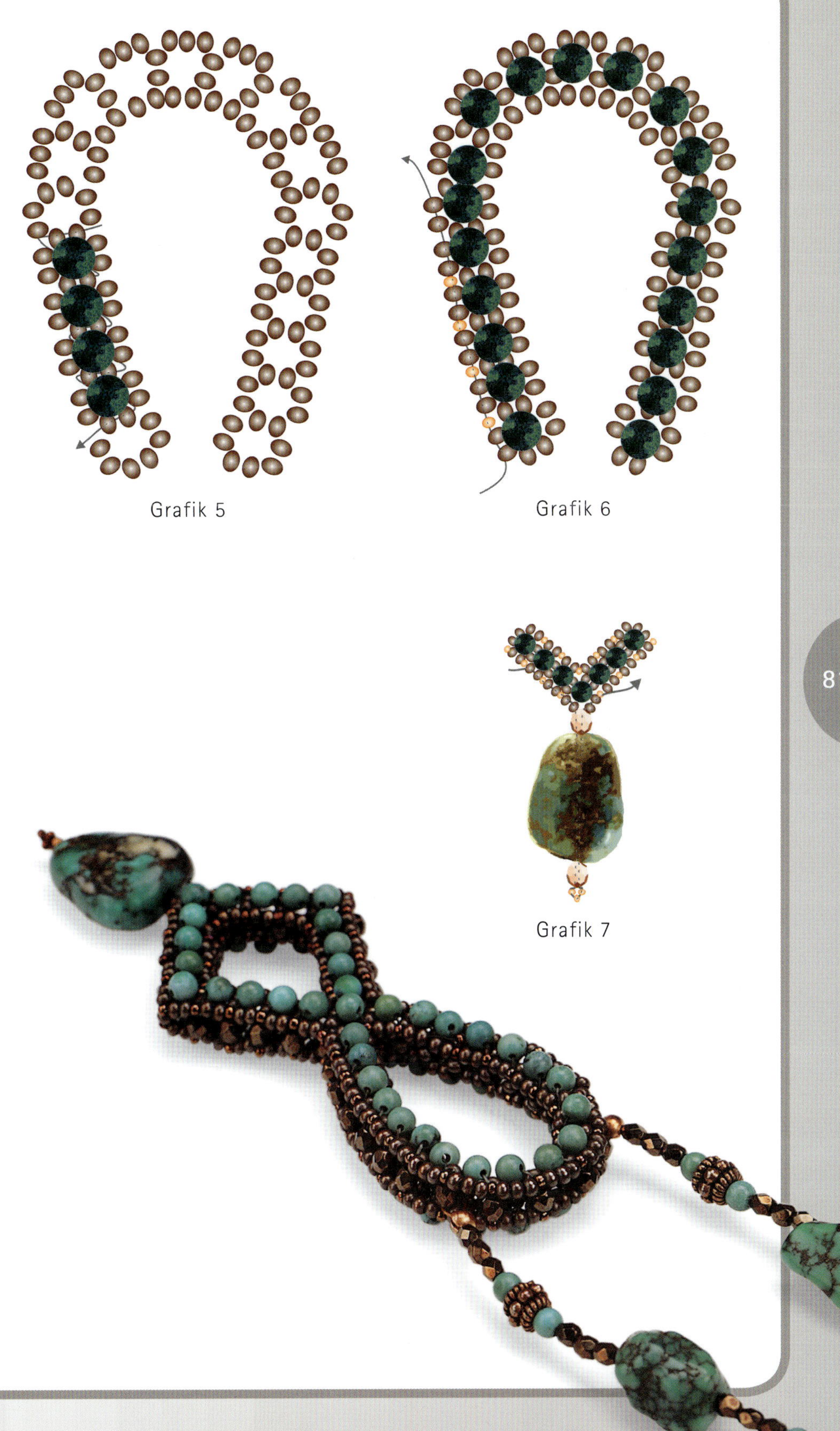

Grafik 5

Grafik 6

Grafik 7

▶ 5. Kette

Schneiden Sie ca. 40 cm Schmuckdraht ab und fädeln Sie eine Quetschperle auf. Schlingen Sie ein Drahtende um die feuerpolierte Glasschliffperle, die an der achten Bogeneinheit die beiden Basen miteinander verbindet, und lassen Sie einen ca. 2,5 cm langen Drahtrest übrig. Fädeln Sie zurück durch die Quetschperle und verwenden Sie die Flachzange, um die Quetschperle zu quetschen. Verwenden Sie wieder die Flachzange, um vorsichtig eine Quetschperlenhülle um die Quetschperle zu drücken.

Nehmen Sie 3x einen Rapport aus 3x feuerpolierten Glasschliffperlen, 1x Rundperle, 1x Zwischenperle, 1x Rundperle, 3x feuerpolierten Glasschliffperlen und 1x Türkisperle auf (Grafik 8). Nehmen Sie 6x feuerpolierte Glasschliffperlen auf. Nehmen Sie 2x einen Rapport aus 1x Rundperle, 1x Zwischenperle, 1x Rundperle und 5x feuerpolierten Glasschliffperlen auf. Nehmen Sie 3x Rundperle, 5x feuerpolierte Glasschliffperlen, 1x Rundperle, 3x feuerpolierte Glasschliffperlen, 1x Rundperle, 3x feuerpolierte Glasschliffperlen, 1x Rundperle, 5x feuerpolierte Glasschliffperlen, 1x Rundperle, 8x feuerpolierte Glasschliffperlen, 1x Rundperle, 5x feuerpolierte Glasschliffperlen, 1x Rundperle, 3x feuerpolierte Glasschliffperlen, 1x Rundperle, 3x feuerpolierte Glasschliffperlen, 1x Quetschperle, 1x Türkisperle, 1x feuerpolierte Glasschliffperle und 3x 15/0 Perlen auf. Fädeln Sie zurück durch die feuerpolierte Glasschliffperle, die Türkisperle und die Quetschperle. Schieben Sie die Perlen zusammen und quetschen Sie die Quetschperle.

Wiederholen Sie die Rapporte für die andere Seite der Halskette, nehmen Sie jedoch anstelle der großen Türkisperle am Ende der Kette genug 11/0 Perlen auf, sodass diese über die große Türkisperle passen. Fädeln Sie durch die Quetsch- und mehrere weitere Perlen zurück, schieben Sie die Perlen zusammen und quetschen Sie die Quetschperle. Verwenden Sie die Zange und drücken Sie vorsichtig eine Quetschperlenhülle über die Quetschperle.

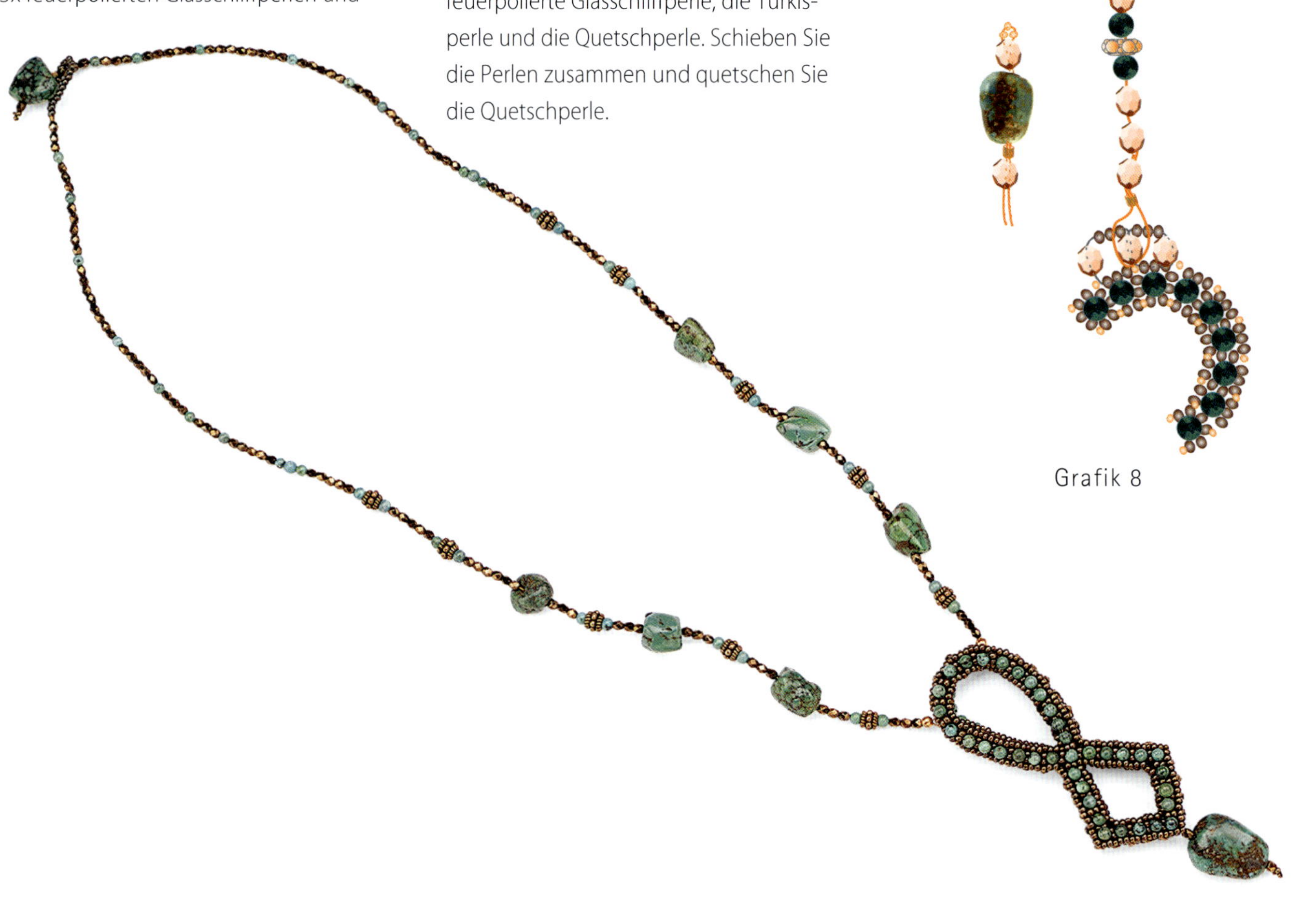

Grafik 8

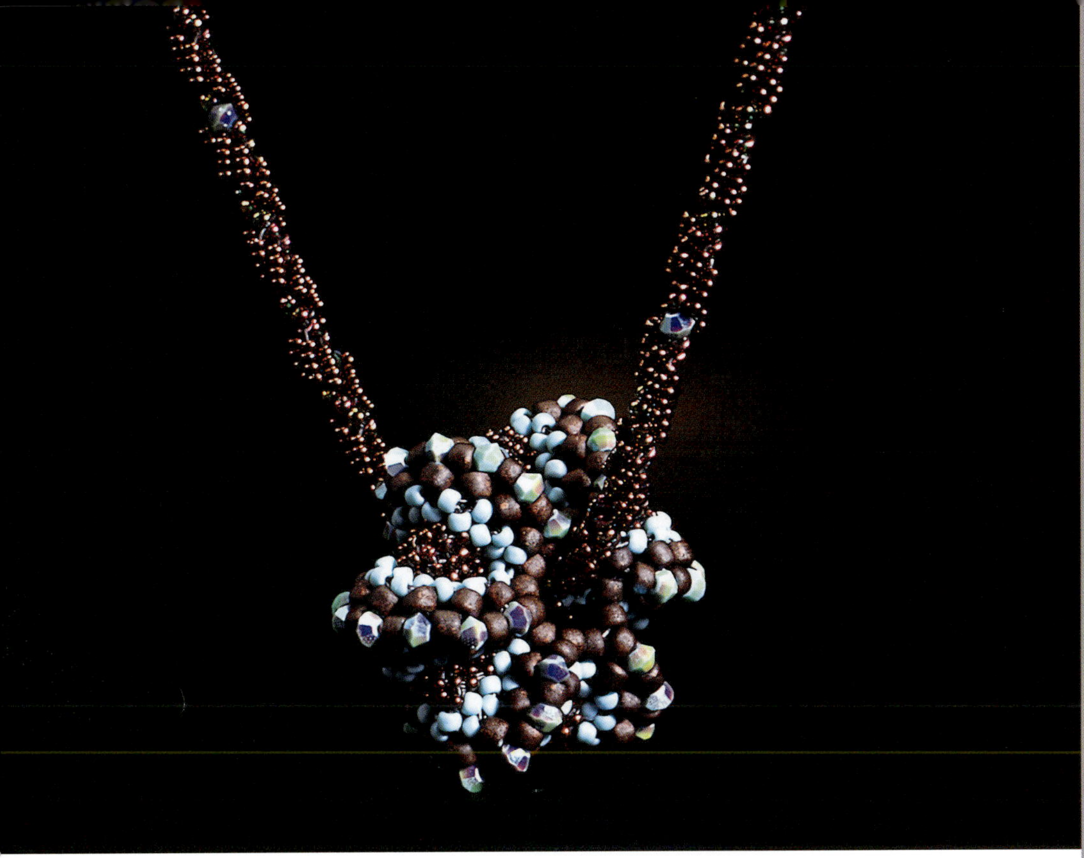

URCHIN

Mit Rippen wie bei einer Meereskreatur hat diese geperlte Perle eine skulpturelle Qualität. Sie werden überrascht sein, dass sie flach gearbeitet und dann verbunden und verziert wird, um diese hügelige Struktur zu erreichen.

MATERIALIEN FÜR DIE GEPERLTE PERLE

Grundausstattung (Seite 10)

FireLine, 6 lb, Smoke

15/0 Saatperlen, Copper metallic, 1 g

11/0 Saatperlen, Aqua matt, 3,5 g

8/0 Saatperlen, Dark Brown, 4,5 g

42 St. Doppelkegel, 3 mm, Turquoise 2xAB

MATERIALIEN FÜR DIE KETTE

Grundausstattung (Seite 10)

11/0 Saatperlen, Copper metallic, 3,5 g

15/0 Saatperlen, Copper metallic, 6 g

36 St. Doppelkegel, 3 mm, Turquoise 2xAB

1 St. Toggleverschluss, gehämmert, 2 mm, Antique Copper

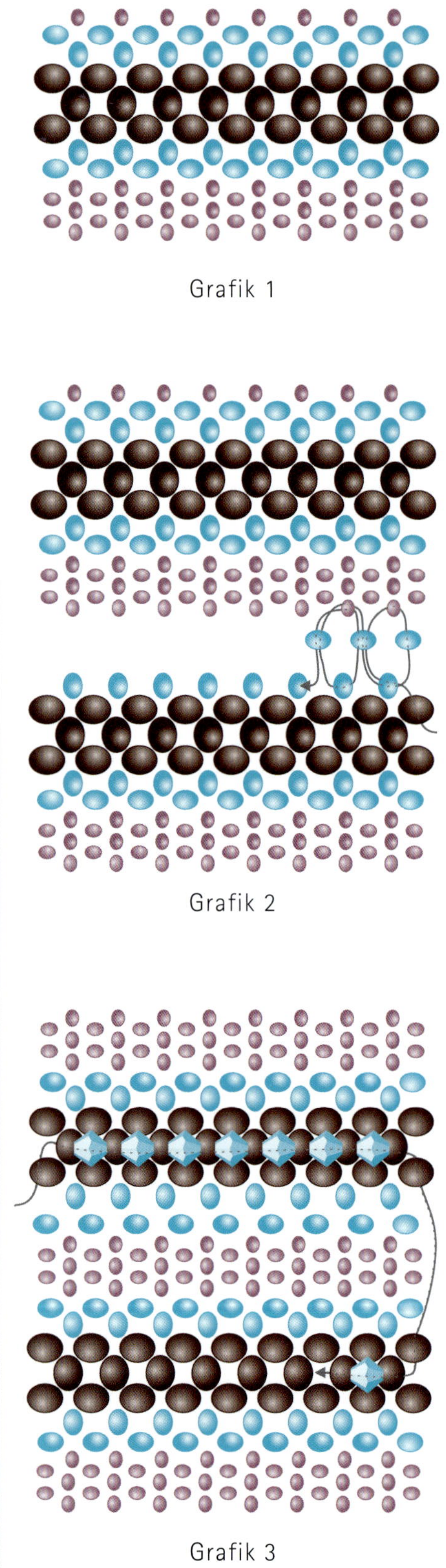
Grafik 1

Grafik 2

Grafik 3

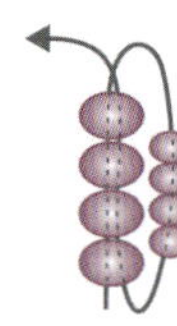
Grafik 4

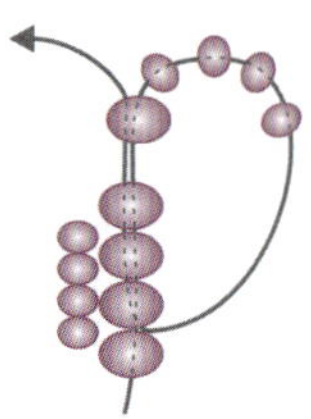
Grafik 5

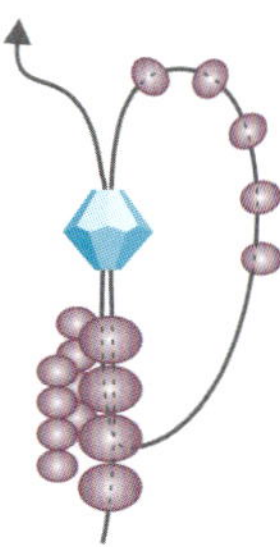
Grafik 6

1. Basis

Verwenden Sie doppelten Faden und arbeiten Sie einen 8 Einheiten breiten und 35 Reihen langen Streifen im RAW-Stich mit den folgenden Perlentypen für jede Reihe:

Reihe 1 und 2: Verwenden Sie 15/0 Perlen.

Reihe 3: Verwenden Sie 11/0 Perlen.

Reihe 4: Verwenden Sie 8/0 Perlen.

Reihe 5: Verwenden Sie 8/0 als Seiten- und 11/0 als Obenperlen jeder Einheit.

Reihe 6: Verwenden Sie 11/0 als Seiten- und 15/0 als Obenperlen jeder Einheit (Grafik 1).

Reihe 7 – 30: Wiederholen Sie die Reihen 1 bis 6 und fertigen Sie so 5 Rippen an.

Reihe 31 – 35: Fügen Sie eine sechste Rippe an, indem Sie nur die Reihen 1 bis 5 wiederholen.

Verwenden Sie 11/0 Perlen, um die letzte Reihe mit der ersten zu verbinden (Grafik 2; siehe auch Grafik 20 auf Seite 23).

Hinweis: Wenn Sie Schwierigkeiten haben, durch die 15/0 Perlen zu fädeln, wechseln Sie zu einer Nadel der Stärke 13.

Wenn die Perlengrößen sich verändern, kann es leicht passieren, dass eine Perle der Vorreihe übersehen wird. Ich empfehle, die hinzugefügten Perlen am Ende der Reihe sorgfältig zu zählen, um sicherzustellen, dass es acht Einheiten sind.

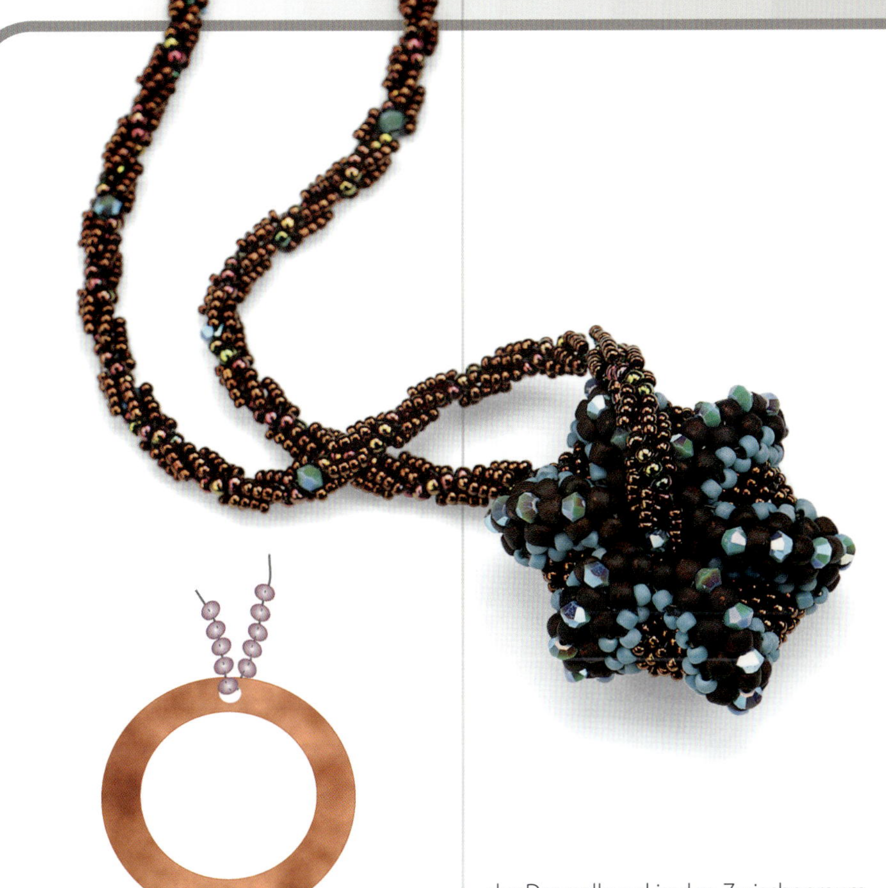

Grafik 7

2. Verzierung

Legen Sie die Röhre so vor sich hin, dass die Rippen senkrecht liegen. Fädeln Sie so durch die Perlen, dass Sie mit der Nadel aus der ersten 8/0 Perlen an der Spitze einer Rippe, deren Fädelloch senkrecht steht, herauskommen. Nehmen Sie einen Doppelkegel auf und fädeln Sie durch die nächste 8/0 Perle mit senkrechtem Fädelloch. Ziehen Sie den Faden fest an, sodass der Doppelkegel in den Zwischenraum zwischen den beiden 8/0 Perlen rutscht. Fahren Sie in dieser Art fort und fügen Sie der Rippe insgesamt 7 Doppelkegel hinzu. Fädeln Sie, ohne weitere Perlen hinzuzufügen, durch die benachbarte 8/0 Perle mit waagerechtem Fädelloch dieser Rippe und die 8/0 Perle mit waagerechtem Fädelloch der nächsten Rippe. Fädeln Sie durch die 8/0 Perle mit senkrechtem Fädelloch der neuen Rippe und fügen Sie auch hier in den Zwischenräumen Doppelkegel hinzu (Grafik 3). Wiederholen Sie dies, bis alle Rippen verziert sind.

Fädeln Sie durch alle 8/0 Randperlen mit waagerechtem Fädelloch und ziehen Sie fest am Faden. Fädeln Sie durch die Perlenarbeit und wiederholen Sie dies an der anderen Seite. Vernähen Sie den Faden und schneiden Sie ihn ab. Legen Sie die Perlenarbeit beiseite.

3. Spiralkette

Verwenden Sie doppelten Faden und nehmen Sie 4x 11/0 als Kernperlen und 4x 15/0 als Spiralperlen auf und lassen Sie einen ca. 20 cm langen Fadenrest übrig. Fädeln Sie nochmals durch die Kernperlen und drücken Sie die Spiralperlen zur Seite (Grafik 4 auf Seite 84).

Nehmen Sie 1x Kernperle und 4x Spiralperlen auf und fädeln Sie durch die letzten drei und die neue Kernperle. Drücken Sie die Spiralperlen zur Seite (Grafik 5 auf Seite 84).

Wiederholen Sie diesen Schritt bis zur gewünschten Länge, verwenden Sie jedoch bei jeder zwölften Wiederholung als Kernperle einen Doppelkegel und 5x 15/0 Perlen als Spiralperlen. Fädeln Sie durch die vorigen drei Kernperlen und den Doppelkegel und drücken Sie die Spiralperlen zur Seite (Grafik 6 auf Seite 84).

Nehmen Sie an einem Ende der Spiralkette 5x 15/0 Perlen und die Öse des ersten Verschlussteils auf. Nehmen Sie 5x 15/0 Perlen auf und fädeln Sie zurück durch die Kernperlen der Spiralkette. Wiederholen Sie den Fadenlauf, um ihn zu verstärken. Vernähen Sie den Faden und schneiden Sie ihn ab. Verwenden Sie am anderen Ende der Spiralkette den Fadenrest und nehmen Sie 5x 15/0 Perlen auf. Fädeln Sie durch die Öse des zweiten Verschlussteils und nehmen Sie 1x Doppelkegel und 1x 15/0 Perle auf. Fädeln Sie zurück durch den Doppelkegel und das Verschlussteil, nehmen Sie 5x 15/0 Perlen auf und fädeln Sie zurück in die Kernperlen der Spiralkette (Grafik 7). Wiederholen Sie den Fadenlauf, um ihn zu verstärken; vernähen Sie den Faden und schneiden Sie ihn ab.

Fädeln Sie die Perle auf die Kette auf.

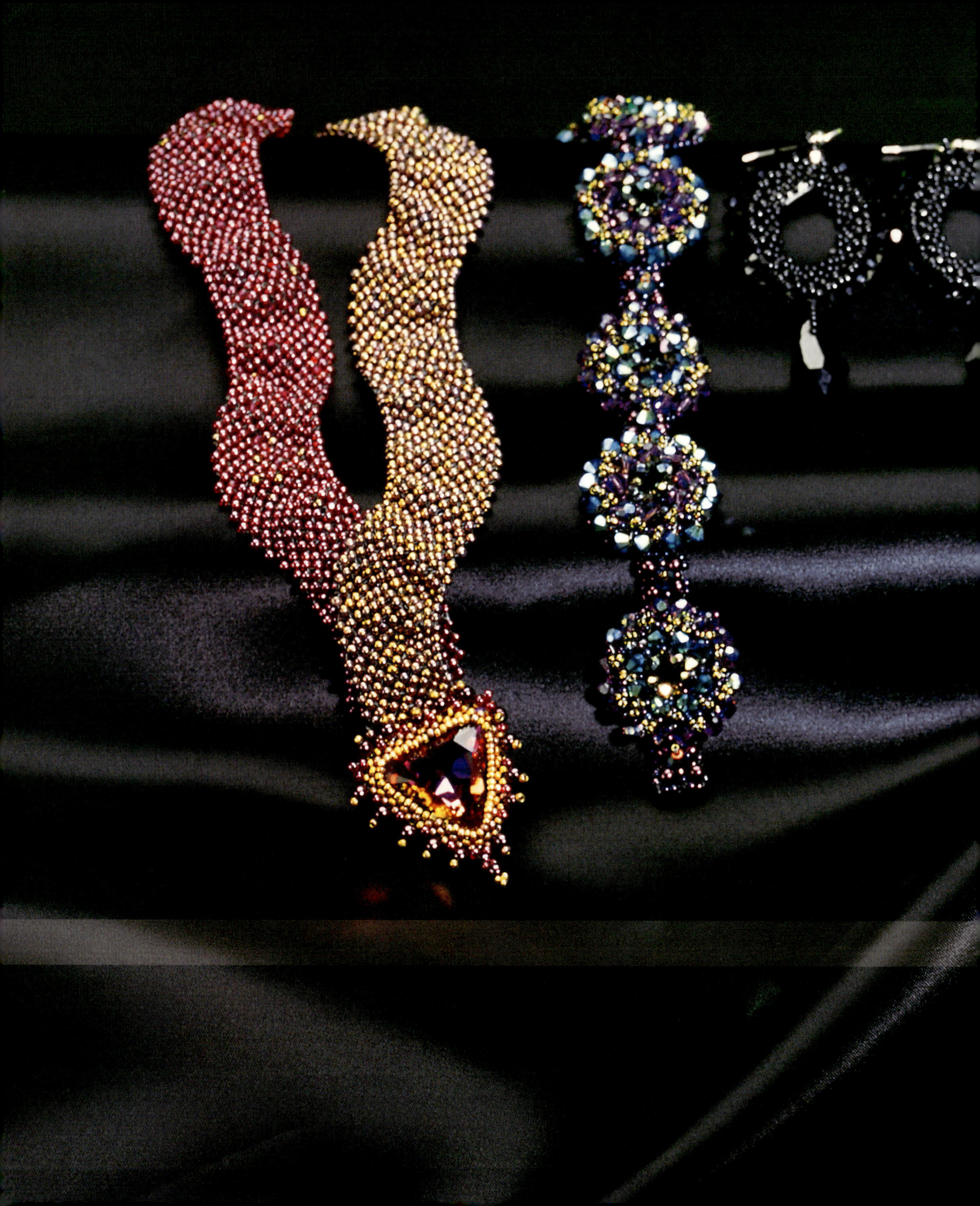

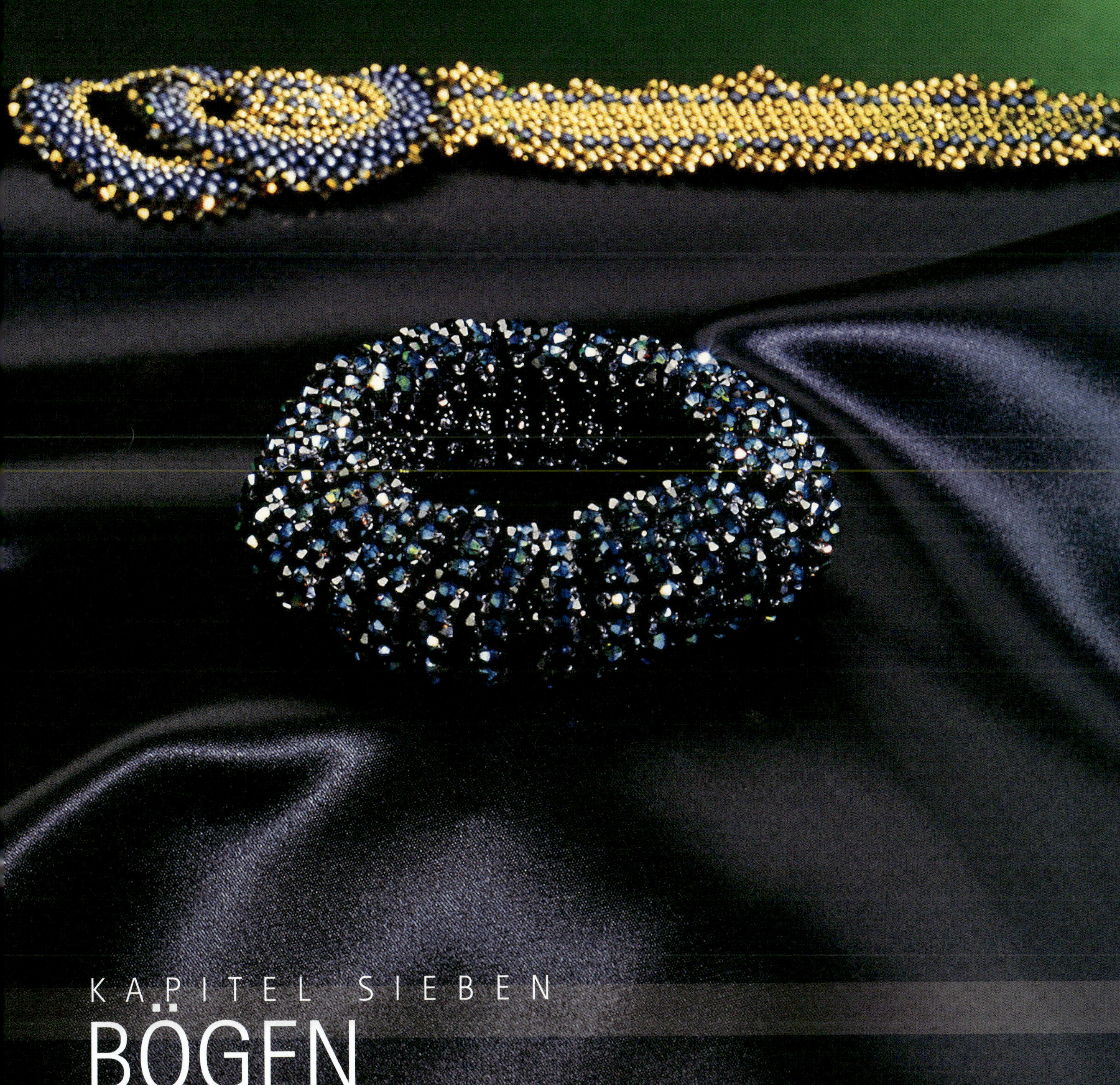

KAPITEL SIEBEN

BÖGEN

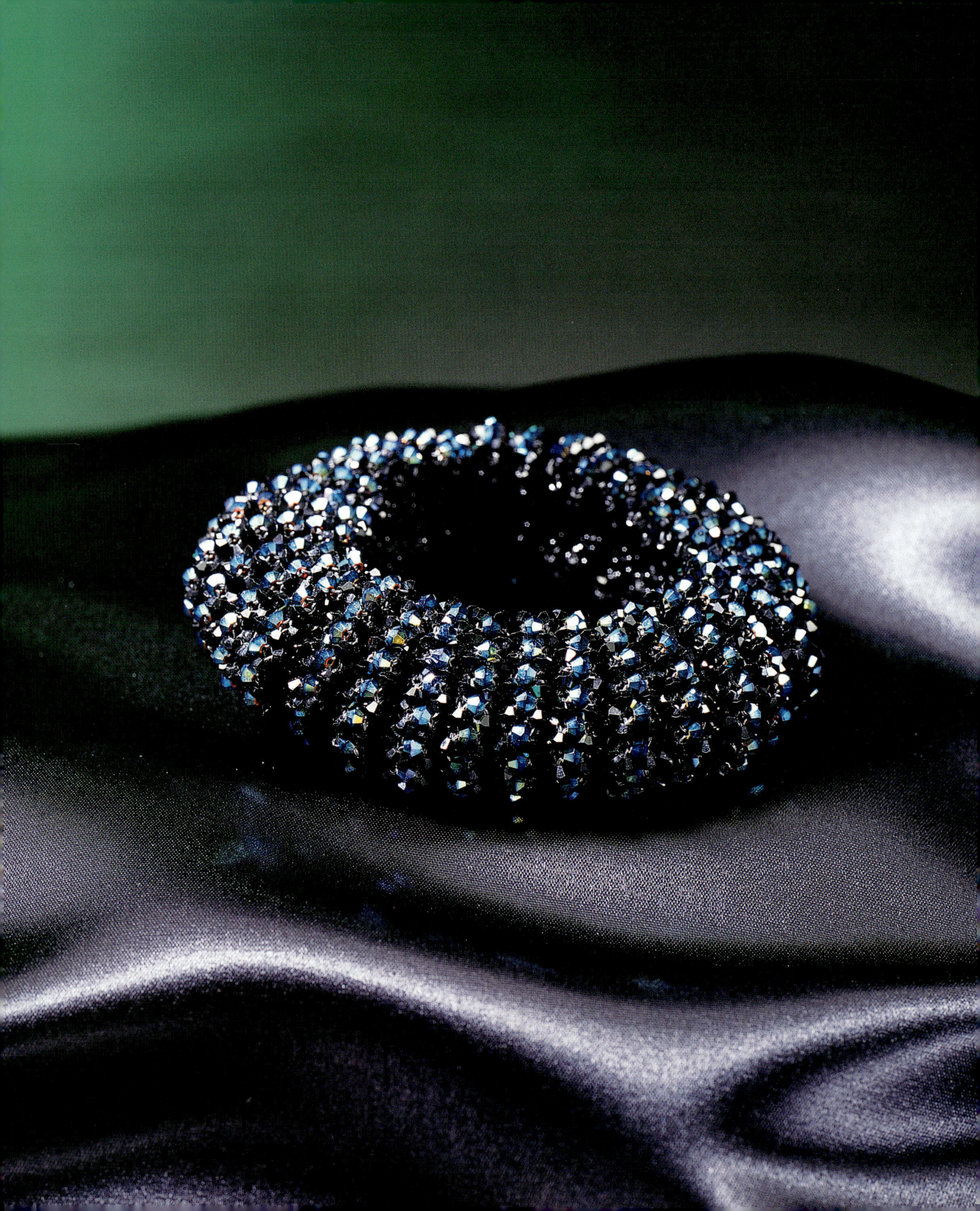

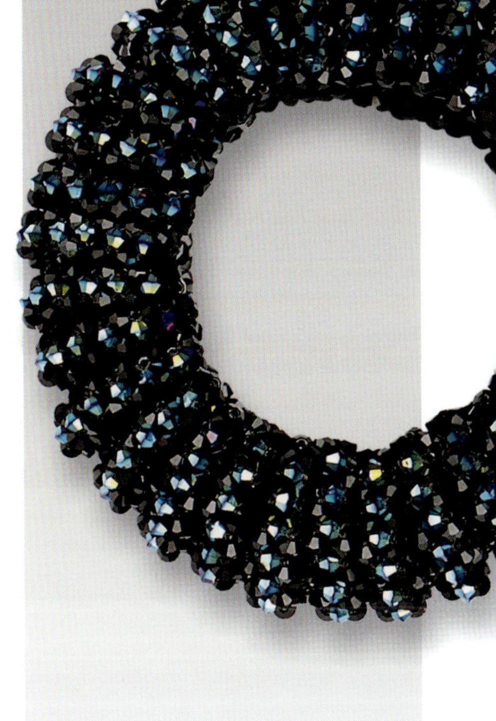

FANFARE

Eine Fülle aus Kristallen macht diesen Armreif zu einem echten Glitzerwunder, er fängt so viel Licht ein, dass er zum Mittelpunkt jeder Party wird.

Das Design sieht auf den ersten Blick trügerisch komplex aus – es besteht jedoch aus vielen gleichförmigen Elementen, die zusammen auf einen elastischen Faden aufgezogen wurden und sich nahtlos aneinanderfügen.

1. Fächer

Reihe 1: Verwenden Sie doppelten Faden und 15/0 Perlen und arbeiten Sie einen 25 Einheiten langen Streifen im RAW-Stich. ***Hinweis:*** Wenn Sie Schwierigkeiten haben, durch die 15/0 Perlen zu fädeln, wechseln Sie zu einer Nadel der Stärke 13.

Reihe 2: Arbeiten Sie mit 11/0 Perlen im RAW-Stich.

Reihe 3: Arbeiten Sie mit A Doppelkegeln im RAW-Stich (Grafik 1).

Verbinden Sie den Streifen zu einem Kreis, indem Sie die zu den jeweiligen Reihen passenden Oben- und Untenperlen hinzufügen (Grafik 2; siehe auch Grafik 20 auf Seite 23).

Weiter auf der nächsten Seite.

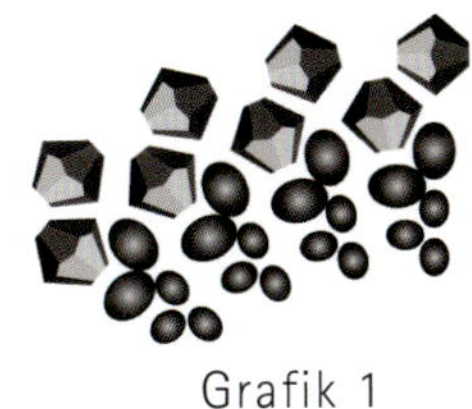

Grafik 1

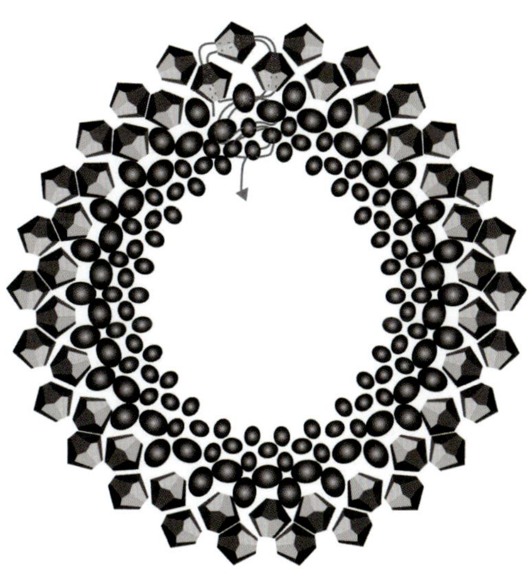

Grafik 2

MATERIALIEN

- Grundausstattung (Seite 10)
- FireLine, 6 lb, Smoke
- 15/0 Saatperlen, Black, 11 g
- 11/0 Saatperlen, Black, 21 g
- 1664 St. Doppelkegel, 3 mm, Black (A)
- 384 St. Doppelkegel, 3 mm, Jet 2xAB (B)
- Elastischer Faden (Gossamer Floss), 1,2 mm stark
- Transparent trocknender Klebstoff
- Spaltnadel (Big-Eye)

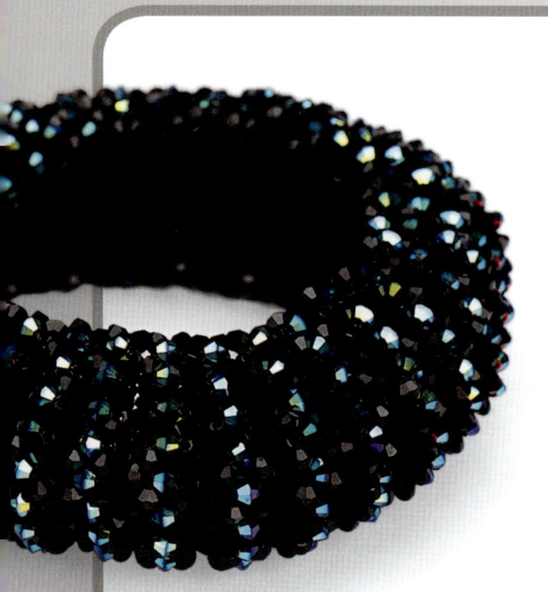

Falten Sie den Kreis in der Mitte zusammen. Beachten Sie die in der Grafik 3 mit Pfeilen markierten Perlen; diese liegen nun übereinander.

Fädeln Sie so durch die Perlen, dass Sie mit der Nadel aus dem oberen A Doppelkegel, dem zweiten vom Knick aus betrachtet, herauskommen. Verwenden Sie B Doppelkegel und verbinden Sie die beiden oberen A Doppelkegel miteinander (Grafik 4; siehe auch Grafik 20 auf Seite 23). Vernähen Sie den Faden und schneiden Sie ihn ab.

Wiederholen Sie diesen Schritt, bis Sie genug Elemente haben, dass diese um Ihr Handgelenk passen, plus 2,5 cm. *Hinweis:* Vier Fächer ergeben ungefähr 2,5 cm Armreiflänge. (Der gezeigte Armreif besteht aus 32 Fächern, ist ca. 20,5 cm lang und passt sehr gut um ein Handgelenk mit einem Umfang von ca. 18 cm.)

2. Fertigstellung

Fädeln Sie die Spaltnadel auf 30 cm doppelt genommenen Elastikfaden und nehmen Sie die Fächer einen nach dem anderen auf, indem Sie durch die Öffnungen fädeln, die zwischen der jeweils zweiten Einheit der Reihe 2 und 3 entstanden sind (in Grafik 5 mit dem oberen Pfeil markiert). Knoten Sie einen festen Knoten, schneiden Sie den Elastikfaden ab und tupfen Sie ein Tröpfchen Klebstoff auf den Knoten. Lassen Sie, wenn der Klebstoff getrocknet ist, den Knoten in einen benachbarten Fächer rutschen. Wiederholen Sie dies, um das andere Ende der Fächer zu verbinden (in Grafik 5 mit dem unteren Pfeil markiert).

Grafik 3

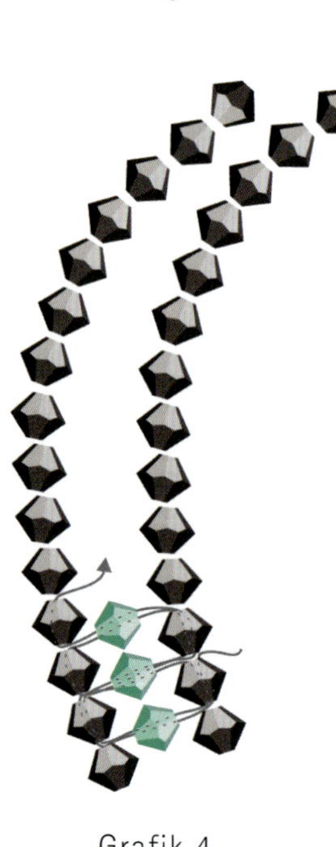

Grafik 4

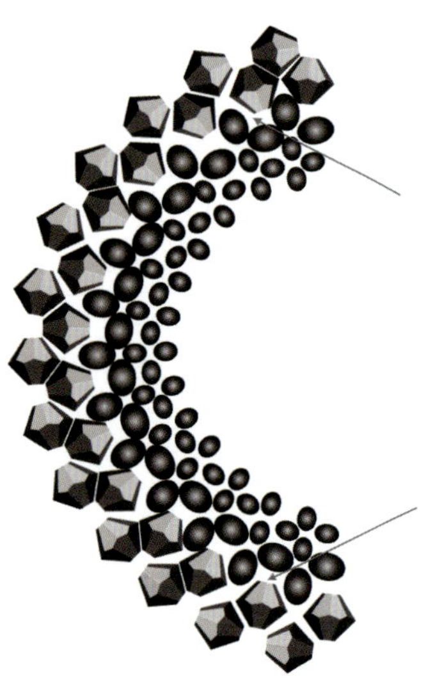

Grafik 5

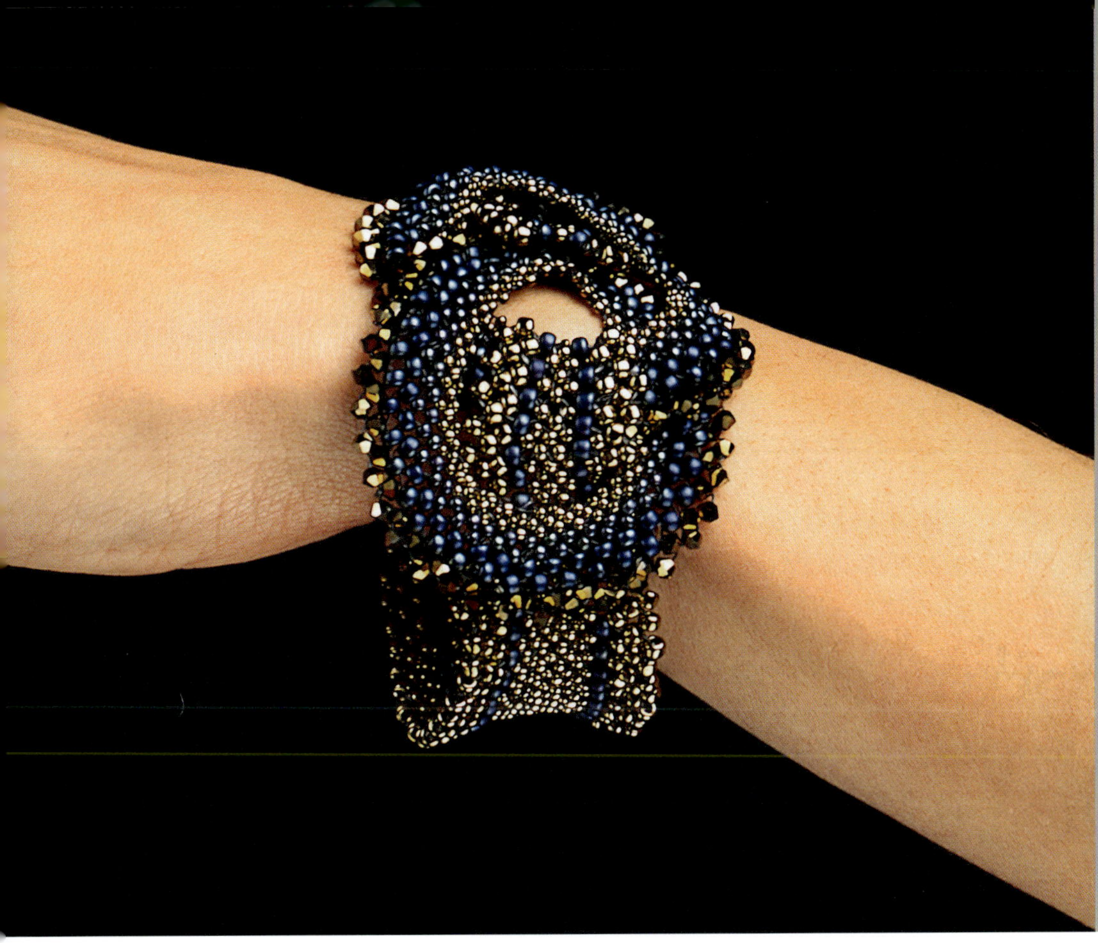

MATERIALIEN

- Grundausstattung (Seite 10)
- FireLine, 6 lb, Smoke
- 15/0 Saatperlen, Bronze metallic, 1 g
- 11/0 Saatperlen:
  Blue matte metallic blue, 1,5 g (A)
  Bronze metallic bronze, 3 g (D)
- 8/0 Saatperlen:
  Blue matte metallic, 5 g (B)
  Bronze metallic, 8 g (C)
- 152 St. Doppelkegel, 3 mm, Dorado
- 2 Stück Druckknöpfe, 6 mm, Schwarz

ENTWINED CIRCLES

Sich überlappende Kreise ruhen graziös auf dem Handgelenk, dienen dabei als Basis für einen versteckten Verschluss und ergeben so ein nahtloses Armband.

▶ 1. Kreise

Reihe 1: Verwenden Sie doppelten Faden und 15/0 Perlen und arbeiten Sie einen 37 Einheiten langen Streifen im RAW-Stich. Wenn Sie Schwierigkeiten haben, durch die 15/0 Perlen zu fädeln, verwenden Sie eine Nadel der Stärke 13.

Reihe 2: Verwenden Sie A Perlen und arbeiten Sie eine Reihe im RAW-Stich.

Reihe 3: Verwenden Sie B Perlen und arbeiten Sie eine Reihe im RAW-Stich.

Reihe 4: Verwenden Sie die Doppelkegel und arbeiten Sie eine Reihe im RAW-Stich (Grafik 1).

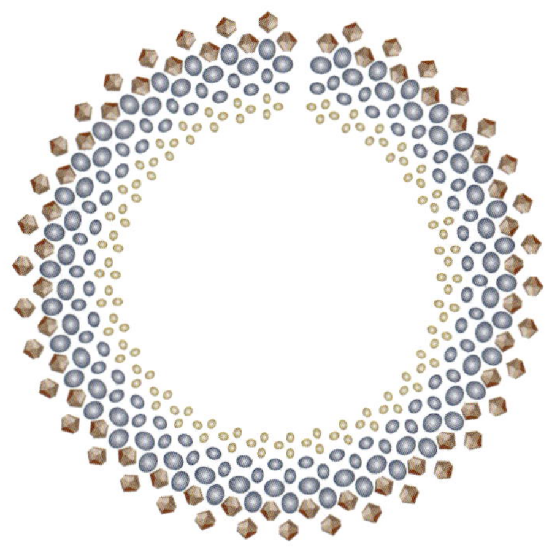

Grafik 1

Weiter auf der nächsten Seite.

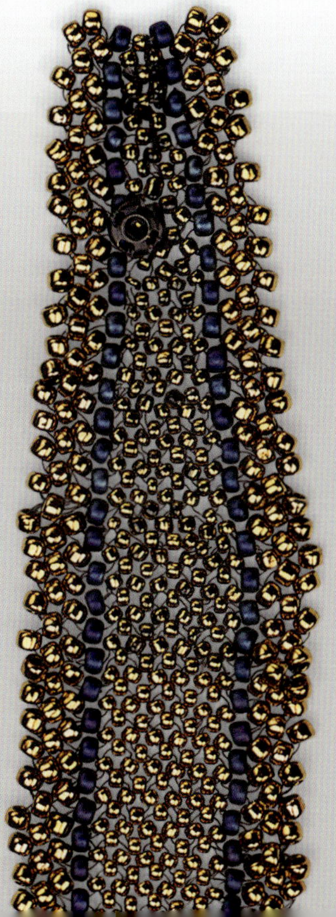

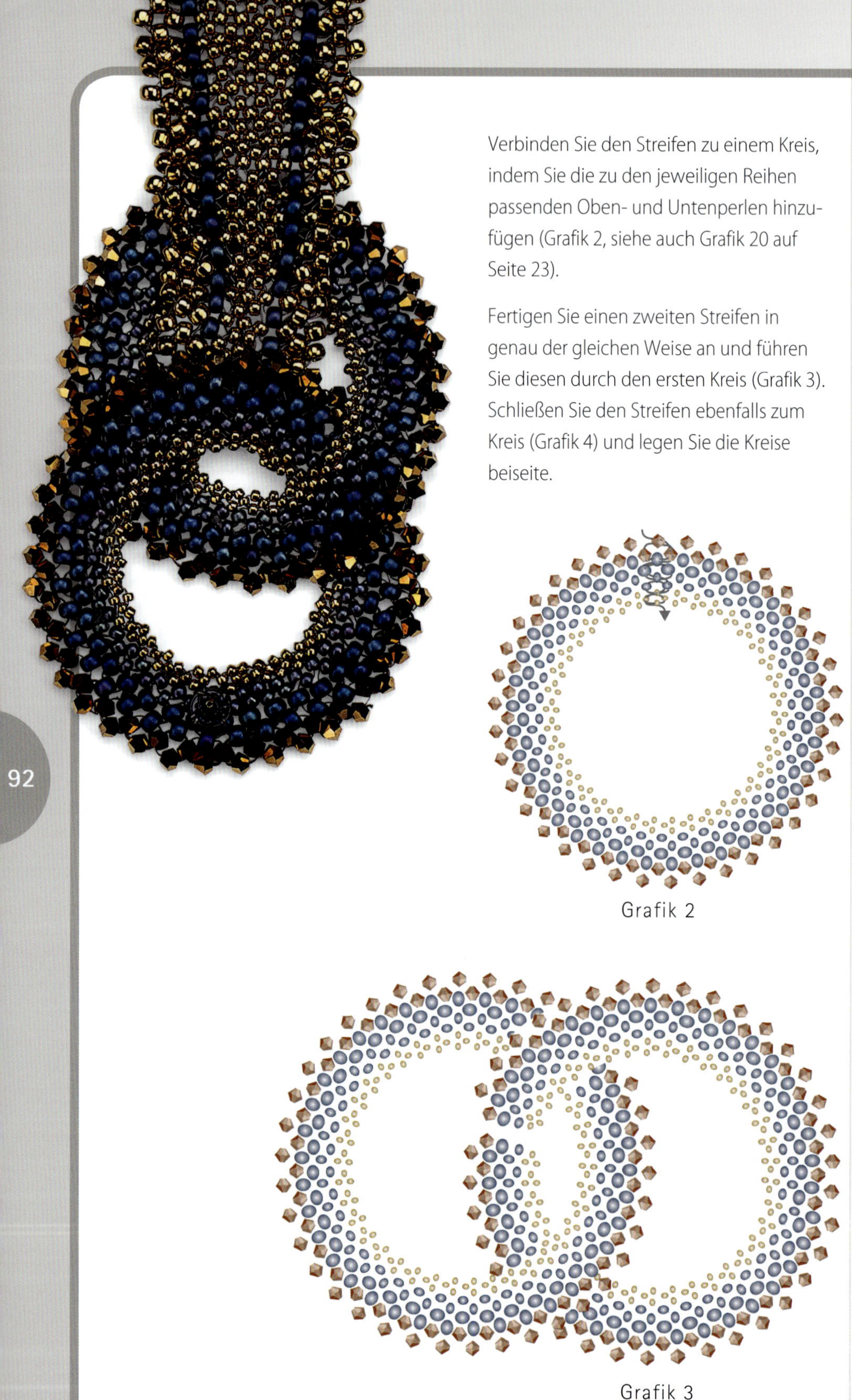

Verbinden Sie den Streifen zu einem Kreis, indem Sie die zu den jeweiligen Reihen passenden Oben- und Untenperlen hinzufügen (Grafik 2, siehe auch Grafik 20 auf Seite 23).

Fertigen Sie einen zweiten Streifen in genau der gleichen Weise an und führen Sie diesen durch den ersten Kreis (Grafik 3). Schließen Sie den Streifen ebenfalls zum Kreis (Grafik 4) und legen Sie die Kreise beiseite.

Grafik 2

Grafik 3

▶ 2. Basis

Beginnen Sie mit einem 5 Einheiten breiten Streifen im RAW-Stich und verwenden Sie für die Einheiten folgende Perlen:

Einheit 1: Verwenden Sie C Perlen.

Einheit 2: Verwenden Sie B Perlen als Oben- und Untenperlen und je 1x D Perle für die Seiten.

Einheit 3: Verwenden Sie D Perlen.

Einheit 4: Verwenden Sie B Perlen als Oben- und Untenperlen und je 1x C Perle für die Seite.

Einheit 5: Verwenden Sie C Perlen.

Arbeiten Sie nach diesem Muster weiter und erweitern Sie es mit je 1x D Perle in der Mitte jeder vierten Reihe, bis Sie vier Zunahmen gearbeitet und in der Mitte 5 mittlere D-Einheiten und insgesamt 9 Einheiten haben (Grafik 5, siehe auch Grafik 22 auf Seite 24). Vernähen Sie den Faden und schneiden Sie ihn ab.

Wiederholen Sie dies und fertigen Sie einen zweiten, identischen Streifen an. Arbeiten Sie diesen jedoch so lang, dass er ca. 1,5 cm kürzer als der Umfang Ihres Handgelenks ist. Verbinden Sie die 9 Endeinheiten der beiden Streifen miteinander, um einen langen Streifen zu erhalten (siehe Grafik 20 auf Seite 23). Vernähen Sie den Faden und schneiden Sie ihn ab.

▶ 3. Verschluss

Legen Sie ein Ende des Streifens über den linken Kreis und nähen Sie ihn unter den rechten Kreis, sodass seine Kante die innere Kante des rechten Kreises berührt. Nähen Sie den Streifen an die Innen- und Außenkante des rechten Kreises. Vernähen Sie den Faden und schneiden Sie ihn ab. Beginnen Sie an der Stelle, an der der Streifen den linken Kreis durchstößt und nähen Sie ihn an die Innen- und Außenkante des Kreises. Vernähen Sie den Faden und schneiden Sie ihn ab.

Achten Sie darauf, dass sich der Streifen nicht verdreht, und legen Sie das andere Ende über den rechten und unter den linken Kreis, sodass seine Kante die innere Kante des linken Kreises berührt. Markieren Sie die Berührungspunkte des Streifens mit dem Kreis. Nähen Sie die erste Hälfte des Verschlusses auf die Rückseite des linken Kreises und die andere Hälfte auf die Oberseite am Ende des Streifens. Nähen Sie den zweiten Verschluss so an, dass er die Oberseite des rechten Kreises mit der Rückseite des Streifens verbindet (Grafik 6).
Hinweis: Die in der Grafik gezeigten Verschlüsse sollen nur zeigen, an welcher Stelle diese angenäht werden. Die Verschlüsse werden sich zwischen dem Streifen und den Kreisen befinden und unsichtbar sein.

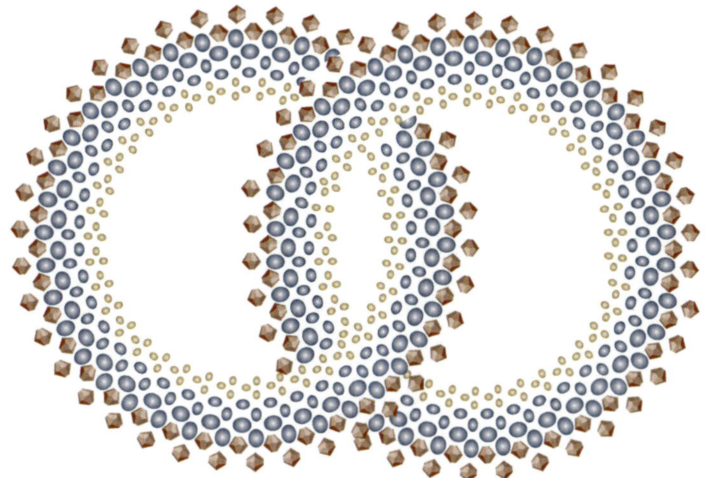

Grafik 4

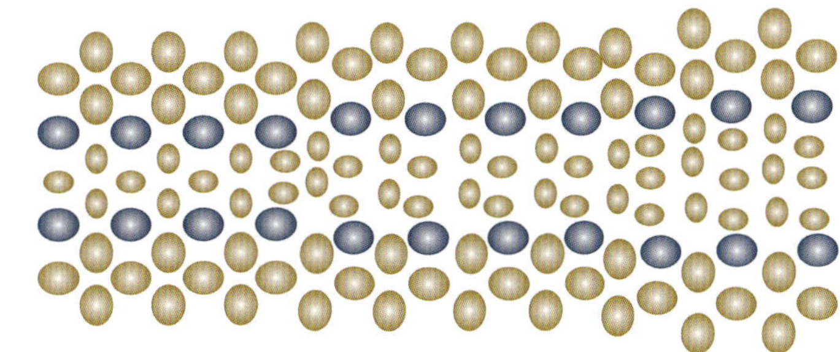

Grafik 5

Grafik 6

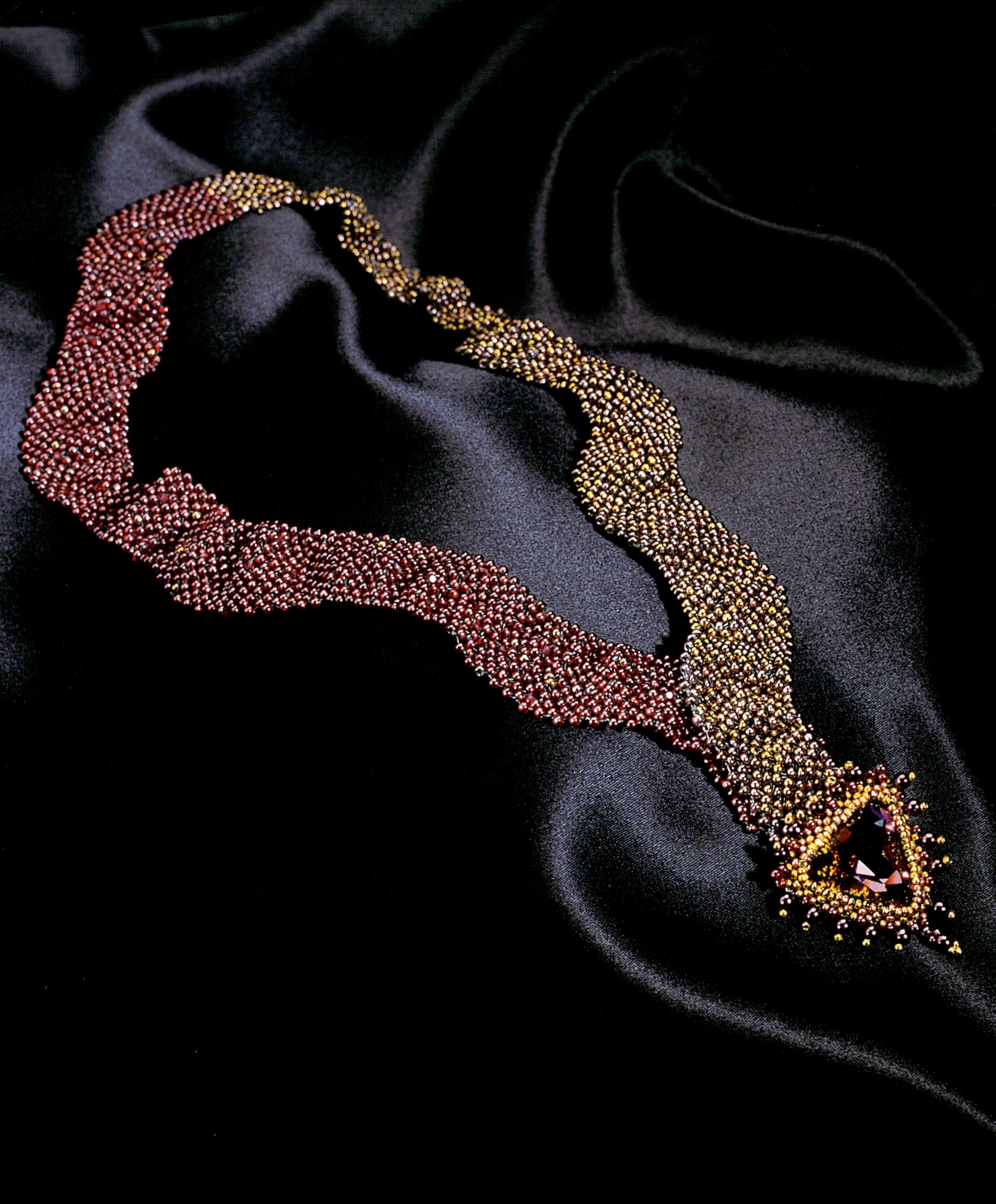

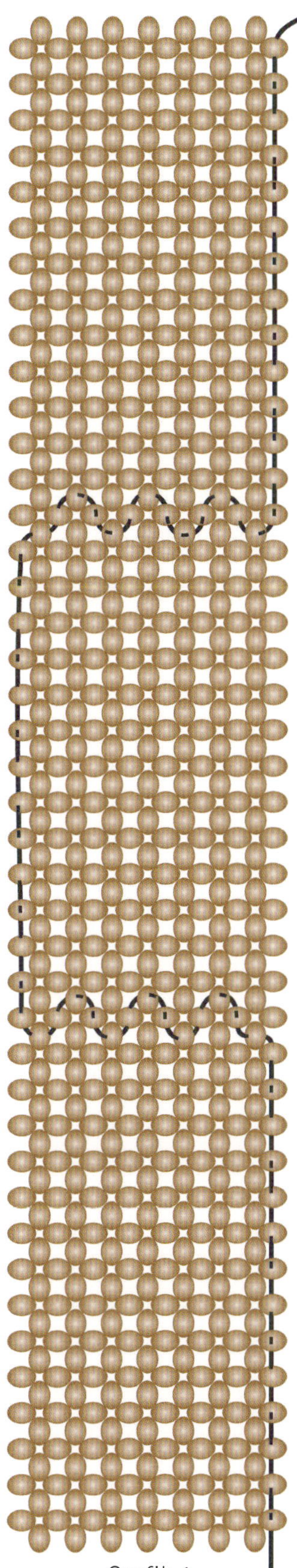

Grafik 1

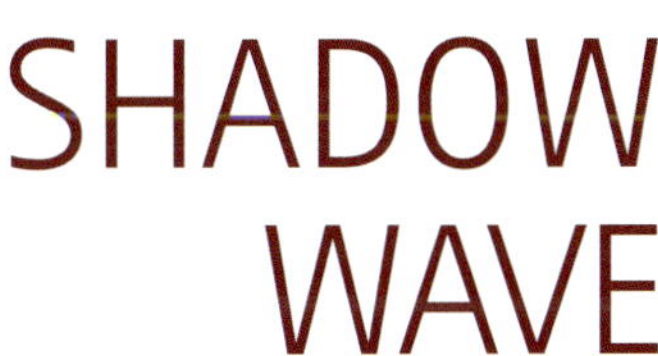

SHADOW WAVE

Geschmeidige Wellen aus Perlengewebe nehmen die Farben des Anhängers auf; eines verzierten Rivoli.

▶ 1. Streifen

Verwenden Sie A Perlen und arbeiten Sie einen 7 Einheiten breiten und 114 Reihen langen Streifen im RAW-Stich. Wechseln Sie zu B Perlen, mischen Sie gelegentlich eine A Perle darunter, und arbeiten Sie weitere 114 Reihen, um eine ca. 55 cm lange Halskette zu erhalten.

Fädeln Sie durch die 14 Randperlen an einem Ende des Streifens, ohne weitere Perlen hinzuzufügen. Ziehen Sie am Faden und formen Sie somit die Perlen zu einer Kurve. Fädeln Sie durch die Perlen und kommen Sie auf der anderen Seite des Streifens mit der Nadel aus der 15. Randperle heraus. Fädeln Sie durch 14 Randperlen, ziehen Sie am Faden, formen Sie so eine Kurve und fädeln Sie zur anderen Seite des Streifens vor. Fahren Sie damit fort, die Perlenarbeit zu kräuseln, bis alle Randperlen bearbeitet wurden (Grafik 1).

Weiter auf der nächsten Seite.

MATERIALIEN

- Grundausstattung (Seite 10)
- 11/0 Saatperlen:
  - Gold metallic iris, 17 g (A)
  - Cranberry, 17 g (B)
- 15/0 Saatperlen, Mix aus Gold und Copper metallic, 1 g (C)
- 1 St. dreieckiger Rivoli, 23 mm, Volcano
- 16 St. Süßwasserperlen, 3 mm, Dark Maroon
- 2 St. Druckknöpfe, 6 mm, Schwarz

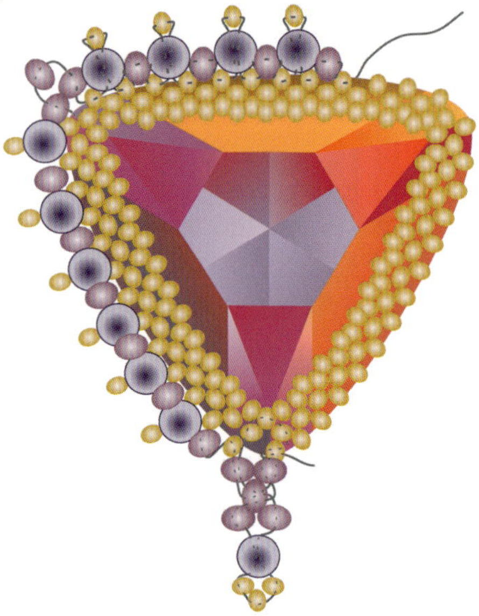

Grafik 2

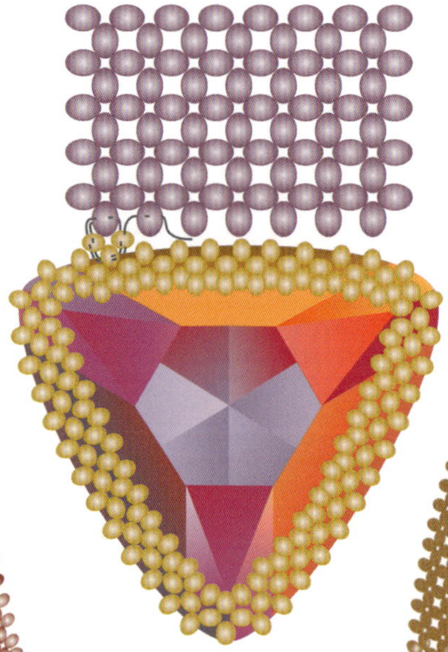

Grafik 3

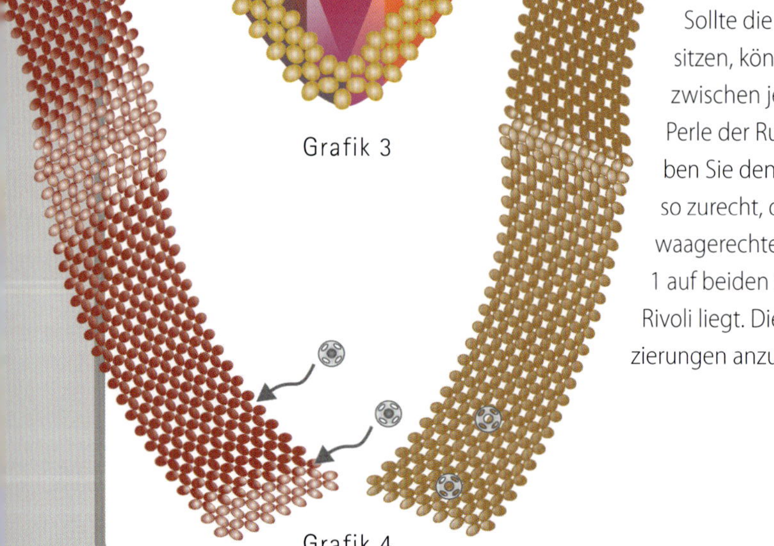

Grafik 4

▶ 2. Einfassung

Verwenden Sie C Perlen und arbeiten Sie einen so langen Streifen im RAW-Stich, dass dieser um den Rand des Rivoli passt. Fädeln Sie eine ungerade Anzahl von Einheiten, sodass Sie nach dem Verbinden eine gerade Anzahl von Lücken erhalten. Prüfen Sie die Größe. Der Streifen sollte nur mit einer kleinen Lücke um den Rand des Rivoli passen. Arbeiten Sie den Streifen vier Reihen breit und verbinden Sie die kurzen Enden miteinander (siehe auch Grafik 20 auf Seite 23).

Kommen Sie mit der Nadel aus einer Randperle heraus und fädeln Sie durch die Randperlen der letzten Runde, ohne weitere Perlen hinzuzufügen. Dies formt den Ring zu einer tassenförmigen Einfassung. Halten Sie die Einfassung mit der offenen Seite nach oben und legen Sie den Rivoli mit dem Gesicht nach oben ein.

Fädeln Sie so durch die Perlen, dass Sie mit der Nadel aus einer Randperle auf der anderen Seite der Einfassung herauskommen. Fädeln Sie auch hier durch jede Randperle. Sollte die Einfassung zu stramm sitzen, können Sie je 1x C Perle zwischen jeder oder jeder zweiten Perle der Runde hinzufügen. Schieben Sie den Rivoli in der Einfassung so zurecht, dass eine Perle mit einem waagerechten Fädelloch der Runde 1 auf beiden Seiten an jeder Ecke des Rivoli liegt. Dies erlaubt Ihnen, die Verzierungen anzubringen.

▶ 3. Verzierung der Einfassung

Fädeln Sie so durch die Perlen, dass Sie mit der Nadel aus einer Perle mit waagerechtem Fädelloch der Runde 2 an einer Ecke herauskommen. Nehmen Sie 3x B Perlen auf und fädeln Sie durch die nächste der Perlen mit waagerechtem Fädelloch der Einfassung. Fädeln Sie so durch die Perlen, dass Sie mit der Nadel aus der soeben als zweites hinzugefügten B Perle herauskommen. Nehmen Sie 1x B Perle, 1x Rundperle und 3x C Perlen auf und fädeln Sie zurück durch die Rundperle. Nehmen Sie 1x B Perle auf und fädeln Sie durch die zweite und dritte der ursprünglich in diesem Schritt hinzugefügten Perlen und die nächste Perle mit waagerechtem Fädelloch der Einfassung.

Nehmen Sie 1x B Perle auf und fädeln Sie durch die nächste Perle mit waagerechtem Fädelloch der Einfassung. Nehmen Sie 1x Rund- und 1x C Perle auf und fädeln Sie zurück durch die Rundperle und weiter durch die nächste Perle mit waagerechtem Fädelloch der Einfassung. Setzen Sie dies bis zur zweiten Ecke der Einfassung fort und verzieren Sie diese nur mit 3x B Perle (Grafik 2). Wiederholen Sie dies an der dritten Seite.

▶ 4. Verbindung

Nähen Sie die Oberseite der dreieckigen Einfassung an einem Ende der Halskette an die letzte Reihe. Achten Sie darauf, dass sich die längere Verzierung der Einfassung auf der unteren Dreiecksspitze befindet (Grafik 3; siehe auch Grafik 20 auf Seite 23).

▶ 5. Verschluss

Lassen Sie die beiden Kettenenden überlappen und nähen Sie die Verschlüsse ca. 2,5 cm voneinander entfernt zwischen die Lagen.

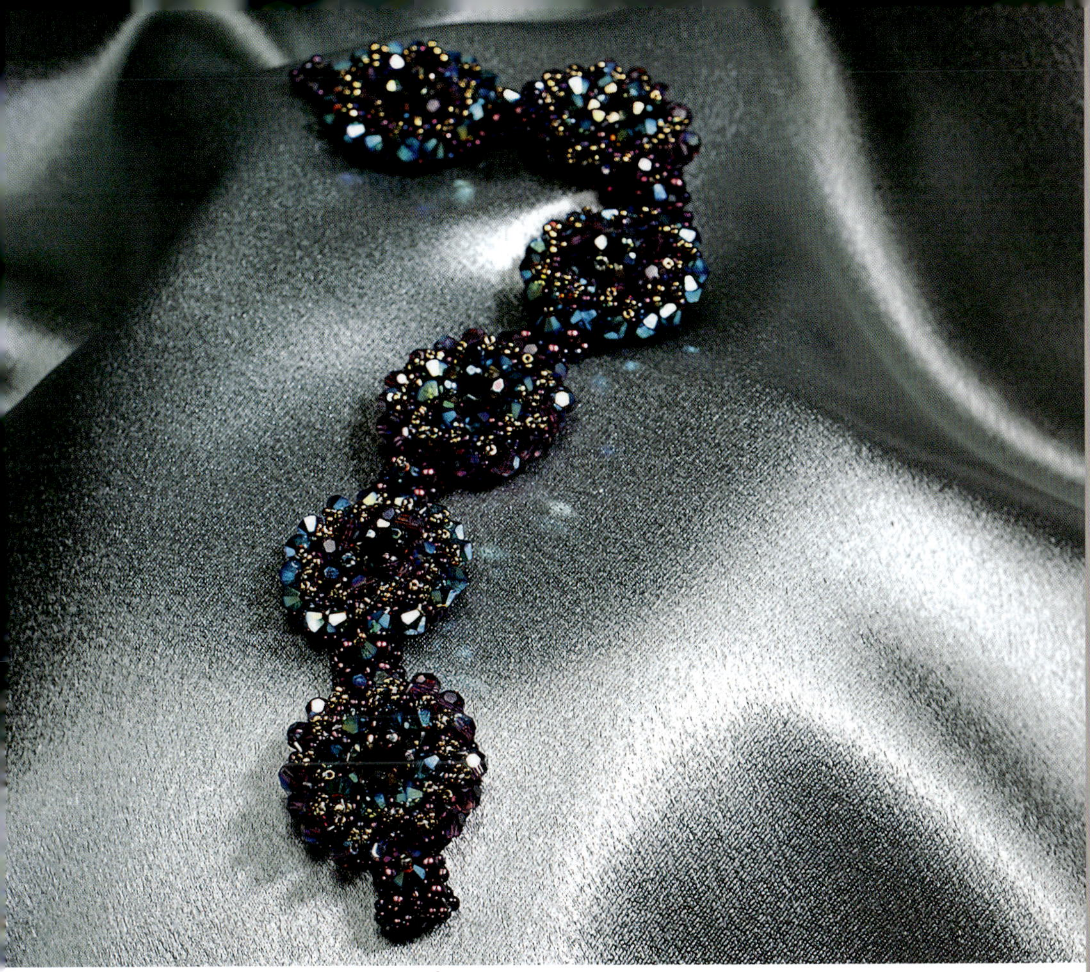

MATERIALIEN

- Grundausstattung (Seite 10)
- FireLine, 6 lb, Smoke
- 11/0 Saatperlen, Purple, 8 g
- 72 St. Kristallperlen, 4 mm, Amethyst AB
- 15/0 Saatperlen, Bronze, 1,5 g
- 78 St. Doppelkegel, 4 mm, Jet 2xAB
- 24 St. Doppelkegel, 3 mm, Dorado
- 24 St. feuerpolierte Glasschliffperlen, 3 mm, Blue iris
- 24 St. Süßwasserperlen, 3 mm, Purple
- 1 St. Druckknopf, 6 mm, Schwarz

TERRACITA

Die runden Medaillons dieses Stücks erinnern an historischen Schmuck. Sie können die Verzierungen variieren, um Myriaden verschiedener Varianten zu erhalten.

Abmessungen

Dieses Armband kann in folgenden Längen gearbeitet werden:

Small: 5 Medaillons (17 cm)

Medium: 5 Medaillons aus den gesamten zwei Runden und 1 Medaillon aus nur einer Runde (19 cm)

Large: 6 Medaillons (20,5 cm)

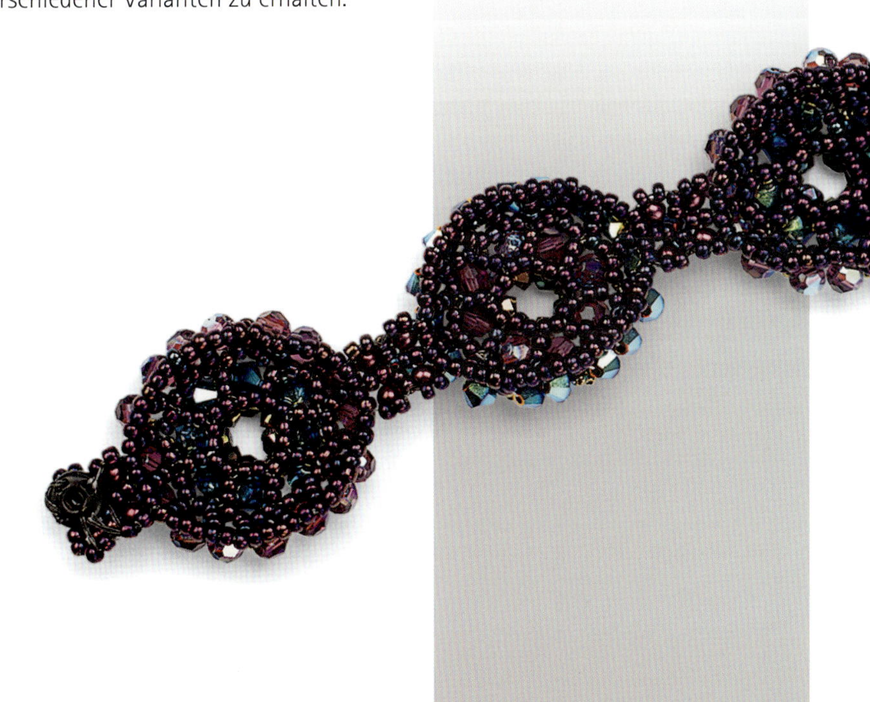

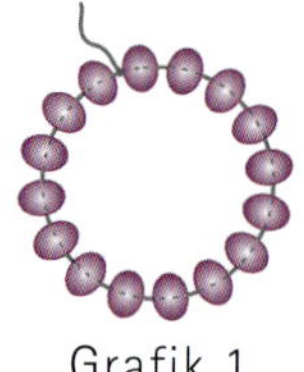
Grafik 1

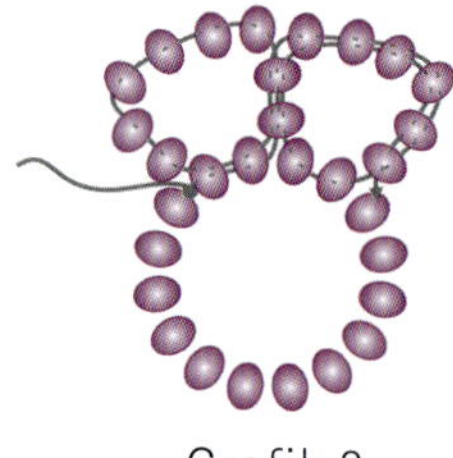
Grafik 2

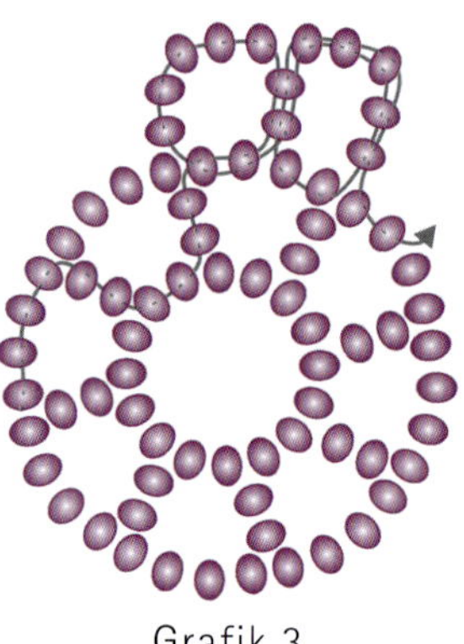
Grafik 3

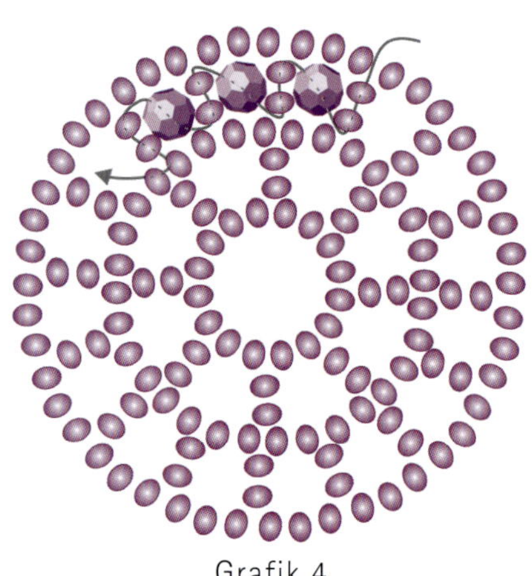
Grafik 4

▶ 1. Medaillon

Basis: Verwenden Sie einfachen Faden, nehmen Sie 16x 11/0 Perlen auf und knoten Sie einen Überhandknoten, um einen Kreis zu formen (Grafik 1). Fädeln Sie durch zwei Perlen auf der rechten Seite des Knotens.

Runde 1: Nehmen Sie 8x 11/0 Perlen auf, fädeln Sie durch die zwei Perlen, aus denen der Faden kommt, und formen Sie somit einen Kreis entgegen dem Uhrzeigersinn. Fädeln Sie durch die beiden zuerst hinzugefügten Perlen (dies sind Ihre Seitenperlen). Nehmen Sie 6x 11/0 Perlen auf, arbeiten Sie einen Kreis im Uhrzeigersinn, fädeln Sie durch die nächsten beiden Perlen der Basis, die zwei gemeinsamen Seitenperlen der ersten Einheit und die vier Oben- und zwei Seitenperlen, welche in dieser Einheit hinzugefügt wurden, vor (Grafik 2). Fahren Sie in dieser Art fort und fügen Sie 5 weitere Einheiten hinzu. Verbinden Sie die siebte und die erste Einheit mit vier Obenperlen und arbeiten Sie so eine achte Einheit.

Runde 2: Verwenden Sie 11/0 Perlen und arbeiten Sie 16 Einheiten im RAW-Stich auf die Runde 1; jede Einheit sollte aus 2 Unten-, 2 Seiten- und 3 Obenperlen bestehen (Grafik 3). Verbinden Sie die erste und letzte Einheit mit 3 Obenperlen. Vernähen Sie den Faden und schneiden Sie ihn ab.

▶ 2. Verzierung des Medaillons

Beginnen Sie mit doppeltem Faden und kommen Sie mit der Nadel aus 2 Seitenperlen der Runde 2, in Richtung zur Medaillonmitte, heraus. Nehmen Sie eine Kristallperle auf und fädeln Sie von oben nach unten in Richtung Medaillonmitte durch die nächsten zwei Seitenperlen. Wiederholen Sie dies, bis Sie insgesamt 16 Kristallperlen hinzugefügt haben (Grafik 4).

Fädeln Sie so durch die Perlen, dass Sie mit der Nadel aus 2 Obenperlen der Runde 1

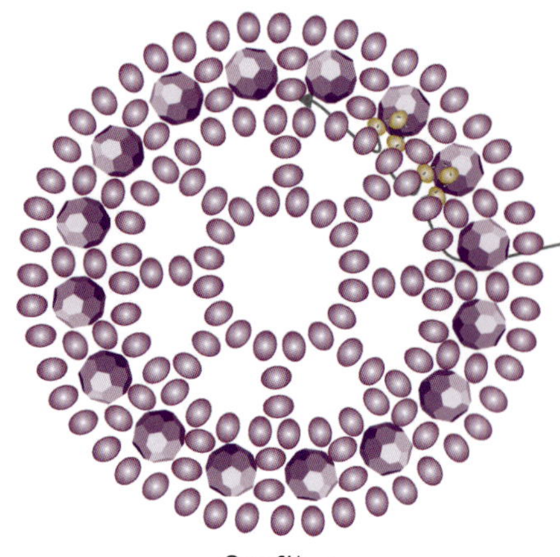
Grafik 5

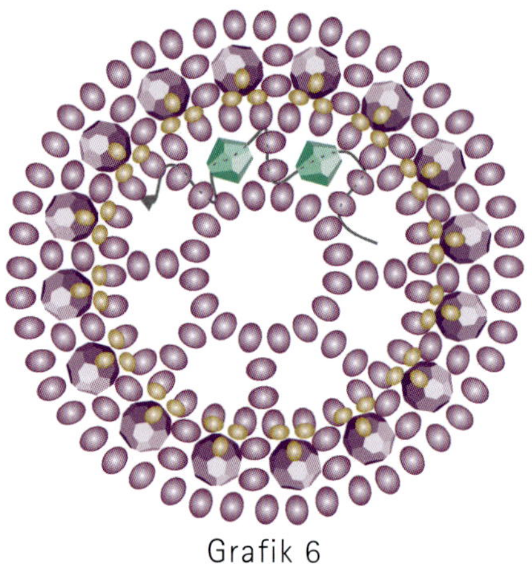
Grafik 6

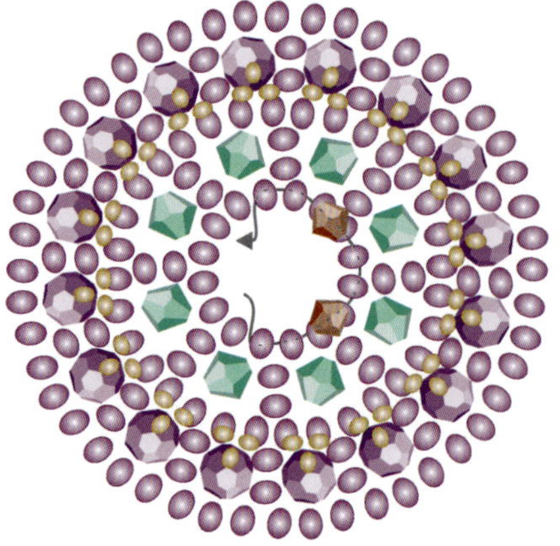
Grafik 7

herauskommen. Nehmen Sie 3x 15/0 Perlen auf und fädeln Sie durch die nächsten zwei 11/0 Perlen der Runde 1, um einen Picot zu erhalten. Wiederholen Sie dies und fügen Sie insgesamt 16 Picots hinzu (Grafik 5).

Fädeln Sie so durch die Perlen, dass Sie mit der Nadel aus 2 Seitenperlen der Runde 1 in Richtung des Rands des Medaillons herauskommen. Nehmen Sie einen Doppelkegel 4 mm auf und fädeln Sie von innen nach außen durch die nächste Gruppe Seitenperlen. Wiederholen Sie dies und fügen Sie insgesamt 8 Doppelkegel hinzu (Grafik 6).

Fädeln Sie so durch die Perlen, dass Sie mit der Nadel aus zwei Perlen der Basis herauskommen. Fädeln Sie durch die nächsten zwei Perlen vor (Grafik 7). Nehmen Sie einen Doppelkegel 3 mm auf, überspringen Sie zwei Perlen der Basis und fädeln Sie durch die nächsten beiden Perlen der Basis. Wiederholen Sie dies, bis Sie 4 Doppelkegel hinzugefügt haben.

Nehmen Sie 1x feuerpolierte Glasschliffperle 3 mm auf und fädeln Sie durch den nächsten Doppelkegel 3 mm, den Sie der Basis hinzugefügt haben. Wiederholen Sie dies und fügen Sie insgesamt 4 feuerpolierte Glasschliffperlen hinzu (Grafik 8). Fädeln Sie nochmals durch alle Doppelkegel und feuerpolierten Glasschliffperlen, um den Fadenlauf zu verstärken.

▶ 3. Formung

Fädeln Sie so durch die Perlen, dass Sie mit der Nadel aus der Perle der Außenkante der Runde 2 herauskommen. Fädeln Sie durch alle 11/0 Randperlen und ziehen Sie das Medaillon in eine Tassenform. Vernähen Sie den Faden in der Basis des Medaillons (nicht in den Randperlen) und schneiden Sie ihn ab.

Wiederholen Sie die Schritte 1 bis 3, bis Sie die für Ihre Größe benötigte Anzahl angefertigt haben (siehe Abmessungen auf Seite 97). Wiederholen Sie das Muster der Verzierungen für insgesamt 3 Medaillons noch zwei weitere Male. Tauschen Sie für die anderen Medaillons die beiden Verzierungsrunden miteinander aus, bei denen Kristallperlen 4 mm und Doppelkegel 4 mm verwendet wurden.

▶ 4. Verbindung

Legen Sie die Medaillons in der richtigen Reihenfolge auf Ihrer Arbeitsunterlage ab, beginnen Sie mit einem neuen Faden am ersten Medaillon und kommen Sie mit der Nadel aus 2 Randperlen an der Seite von zwei Seitenperlen heraus. (Vielleicht ist es einfacher, von der Unterseite her auf das Medaillon zu schauen.) Nehmen Sie 6x 11/0 Perlen auf, arbeiten Sie einen Kreis im Uhrzeigersinn und fädeln Sie durch die beiden Perlen, aus denen die Nadel kommt, und die beiden soeben zuerst hinzugefügten Perlen. Nehmen Sie 4x 11/0 Perlen auf, arbeiten Sie einen Kreis gegen den Uhrzeigersinn und fädeln Sie durch die nächsten beiden Randperlen des Medaillons, die beiden Seitenperlen der ersten Einheit und die beiden Obenperlen der soeben hinzugefügten Einheit. Nehmen Sie 2x 11/0 Perlen auf und fädeln Sie durch die beiden Randperlen des zweiten Medaillons; stellen Sie dabei sicher, dass sich diese neben einer Gruppe aus Seitenperlen befinden. Nehmen Sie 2x 11/0 Perlen auf und fädeln Sie durch die beiden Obenperlen der zweiten Einheit, die beiden Seitenperlen der Einheit 3, die beiden Randperlen des zweiten Medaillons, die beiden soeben hinzugefügten Seitenperlen und die beiden Obenperlen der ersten Einheit. Nehmen Sie 2x 11/0 Perlen auf und fädeln Sie durch die nächsten beiden Randperlen des zweiten Medaillons (Grafik 9).

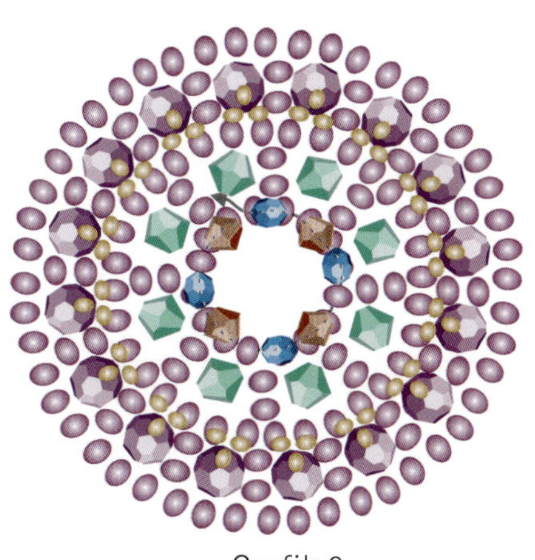

Grafik 8

Weiter auf der nächsten Seite.

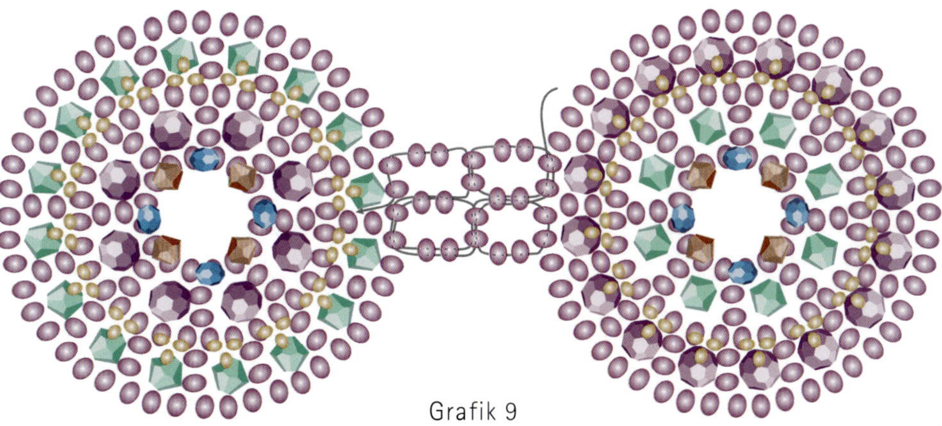

Grafik 9

5. Verzierung der Verbindung

Verwenden Sie Rundperlen 3 mm und verzieren Sie die Verbindung diagonal über den soeben hinzugefügten Einheiten. Fädeln Sie so durch die Perlen, dass Sie mit der Nadel aus der Mitte der vier Einheiten herauskommen. Nehmen Sie 1x Doppelkegel 4 mm und 1x 15/0 Perle auf und fädeln Sie zurück durch den Doppelkegel in die Perlenarbeit, um eine Franse zu erhalten.

Fädeln Sie durch die Perlen zur anderen Seite des zweiten Medaillons und verbinden Sie dieses mit dem dritten Medaillon. Wiederholen Sie dies und verbinden Sie alle Medaillons (Grafik 10).

6. Verschluss

Arbeiten Sie auf der anderen Seite des ersten Medaillons vier Einheiten im RAW-Stich, wie Sie es in Schritt 4 gemacht haben, fügen Sie jedoch je 2 Obenperlen hinzu, um die dritte und vierte Einheit zu vervollständigen. Verzieren Sie diese wie in Schritt 5 und nähen Sie die erste Hälfte des Verschlusses sorgfältig auf die Unterseite der Einheiten. Vernähen Sie den Faden und schneiden Sie ihn ab.

Kommen Sie am anderen Ende des Armbands mit der Nadel aus zwei Obenperlen heraus, die sich gegenüber der Verbindung der letzten beiden Medaillons befinden. Nehmen Sie 1x 11/0 Perle auf, überspringen Sie eine Randperle und fädeln Sie durch die nächste Randperle. Nehmen Sie 1x 11/0 Perle auf, überspringen Sie eine Randperle und fädeln Sie durch die nächste Perle. Nehmen Sie 1x 11/0 Perle auf und fädeln Sie zurück durch die zuvor hinzugefügte 11/0 Perle. Nehmen Sie 1x 11/0 Perle auf und fädeln Sie zurück durch die zuerst hinzugefügte 11/0 Perle. Arbeiten Sie insgesamt 6 Reihen im Peyote-Stich. Nähen Sie die zweite Verschlusshälfte sorgfältig auf die Oberseite des Peyote-Streifens (Grafik 11). Vernähen Sie den Faden und schneiden Sie ihn ab.

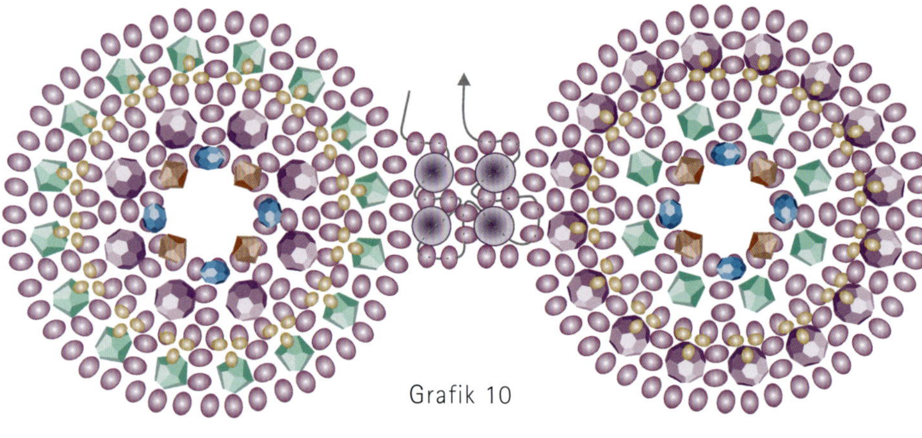

Grafik 10

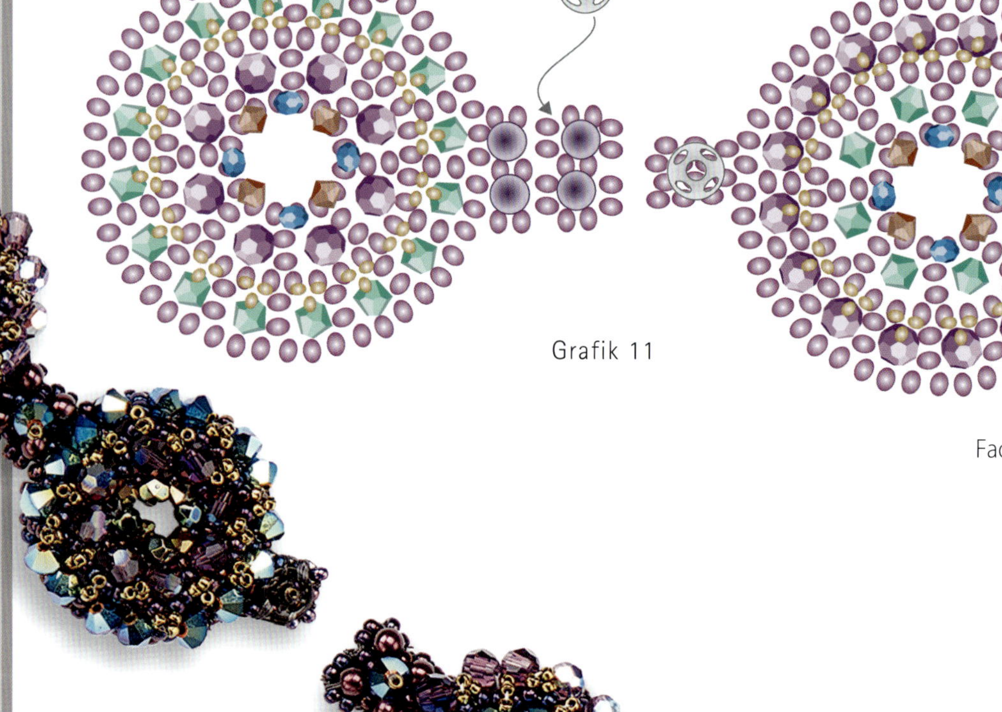

Grafik 11

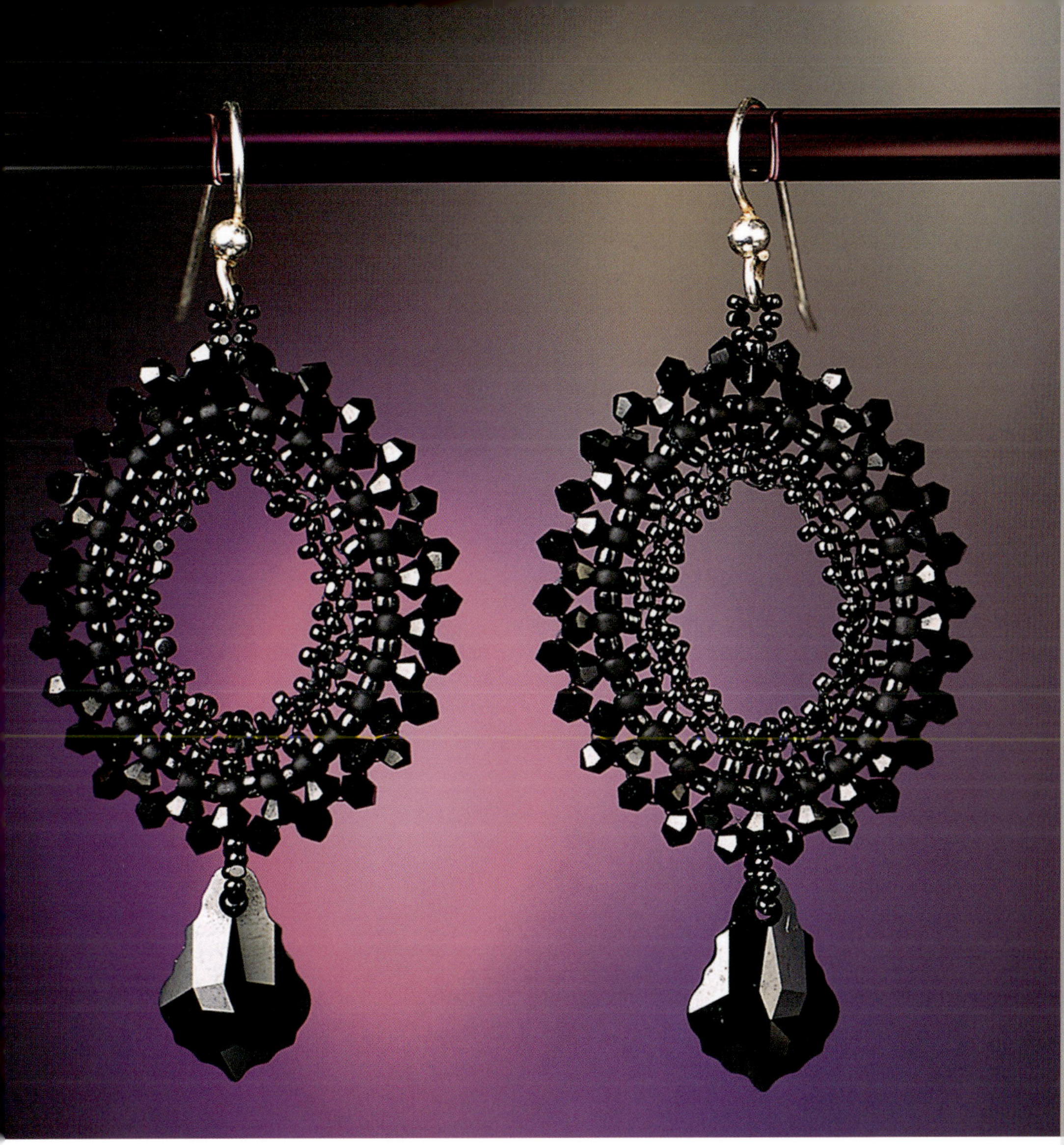

MATERIALIEN

- Grundausstattung (Seite 10)
- FireLine, 6 lb, Smoke
- 15/0 Saatperlen, Black, 1,5 g (A)
- 11/0 Saatperlen:
  - Black, 1,5 g (B)
  - Black matte, < 0,5 g (C)
- 104 St. Doppelkegel, 3 mm, Black
- 2 St. barocke Tropfenperlen, 11 x 16 mm, Black
- Flachzange
- 1 Paar Ohrhaken, Sterlingsilber

WHITBY

Obwohl diese eleganten Ohrhänger aus einem kunstvollen Oval bestehen, erfordert das Projekt keine fortgeschrittenen Perlentechniken. Die Biegung des Ovals entsteht nur durch das Verkleinern der Perlengrößen jeder Reihe.

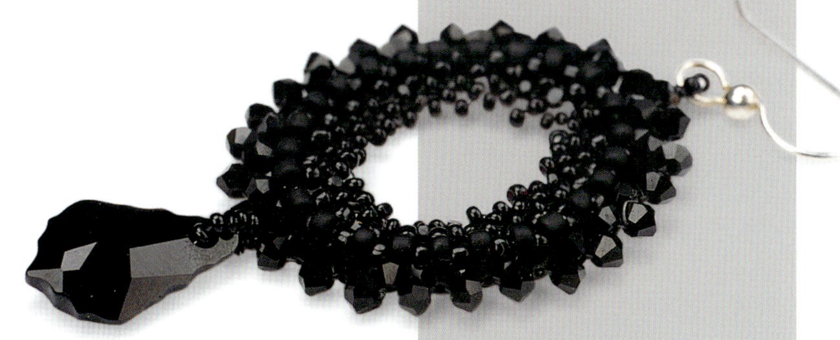

▶ 1. Kreise

Reihe 1: Verwenden Sie doppelten Faden und A Perlen und arbeiten Sie einen 25 Einheiten langen Streifen im RAW-Stich. Wenn Sie Schwierigkeiten haben, durch die 15/0 Perlen zu fädeln, wechseln Sie auf eine Nadel der Stärke 13.

Reihe 2: Verwenden Sie B Perlen und arbeiten Sie eine Reihe im RAW-Stich.

Reihe 3: Verwenden Sie Doppelkegel und arbeiten Sie eine Reihe im RAW-Stich (Grafik 1).

Verbinden Sie den Streifen zu einem flachen Kreis, indem Sie 1x Doppelkegel als Obenperle und 1x B Perle als Untenperle verwenden und so die Endeinheiten dieser Reihe verbinden (siehe Grafik 20 auf Seite 23). Fädeln Sie so durch die Perlen, dass Sie mit der Nadel aus einer Seitenperle am Ende der Reihe 2 herauskommen. Fädeln Sie durch die Seitenperle am Anfang der Reihe 2. Dies trägt dazu bei, am oberen Ende des Ohrhängers eher ein Oval als einen Kreis zu formen, da Sie nicht wie gewohnt die Oben- und Untenperlen hinzufügen. Wiederholen Sie dies und verbinden Sie die Anfangs- und Endperlen der Reihe 1 (Grafik 2).

REIHE
3
2
1

Grafik 1

▶ 2. Perlenöse

Fädeln Sie durch die benachbarten Perlen und kommen Sie mit der Nadel aus dem senkrecht stehenden Doppelkegel an einer Seite der Verbindung heraus. Nehmen Sie 7x A Perlen auf und fädeln Sie zurück durch den Doppelkegel.

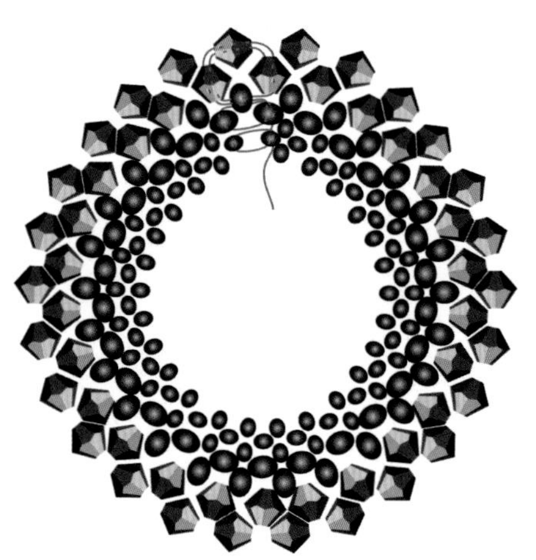

Grafik 2

▶ 3. Anhänger

Fädeln Sie so durch die Perlen, dass Sie mit der Nadel aus dem senkrecht stehenden Doppelkegel, welcher sich genau gegenüber der Perlenöse befindet, herauskommen. Nehmen Sie 3x A Perlen, 1x Tropfen und 3x A Perlen auf und fädeln Sie durch den senkrecht stehenden Doppelkegel, aus dem der Faden kommt, zurück (Grafik 3). Verwenden Sie Flachzangen und hängen Sie den Ohrhaken in die Perlenöse.

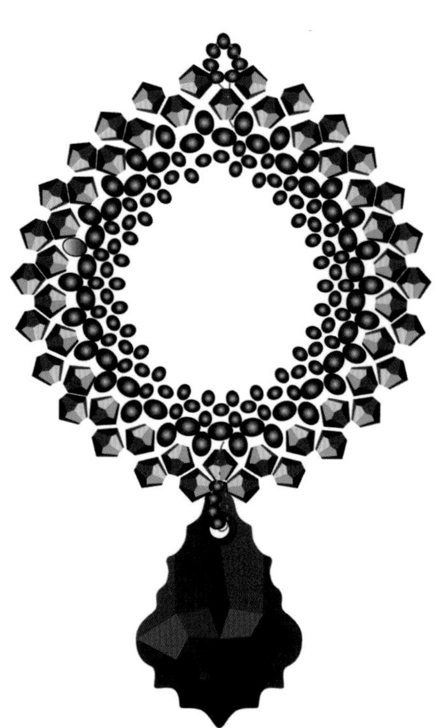

Grafik 3

▶ 4. Verzierung

Fädeln Sie so durch die Perlen, dass Sie mit der Nadel aus einer waagerechten B Perle der Reihe 2 herauskommen. Nehmen Sie 1x C Perle auf und fädeln Sie durch die nächste waagerechte B Perle der Reihe 2. Wiederholen Sie dies das Oval entlang und fügen Sie so insgesamt 26 C Perlen hinzu. Drehen Sie den Ohrhänger um und verzieren Sie auch die andere Seite (Grafik 4; siehe auch Grafik 21 auf Seite 24).

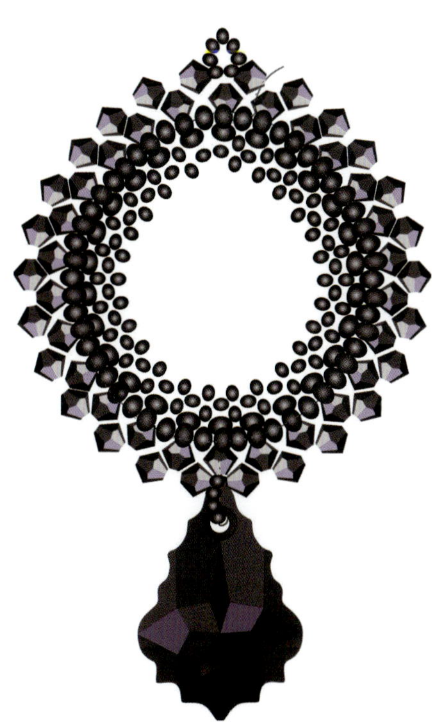

Grafik 4

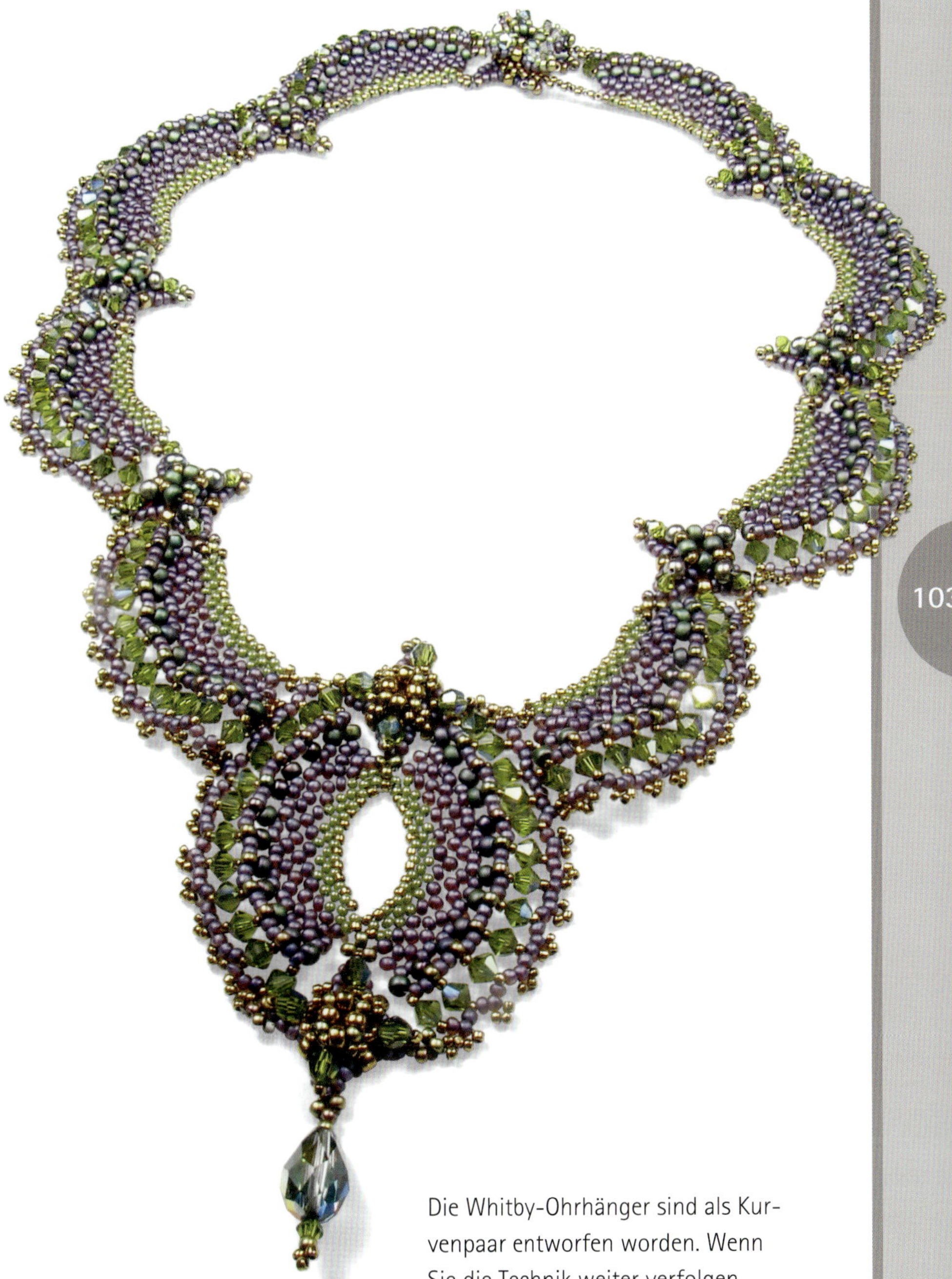

Die Whitby-Ohrhänger sind als Kurvenpaar entworfen worden. Wenn Sie die Technik weiter verfolgen, können Sie etwas so Dramatisches wie die Halskette Victoria anfertigen.

KAPITEL ACHT

SCHICHTEN

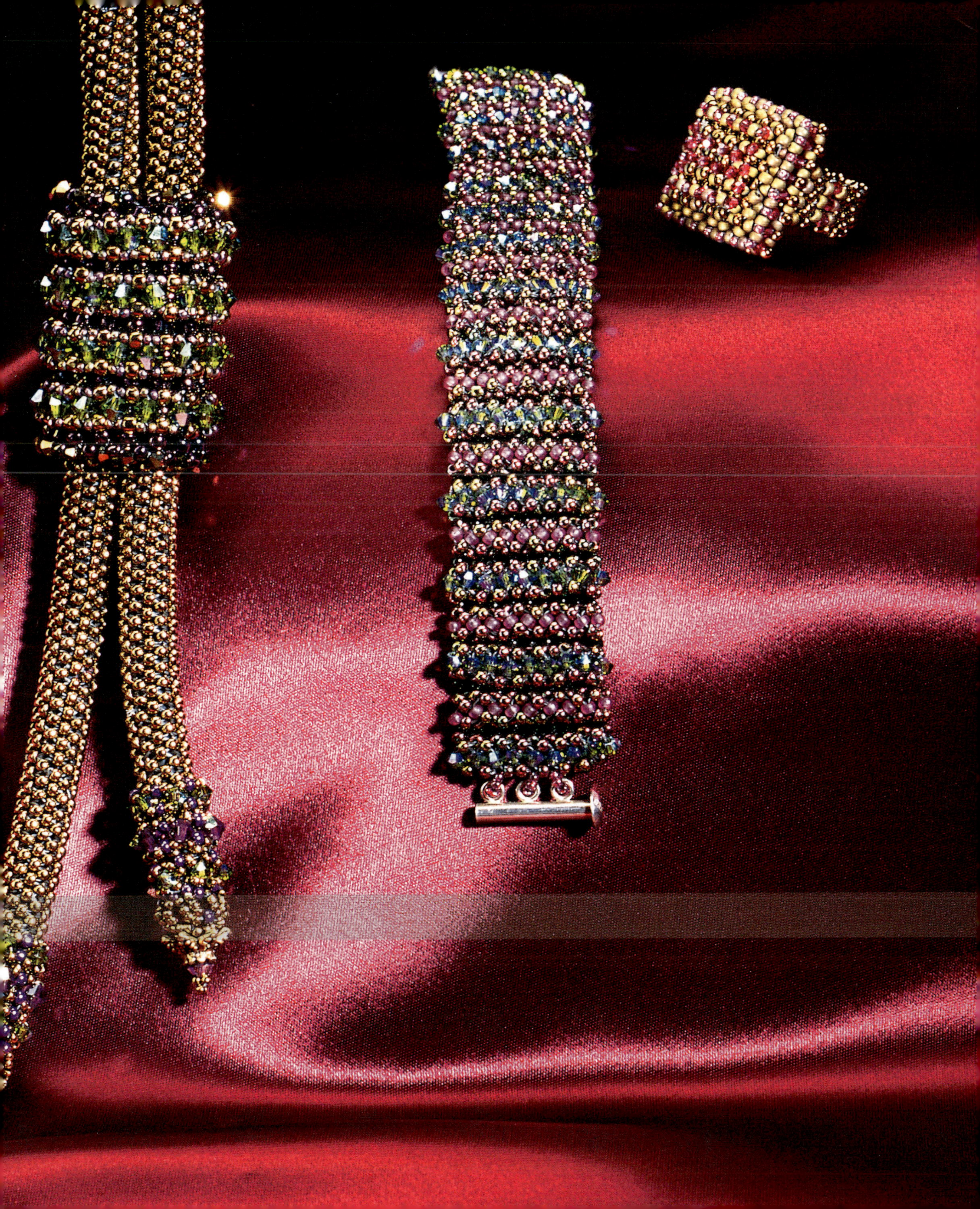

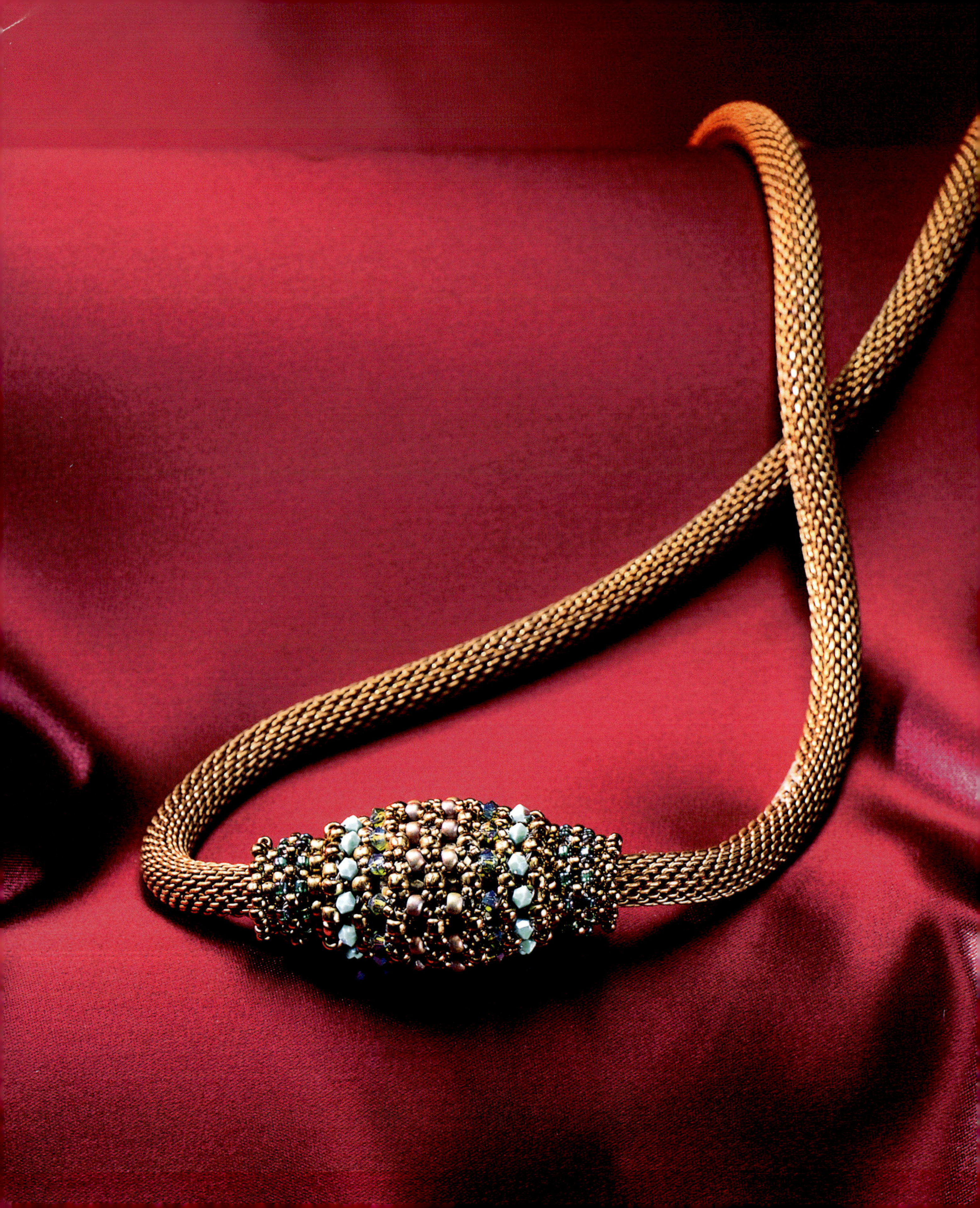

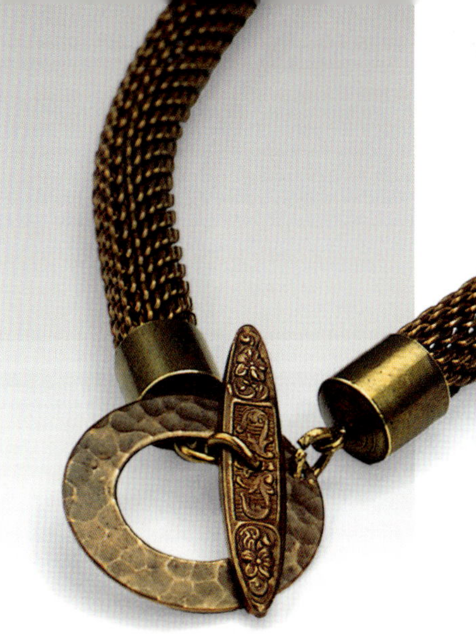

AMPHORA

Arbeiten Sie eine röhrenförmige Basis im Right-Angle-Weave und durch den Wechsel der Perlengrößen in jeder Runde erhalten Sie die üppige Form des Schmuckstücks.

▶ 1. Basis

Arbeiten Sie eine Röhre im RAW-Stich aus folgenden, in Grafik 1 dargestellten, Perlensorten. ***Hinweis:*** Um die Perle symmetrisch zu gestalten, haben die Runden 8 und 10 unterschiedliche Seiten- und Obenperlen (Grafik 1).

Basisrunde 1: Verwenden Sie A Perlen und arbeiten Sie einen 11 Einheiten breiten Streifen im RAW-Stich. Verbinden Sie die erste und die letzte Einheit, um einen 12 Einheiten umfäng-lichen Ring zu erhalten (siehe Grafik 17 und 18 auf Seite 22).

Basisrunde 2: Verwenden Sie A Perlen und arbeiten Sie im röhrenförmigen RAW-Stich.

Basisrunde 3 und 4: Wiederholen Sie Runde 2 und verwenden Sie G Perlen.

Basisrunden 5 bis 7: Wiederholen Sie Runde 2 und verwenden Sie C Perlen.

Basisrunde 8: Wiederholen Sie Runde 2 und verwenden Sie C Perle für die Seiten- und G Perlen als Obenperlen.

Basisrunde 9: Wiederholen Sie Runde 2 und verwenden Sie G Perlen.

Basisrunde 10: Wiederholen Sie Runde 2 und verwenden Sie G Perle für die Seiten- und A Perlen als Obenperlen.

Basisrunde 11 und 12: Wiederholen Sie Runde 2 und verwenden Sie A Perlen. Kommen Sie am Ende mit der Nadel aus einer waagerechten A Perle heraus.

Weiter auf der nächsten Seite.

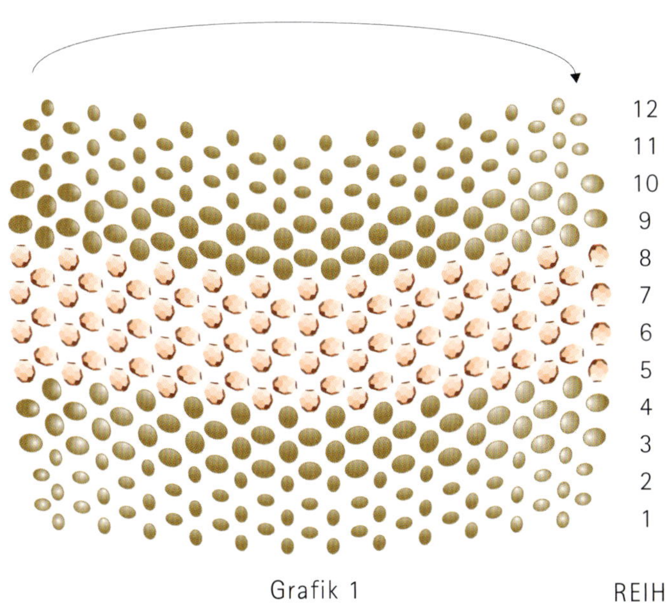

Grafik 1

MATERIALIEN

Grundausstattung (Seite 10)

FireLine, 6 lb, Smoke

11/0 Saatperlen:
- Bronze, 1,5 g (A)
- Aqua silverlined, < 0,5 g (B)

86 St. feuerpolierte Glasschliffperlen, 3 mm, Bronze (C)

24 St. Doppelkegel, 3 mm, Olivine 2xAB (D)

24 St. Doppelkegel, 3 mm, Turquoise 2xAB (E)

15/0 Saatperlen, Bronze, 0,5 g (F)

8/0 Saatperlen:
- Bronze, 6 g (G)
- Pink/Gold matt, < 0,5 g (H)

70 cm Metallnetzkette mit Verschluss, 6,2 mm im Durchmesser

▶ 2. Zweite Lage: Waagerechte Perlen

Verzieren Sie die Basis mit Perlen, um alles für den RAW-Stich im nächsten Schritt vorzubereiten. Schauen Sie auf Grafik 2, um zu sehen, wie die Perlen eingefügt werden (siehe auch Grafik 21 auf Seite 24).

Zweite Lage, Runde 1: Nehmen Sie 1x A Perle auf und fädeln Sie durch die nächste waagerechte Perle aus Basisrunde 12. Wiederholen Sie dies und fügen Sie insgesamt 12 A Perlen hinzu. Fädeln Sie so durch die Perlen, dass Sie mit der Nadel aus einer waagerechten Perle der Basisrunde 12 herauskommen.

Zweite Lage, Runden 2 und 3: Wiederholen Sie Runde 1 und verwenden Sie B Perlen.

Zweite Lage, Runde 4 bis 10: Wiederholen Sie Runde 1 und verwenden Sie G Perlen.

Zweite Lage, Runden 11 und 12: Wiederholen Sie Runde 1 und verwenden Sie B Perlen.

Zweite Lage, Runde 13: Wiederholen Sie Runde 1 und verwenden Sie A Perlen.

▶ 3. Zweite Lage: Senkrechte Perlen

Fädeln Sie so durch die Perlen, dass Sie mit der Nadel aus einer Perle der Runde 12 der zweiten Lage herauskommen. Legen Sie die geperlte Perle mit dem Fädelloch waagerecht vor sich hin und verbinden Sie die Obenperlen der zweiten Lage wie folgt (Grafik 3; siehe auch Grafik 20 auf Seite 23):

Verwenden Sie A Perlen, um die Runden 11 und 12 der zweiten Lage zu verbinden. Fädeln Sie durch die benachbarte G Perle zwischen den Basisrunden 11 und 10 und durch eine Perle der Runde 10 der zweiten Lage, um den Aufschritt zur nächsten Runde zu arbeiten.

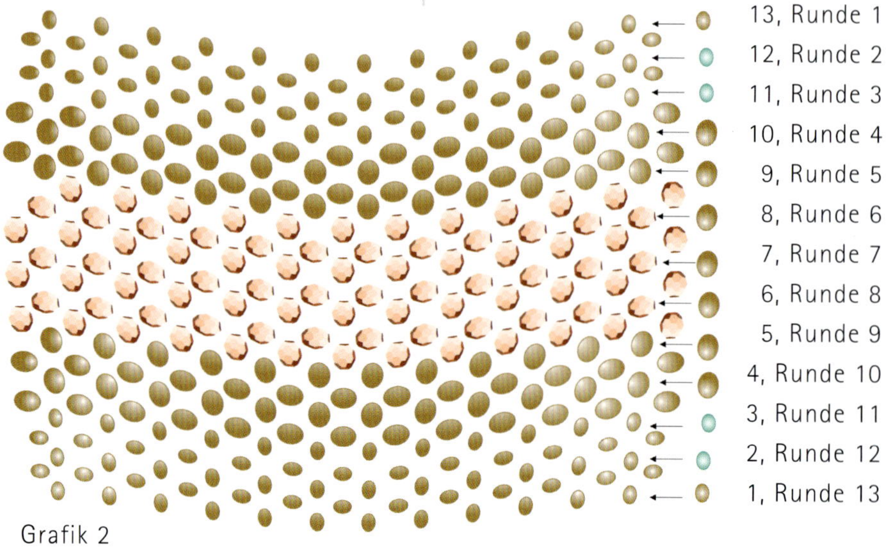

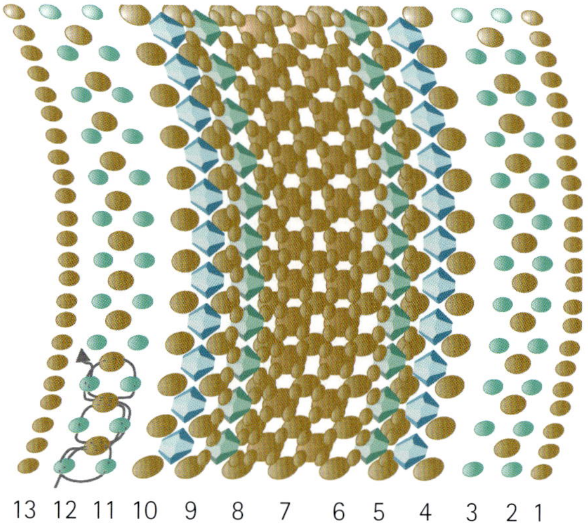

Grafik 2

Grafik 3

Verwenden Sie auf die gleiche Weise E Perlen, um die Runden 10 und 9 der zweiten Lage miteinander zu verbinden. Kommen Sie am Ende mit der Nadel aus einer Perle der Runde 9 der zweiten Schicht heraus.

Verwenden Sie 1x F, 1x D und 1x F Perle auf jeder Seite, um die Runden 9 und 8 der zweiten Lage zu verbinden. Kommen Sie am Ende mit der Nadel aus einer Perle der Runde 8 der zweiten Schicht heraus.

Verwenden Sie 1x F, 1x H und 1x F Perle auf jeder Seite, um die Runden 8 und 7 der zweiten Lage zu verbinden.

Wiederholen Sie die Verbindung von Runde 8 und 7 der zweiten Lage, um die Runden 7 und 6 der zweiten Lage zu verbinden. Für die Runden 6 und 5 wiederholen Sie die Verbindung von Runde 9 und 8. Für die Runden 5 und 4 wiederholen Sie die Verbindung von Runde 10 und 9. Fädeln Sie durch die benachbarte G Perle zwischen den Basisrunden 4 und 3 und kommen Sie mit der Nadel aus einer Perle der Runde 3 der zweiten Lage heraus. Wiederholen Sie die Verbindung der Runden 12 und 11 der zweiten Lage und verbinden Sie so die Runden 2 und 3. Vernähen Sie den Faden und schneiden Sie ihn ab.

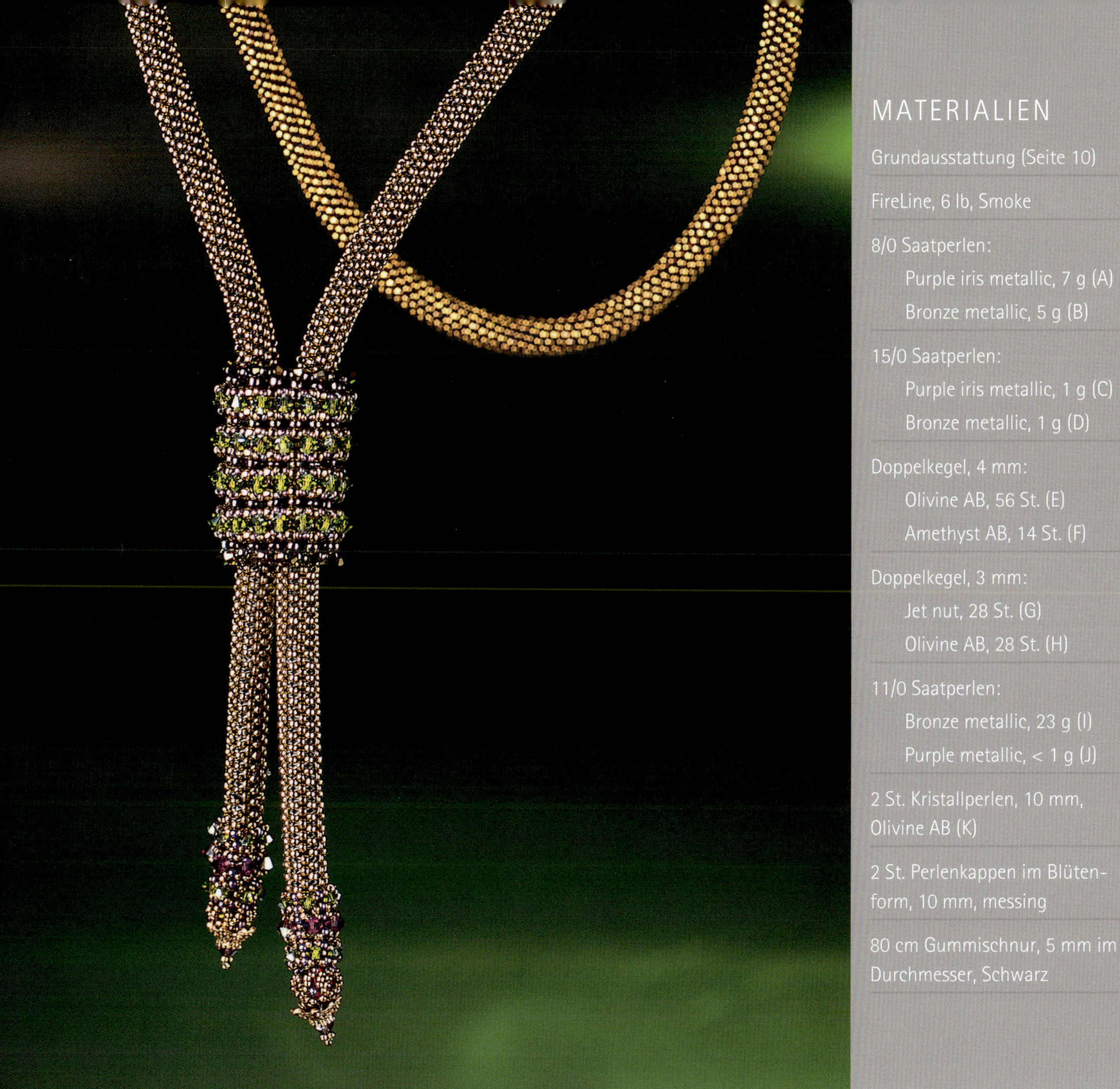

MATERIALIEN

Grundausstattung (Seite 10)

FireLine, 6 lb, Smoke

8/0 Saatperlen:
- Purple iris metallic, 7 g (A)
- Bronze metallic, 5 g (B)

15/0 Saatperlen:
- Purple iris metallic, 1 g (C)
- Bronze metallic, 1 g (D)

Doppelkegel, 4 mm:
- Olivine AB, 56 St. (E)
- Amethyst AB, 14 St. (F)

Doppelkegel, 3 mm:
- Jet nut, 28 St. (G)
- Olivine AB, 28 St. (H)

11/0 Saatperlen:
- Bronze metallic, 23 g (I)
- Purple metallic, < 1 g (J)

2 St. Kristallperlen, 10 mm, Olivine AB (K)

2 St. Perlenkappen im Blütenform, 10 mm, messing

80 cm Gummischnur, 5 mm im Durchmesser, Schwarz

DECO

An eine Cowboy-Krawatte erinnernd, besitzt diese Halskette ein kristallbesetztes Schiebeelement, welches auf eine im Right-Angle-Weave gearbeitete Schnur gefädelt wurde, deren Enden spitz zulaufen.

▶ 1. Basisröhre

Verwenden Sie A Perlen und fädeln Sie einen 13 Einheiten breiten und 9 Reihen langen Streifen im RAW-Stich. Verbinden Sie diesen zu einer Röhre (siehe Grafik 19 auf Seite 22).

▶ 2. Zweite Lage: Waagerechte Perlen

Verzieren Sie die Randrunden mit G und die mittleren 8 Runden mit B Perlen (Grafik 1; siehe auch Grafik 21 auf Seite 24). Vernähen Sie den Faden und schneiden Sie ihn ab.

▶ 3. Zweite Lage: Senkrechte Perlen

Beginnen Sie mit einem neuen, doppelten Faden und kommen Sie mit der Nadel von links nach rechts aus einer B Perle der Runde1 heraus. Nehmen Sie 1x C, 1x E und 1x C Perle auf, arbeiten Sie mit dem Uhrzeigersinn und fädeln Sie durch die benachbarte B Perle der Runde 2, unter der Perle, aus der sie zuletzt herausgekommen sind. Nehmen Sie 1x C, 1x E und 1x C Perle auf und fädeln Sie durch die B Perle, aus der der Faden ursprünglich kam, um die erste RAW-Einheit fertigzustellen. Fädeln Sie so durch die Perlen, dass Sie mit der Nadel aus der als zweites hinzugefügten E Perle herauskommen. Nehmen Sie 1x C Perle auf und fädeln Sie durch die nächste B Perle der Runde 1. Nehmen Sie 1x C, 1x E und 1x C Perle auf und fädeln Sie durch die benachbarte B Perle der Runde 2. Nehmen Sie 1x C Perle auf und fädeln Sie durch die E und C Seitenperlen der vorigen Einheit, die B Obenperle der nächsten Einheit und die folgenden C und E Perlen, um die zweite Einheit fertigzustellen.

Wiederholen Sie dies, um die Basisrunden 1 und 2 zu verbinden. Fädeln Sie, wenn die Runde komplett ist, so durch die Perlen, dass Sie mit der Nadel aus einer B Perle der Runde 3 herauskommen. Verbinden Sie die Runden 3 und 4, 5 und 6 und 7 und 8 in der gleichen Art und Sie erhalten somit insgesamt 4 Runden aus Doppelkegelverbindungen (Grafik 2; siehe auch Grafik 20 auf Seite 23). Vernähen Sie den Faden und schneiden Sie ihn ab. Legen Sie die geperlte Perle beiseite.

▶ 4. Kette

Verwenden Sie doppelten Faden und I Perlen und fertigen Sie einen 6 Einheiten breiten und ca. 80 cm langen Streifen im RAW-Stich an. Verbinden Sie die Einheiten über dem Gummiband, um einen gefüllten Perlenschlauch zu erhalten (siehe Grafik 20 auf Seite 23). Schieben Sie die Enden des Schlauchs durch die geperlte Perle.

▶ 5. Kettenenden

Verwenden Sie J Perlen und verzieren Sie die ersten 7 Runden der Kette (siehe Grafik 21 auf Seite 24).

Fädeln Sie so durch die Perlen, dass Sie mit der Nadel aus einer J Perle der siebten Runde herauskommen. Verbinden Sie die J Perlen genauso, wie sie dies bei der

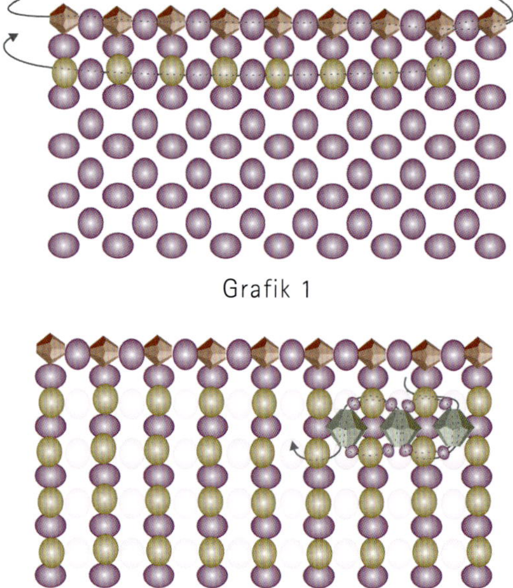

Grafik 1

Grafik 2

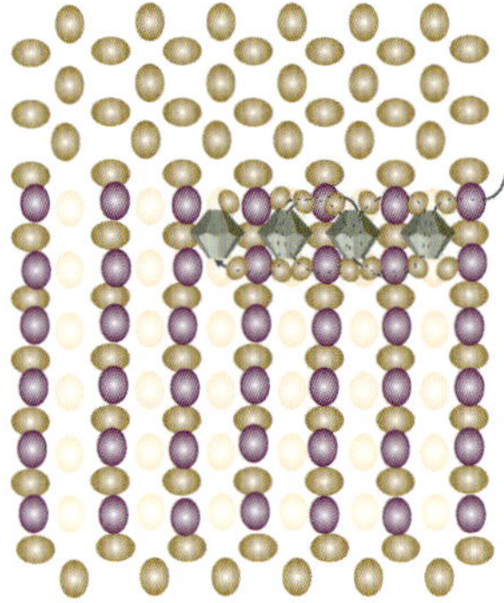

Grafik 3

geperlten Perle in Schritt 3 getan haben. Verwenden Sie 1x C Perle, 1x Doppelkegel und 1x C Perle für jede Seite, aber H Perlen als Doppelkegel der ersten Gruppen, F Perlen für die mittleren Gruppen und H Perlen für die letzten Gruppen (Grafik 3).

Fädeln Sie durch die Perlen und kommen Sie mit der Nadel aus einer J Perle der Runde 1 heraus. Nehmen Sie 7x D Perlen auf und fädeln Sie durch die nächste J Perle der Runde. Wiederholen Sie dies fünf weitere Male und fügen Sie insgesamt 6 Picots hinzu (Grafik 4). Fädeln Sie durch die ersten 4 Perlen des ersten Picots vor.

Nehmen Sie 3x D Perlen auf und fädeln Sie durch die mittlere Perle des nächsten, in Grafik 4 hinzugefügten Picots. Nehmen Sie 1x J Perle auf und fädeln Sie durch die mittlere Perle des nächsten Picots. Wiederholen Sie dies in der Runde und wechseln Sie dabei zwischen 3x D und 1x J Perle (Grafik 5). Fädeln Sie durch die ersten beiden in diesem Schritt hinzugefügten Perlen vor. Fügen Sie dem Netz innen eine K Perle hinzu und ziehen Sie fest am Faden.

Nehmen Sie 3x D Perlen auf und fädeln Sie durch die mittlere Perle des nächsten Picots. Wiederholen Sie dies zwei weitere Male und fädeln Sie durch die beiden in diesem Schritt zuerst hinzugefügten Perlen vor. Fädeln Sie durch die mittlere Perle der nächsten zwei Picots und ziehen Sie fest am Faden. Nehmen Sie 1x Perlenkappe, 1x F und 3x D Perlen auf und fädeln Sie zurück durch die F Perle, die Perlenkappe und dann durch die D Perle, die der ursprünglichen gegenüber liegt (Grafik 6). Wiederholen Sie den Fadenlauf, um ihn zu verstärken. Vernähen Sie den Faden und schneiden Sie ihn ab.

Wiederholen Sie diesen Schritt und verzieren Sie auch das andere Kettenende.

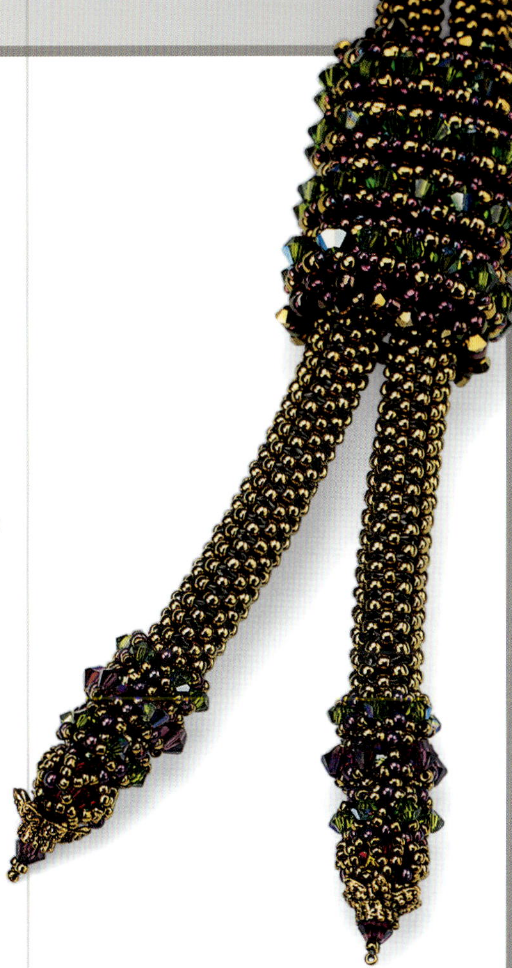

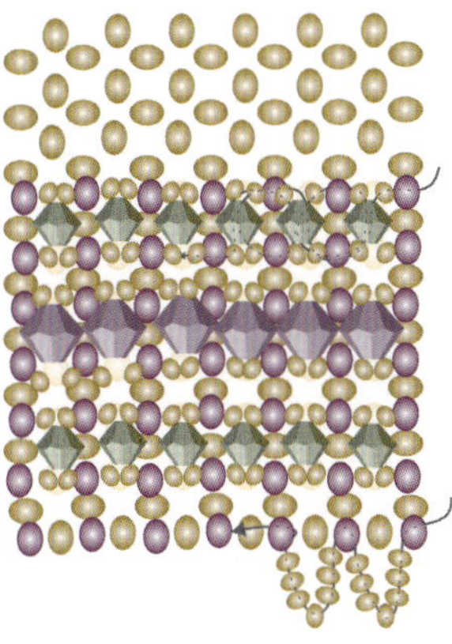

Grafik 4

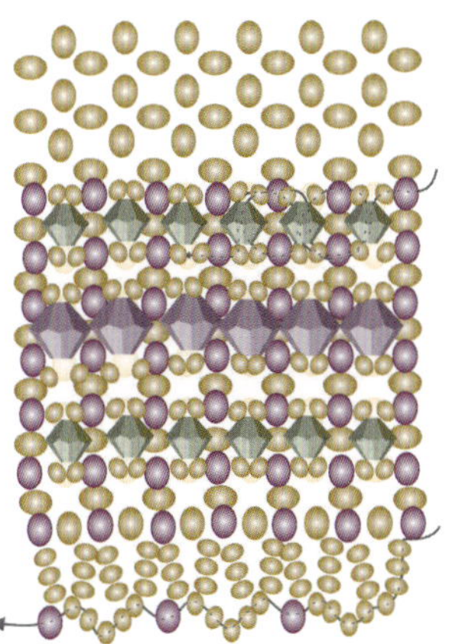

Grafik 5

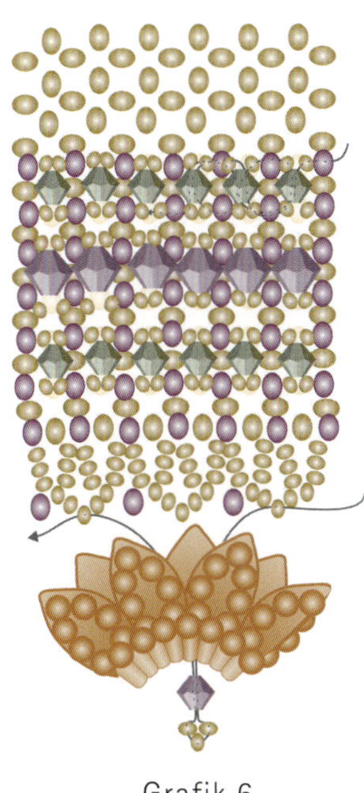

Grafik 6

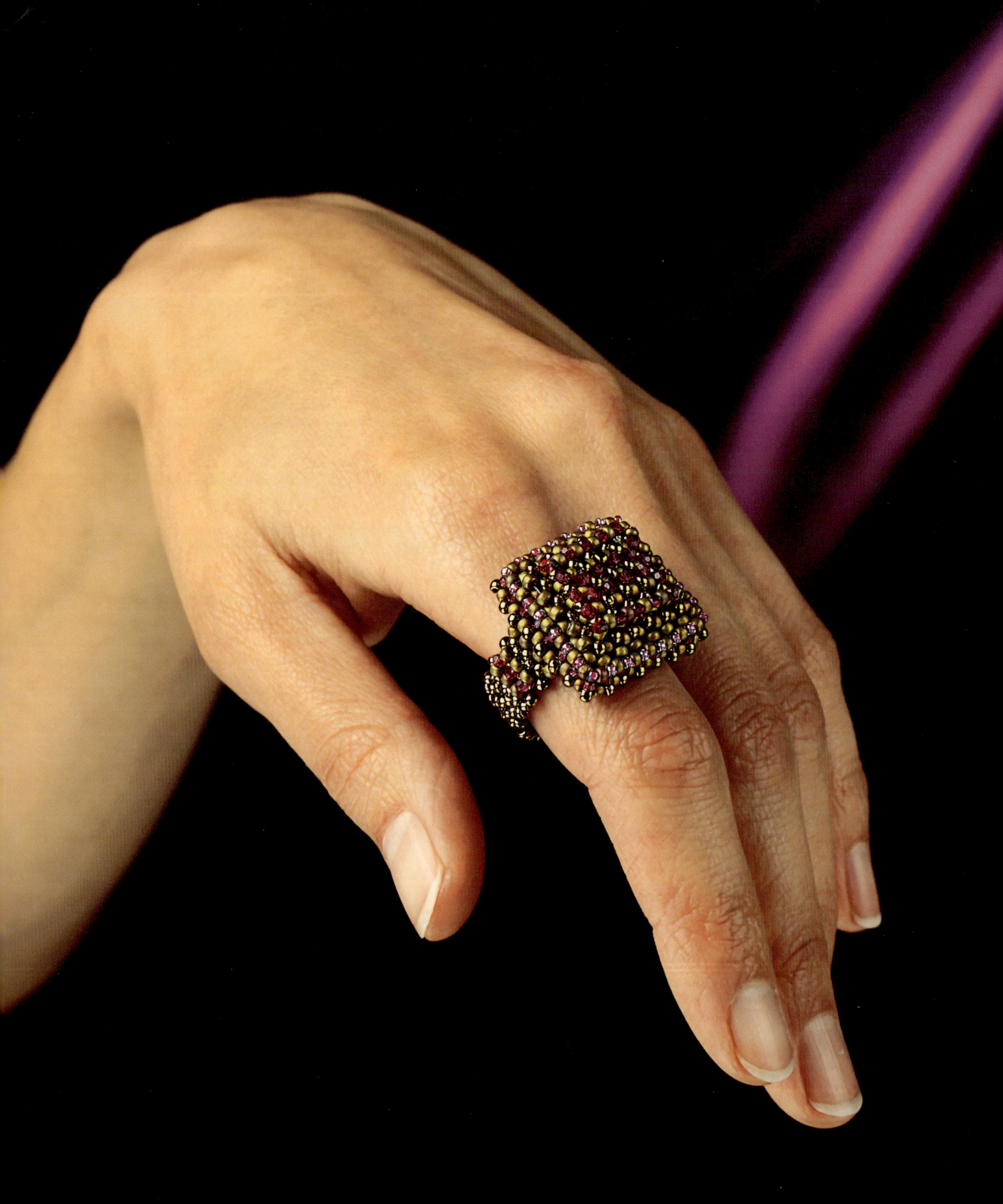

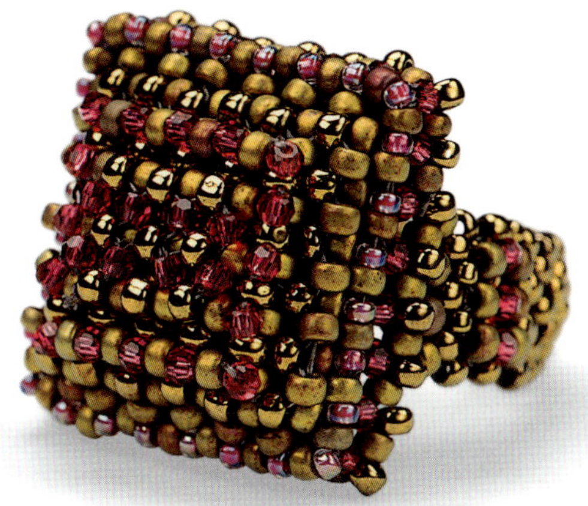

QUETZAL

Der Zauber dieses Cocktailrings zeigt sich in seinem architekturalen Blickfang. Die Lichtreflexe der winzigen Kristalle heben den Rand und die obere Schicht hervor.

MATERIALIEN

Grundausstattung (Seite 10)

11/0 Saatperlen:
- Gold matte, 1 g (A)
- Bronze, 3 g (B)

58 St. Kristallperlen, 2 mm, Fuchsia

15/0 Saatperlen:
- Fuchsia, < 0,5 g (C)
- Bronze, 8 g (D)

Hinweis: Um die Verzierungen der Lagen zu arbeiten, ist es hilfreich, sowohl dem Text als auch den Grafiken zu folgen.

1. Erste Ringschicht

Verwenden Sie A Perlen und fertigen Sie ein Quadrat aus 7 Einheiten in der Breite und 7 Reihen in der Höhe an. Fädeln Sie so durch die Perlen, dass Sie mit der Nadel von rechts nach links aus einer Untenperle der letzten Einheit herauskommen.

2. Zweite Schicht: Waagerechte Perlen

Verzieren Sie die Basis mit Perlen, um sie für den RAW-Stich des nächsten Schritts vorzubereiten. Nehmen Sie 1x B Perle auf und fädeln Sie durch die Untenperle der nächsten Einheit. Wiederholen Sie dies, bis Sie insgesamt 6 Perlen hinzugefügt haben. Fädeln Sie durch die Seitenperle der letzen Einheit der Reihe 6 und von links nach rechts durch die Untenperle derselben Einheit. Fahren Sie damit fort, 6x je eine B Perle zwischen den Reihen hinzuzufügen (Grafik 1; siehe auch Grafik 21 auf Seite 24). Fädeln Sie so durch die Perlen, dass Sie mit der Nadel von links nach rechts aus der zuletzt hinzugefügten Perle herauskommen.

3. Zweite Schicht: Senkrechte Perlen

Verwenden Sie A Perlen und arbeiten Sie neben den waagerechten B Perlen, welche in Schritt 2 hinzugefügt wurden, um die zweite Lage zu vollenden. Nehmen Sie 1x A Perle auf und fädeln Sie durch die waagerechte B Perle, welche direkt über der liegt, aus der Sie gerade herausgekommen sind. Nehmen Sie 1x A Perle auf und fädeln Sie durch die B Perle, aus der Sie ursprünglich herausgekommen sind. Fädeln Sie durch die soeben zuerst hinzugefügte A Perle, die waagerechte B Obenperle, die zweite soeben hinzugefügte A Perle und durch die nächste, waagerechte B Perle der Reihe, um die erste Einheit fertigzustellen. Fahren Sie damit fort und fügen Sie den waagerechten Perlen senkrechte Seitenperlen hinzu, bis Sie 5 Verbindungsreihen gearbeitet haben. Fädeln Sie am Ende jeder Reihe durch eine Seitenperle der Basis und die erste waagerechte Perle der nächsten Reihe (Grafik 2; siehe auch Grafik 20 auf Seite 23).

Weiter auf der nächsten Seite.

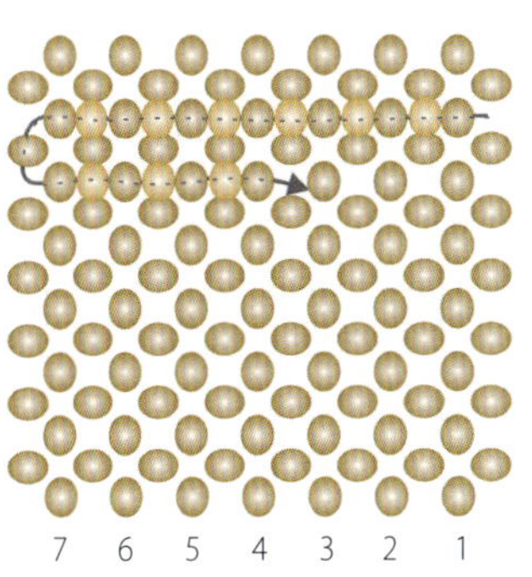

Grafik 1

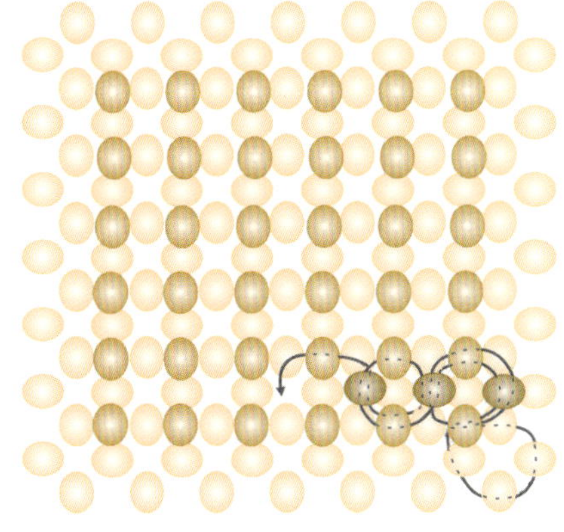

Grafik 2

4. Dritte Schicht: Senkrechte Perlen

Beginnen Sie an der mit einem roten Punkt markierten Perle. Nehmen Sie 1x B Perle auf und fädeln sie durch die nächste A Seitenperle der Vorreihe. Wiederholen Sie dies und fügen Sie insgesamt 4 B Perlen hinzu. Fädeln Sie am Ende der Spalte durch die waagerecht B Perle der vorigen Lage und die benachbarte A Seitenperle der nächsten Spalte. Fahren Sie damit fort, B Perlen hinzuzufügen, bis Sie insgesamt fünf Spalten gearbeitet haben (Grafik 3). Fädeln Sie am Ende der letzten Spalte durch die waagerechte B Perle der vorigen Lage, die benachbarte A Seitenperle und durch die soeben hinzugefügte B Perle.

5. Dritte Schicht: Waagerechte Perlen

In dieser Lage dienen die Spalten aus senkrechten B Perlen, welche im letzten Schritt hinzugefügt wurden, als Seitenperlen für die Verbindungen. Verwenden Sie A Perlen, um die Reihen wie in Schritt 3 miteinander zu verbinden. Wiederholen Sie dies, bis Sie insgesamt 4 Spalten angefertigt haben (Grafik 4).

6. Vierte Schicht: Waagerechte Perlen

Fädeln Sie durch die Obenperle der letzten Einheit, die Sie verbunden haben. Nehmen Sie 1x B Perle auf und fädeln Sie durch die nächste A Perle. Wiederholen Sie dies, bis Sie insgesamt 3 B Perlen entlang der Reihe hinzugefügt haben. Fädeln Sie am Ende der Reihe durch die senkrechte B Perle der vorigen Lage und die waagerechte A Perle der nächsten Reihe. Wiederholen Sie dies, bis Sie insgesamt 3 Reihen waagerechter B Perlen hinzugefügt haben (Grafik 5).

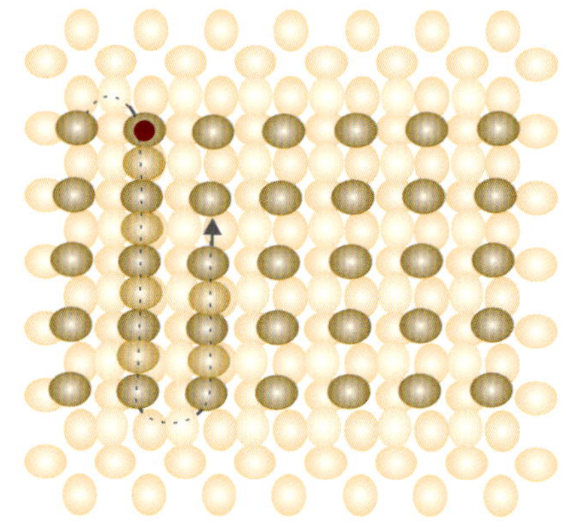

Grafik 3

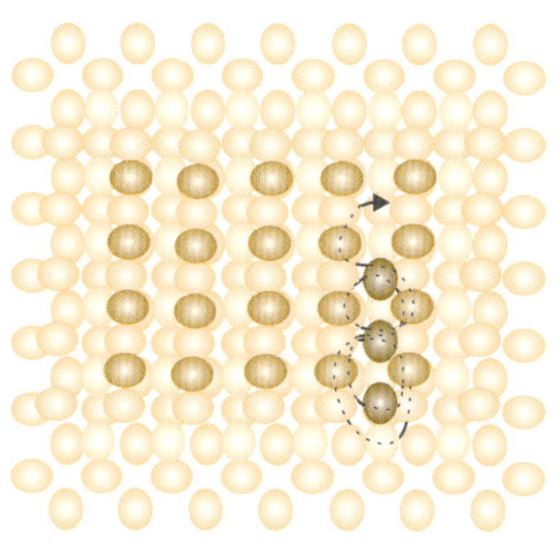

Grafik 4

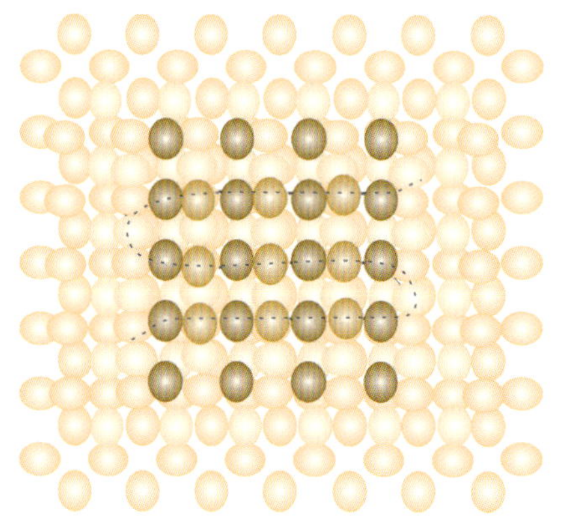

Grafik 5

7. Vierte Schicht: Senkrechte Perlen

Verwenden Sie Kristallperlen 2 mm als Seitenperlen und verbinden Sie die waagerechten B Perlen des vorigen Schritts, bis Sie insgesamt 2 (mittlere) Verbindungsreihen gearbeitet haben.

Fädeln Sie so durch die Perlen, dass Sie mit der Nadel aus einer Randperle der Lage vier herauskommen. Nehmen Sie 1x Kristallperle 2 mm auf und fädeln Sie durch die nächste Randperle der Lage vier. Wiederholen Sie dies und verzieren Sie die Lage vier auf allen Seiten (Grafik 6). Vernähen Sie den Faden und schneiden Sie ihn ab. Legen Sie den Ringaufsatz beiseite.

8. Ringunterlage

Verwenden Sie A Perlen und arbeiten Sie ein 7 Einheiten breites und 7 Reihen langes Quadrat im RAW-Stich. Legen Sie das Quadrat unter den Ringaufsatz und verwenden Sie Kristallperlen 2 mm, um die beiden Stücke an allen Seiten im RAW-Stich zu verbinden (Grafik 7; siehe auch Grafik 20 auf Seite 23). Fädeln Sie so durch die Perlen, dass Sie mit der Nadel aus der dritten Randperle von der Ecke des Ringaufsatzes entfernt, herauskommen.

9. Ringschiene

Nehmen Sie 3x B Perlen auf und fädeln Sie durch die Randperle, aus der der Faden kommt. Verwenden Sie B Perlen, arbeiten Sie im RAW-Stich und beziehen Sie zwei weitere Randperlen ein, um mit der mittig zum Ringaufsatz liegenden Ringschiene zu beginnen. Fahren Sie damit fort, Reihen im RAW-Stich zu arbeiten, bis die Schiene lang genug ist, dass Sie um Ihren Finger passt. Verbinden Sie die Ringschiene mit den mittleren drei Perlen auf der anderen Seite des Ringaufsatzes (Grafik 8).

Kommen Sie, um die Ringschiene zu verzieren, mit der Nadel aus einer Untenperle der letzten Reihe heraus. Nehmen Sie 1x D Perle auf und fädeln Sie durch die nächste Untenperle. Wiederholen Sie dies ein weiteres Mal. Fädeln Sie so durch die Perlen, dass Sie mit der Nadel aus der Untenperle der drittletzten Reihe der Ringschiene herauskommen und fügen Sie erneut 2x D Perlen hinzu (Grafik 9).

Kommen Sie mit der Nadel aus einer soeben hinzugefügten D Perle heraus, nehmen Sie 1x B Perle, 1x Kristallperle und 1x B Perle auf und fädeln Sie durch die D Perle, welche der ursprünglichen gegenüberliegt. Nehmen Sie 1x B Perle, 1x Kristallperle und 1x B Perle auf und fädeln Sie durch die D Perle, aus der Sie herauskamen. Fädeln Sie durch die Seitenperlen und die nächste D Perle. Fügen Sie eine weitere Gruppe aus Seitenperlen hinzu und fädeln Sie durch die gegenüberliegende D Perle. Vernähen Sie den Faden und schneiden Sie ihn ab. Wiederholen Sie die Verzierung auf der anderen Seite der Ringschiene (Grafik 10).

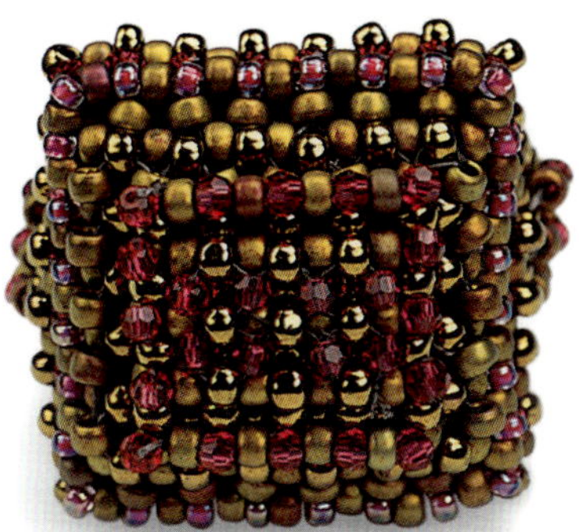

Fädeln Sie zu einer Eckperle der Ringunterlage vor, nehmen Sie 1x B Perle auf und fädeln Sie durch die nächste Randperle. Wiederholen Sie dies an allen vier Seiten der Ringunterlage. Wiederholen Sie diese Verzierung am Ringaufsatz und verwenden Sie hier C Perlen (Grafik 11).

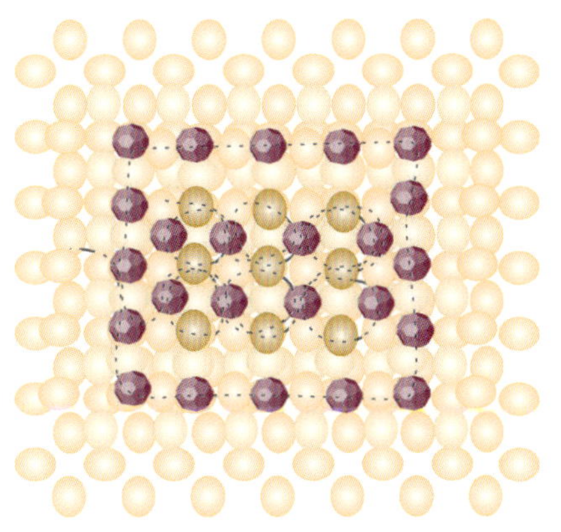

Grafik 6

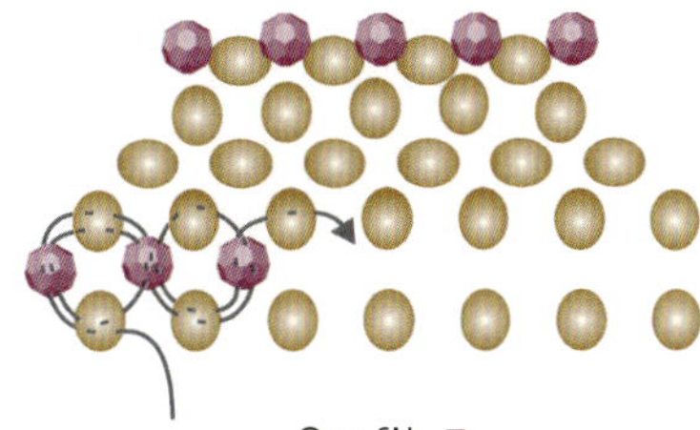

Grafik 7

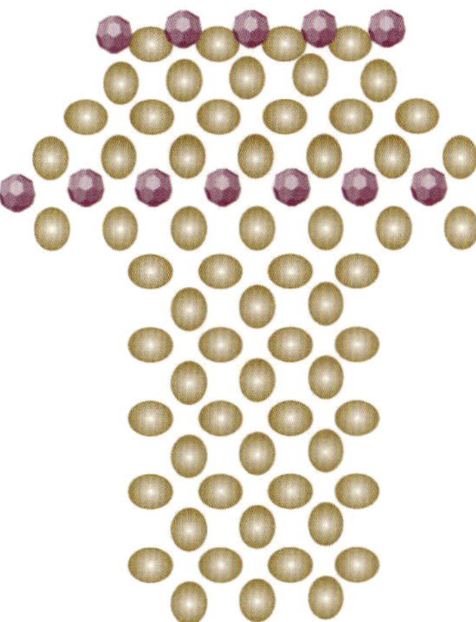

Grafik 8

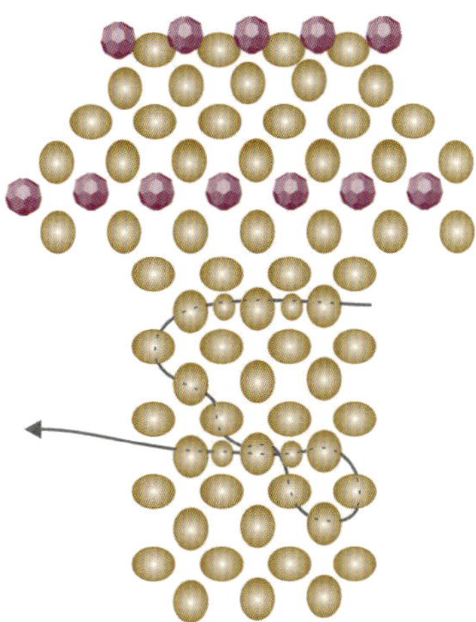

Grafik 9

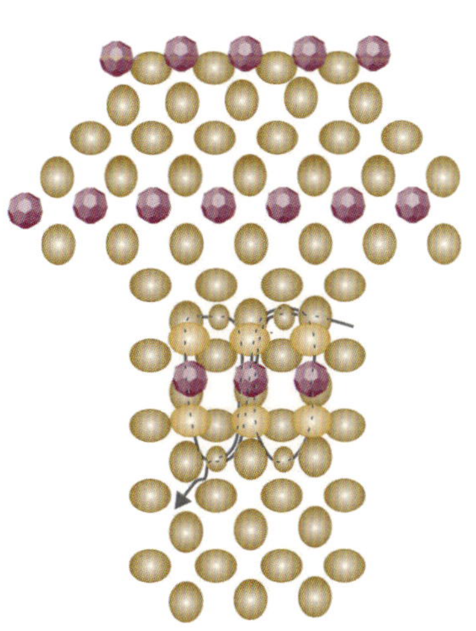

Grafik 10

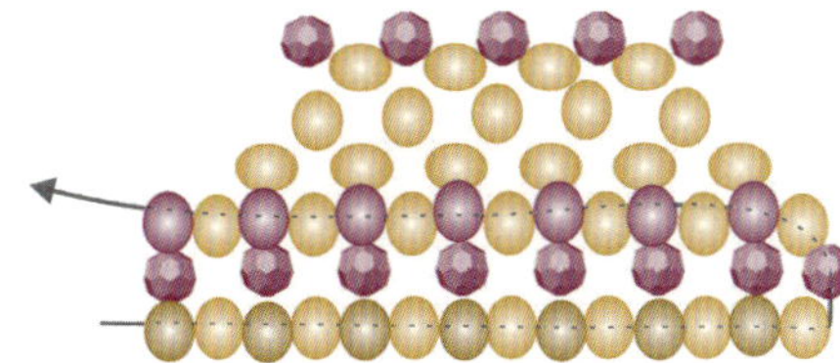

Grafik 11

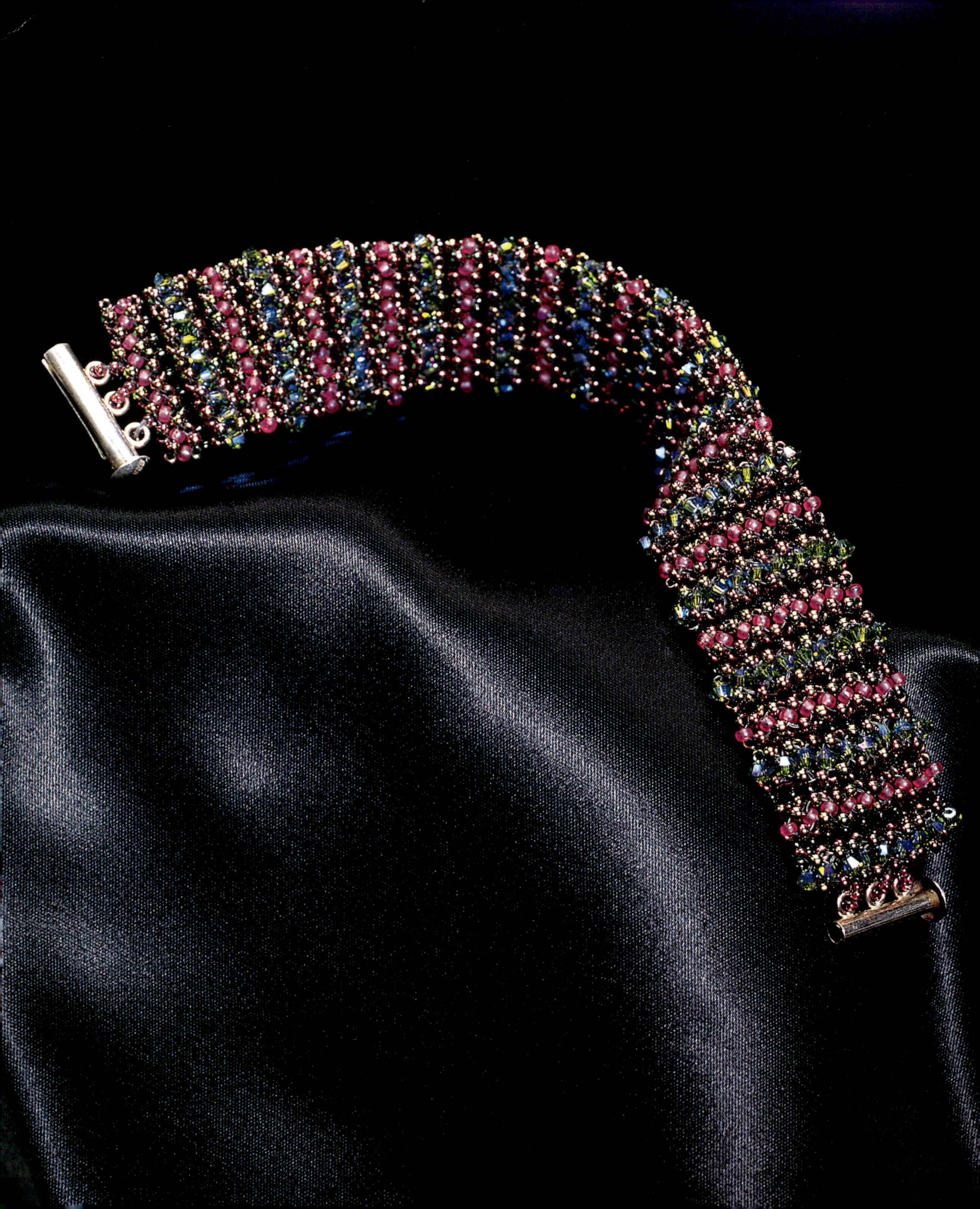

SERENA

Bei diesem Armband geht es nur um Textur und Glitzer. Der Streifeneffekt wird dadurch erreicht, das eine zweite Schicht aus RAW-Streifen auf die Basis gearbeitet wird.

MATERIALIEN

Grundausstattung (Seite 10)

FireLine, 6 lb, Smoke

11/0 Saatperlen:
- Dark Green, 8 g (A)
- Gold iris metallic, 8 g (B)
- Pink matte, 1,5 g (C)

126 St. Doppelkegel, 3 mm, Olivine 2xAB

15/0 Saatperlen, Fuchsia / Pink, < 0,5 g

1 St. 3-reihiger Schiebeverschluss, 2,2 cm, Sterlingsilber

▶ 1. Basis

Verwenden Sie A Perlen und arbeiten Sie einen 8 Einheiten breiten und 55 Reihen langen Streifen (bzw. so lang, dass er abzüglich des Verschlusses um Ihr Handgelenk passt) im RAW-Stich.

Weiter auf der nächsten Seite.

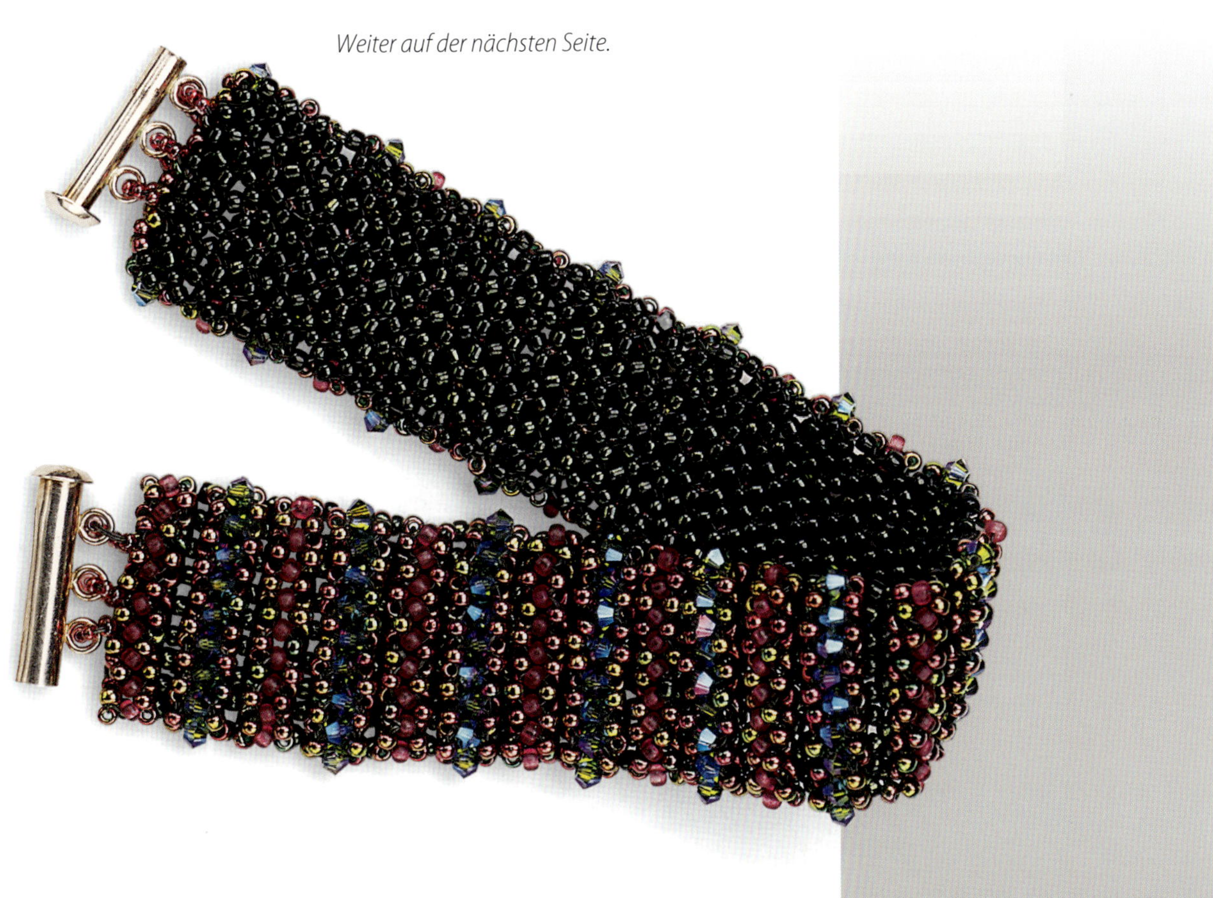

▶ 2. 90° Reihen

Legen Sie den Streifen so vor sich hin, dass seine Schmalseite nach oben zeigt. Fädeln Sie so durch die Perlen, dass Sie mit der Nadel von links nach rechts aus der oberen, rechten Eckperle herauskommen. Nehmen Sie 3x B Perlen auf und arbeiten Sie einen Kreis im Uhrzeigersinn, indem Sie durch die A Perle fädeln, aus der der Faden kommt. Fädeln Sie durch die Seiten-, Unten- und Seitenperle der gerade hinzugefügten Einheit und durch die nächste A Obenperle am Rand der Basis. Nehmen Sie 2x B Perlen auf und fädeln Sie entgegen dem Uhrzeigersinn durch die Seitenperle der ersten Einheit B Perlen, die zweite A Basisperle und die neue A Seitenperle. Wiederholen Sie dies die Reihe entlang. Fädeln Sie, um den Aufschritt zur nächsten Reihe zu arbeiten, durch eine Oben- und eine Seitenperle der Basisreihe.

Fahren Sie damit fort, RAW-Einheiten zu jeder Perlenreihe mit waagerechten Fädellöchern hinzuzufügen (den Oben- und Untenperlen des Basisstreifens). Denken Sie daran, dass der ersten Einheit immer drei und den folgenden Einheiten immer 2 Perlen hinzugefügt werden (Grafik 1).

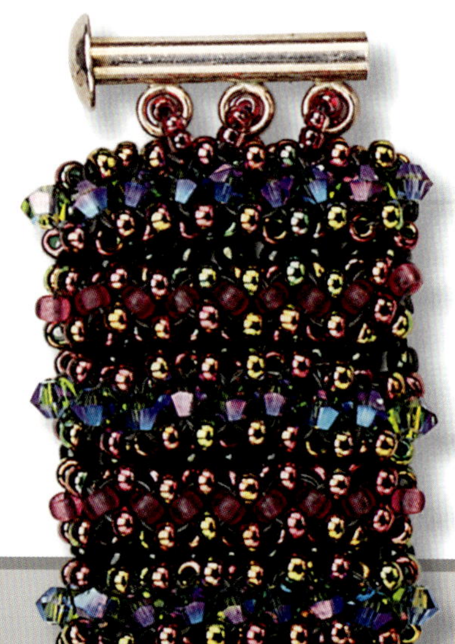

▶ 3. Verbindungsreihen

Fädeln Sie so durch die Perlen, dass Sie mit der Nadel aus der ganz linken Perle der letzten Reihe der Lage zwei herauskommen. Verbinden Sie diese Reihe mit der nächsten Lage, indem Sie C Perlen verwenden (siehe Grafik 20 auf Seite 23). Fädeln Sie, wenn die Verbindung fertiggestellt ist, durch die Seitenperle der Einheit der zweiten Lage, eine Randperle der Basis und kommen Sie aus der ersten Obenperle der nächsten Reihe heraus. Verbinden Sie die nächste Reihe, indem Sie Doppelkegel 3 mm verwenden. ***Hinweis:*** Der Zwischenraum zwischen Reihe 2 und 3 bleibt unverbunden, genauso wie jeder zweite Zwischenraum zwischen den überfädelten Reihen. Wiederholen Sie dies, und wechseln Sie bei den Verbindungen zwischen 11/0 Perlen und Doppelkegeln 3 mm, bis alle Reihen der zweiten Lage verbunden sind (Grafik 2).

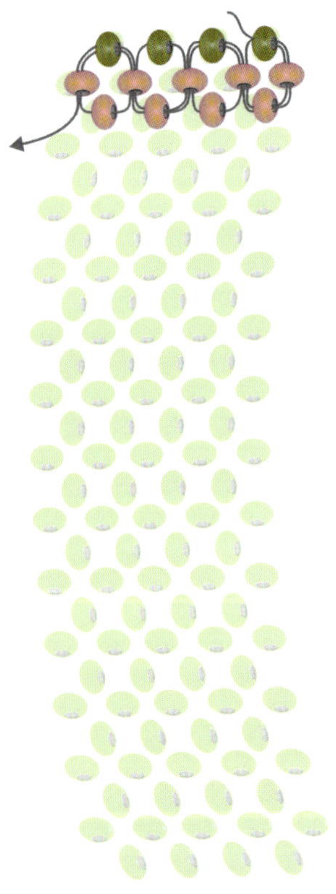

Grafik 1

▶ 4. Verschluss

Legen Sie das Armband so vor sich hin, dass ein kurzes Ende nach oben zeigt. Fädeln Sie so durch die Perlen, dass Sie mit der Nadel aus der zweiten Seitenperle des Rands herauskommen. Nehmen Sie 7x 15/0 Perlen auf, fädeln Sie durch die erste Öse der ersten Verschlusshälfte und zurück durch die Seitenperle. Fädeln Sie so durch die Perlen, dass Sie mit der Nadel aus der Seitenperle, gegenüber der mittleren Öse des Verschlusses, herauskommen und wiederholen Sie dies. Wiederholen Sie dies ein weiteres Mal am dritten Verbindungspunkt. Verbinden Sie das zweite Verschlussteil am anderen Ende des Armbands auf die gleiche Weise (Grafik 3).

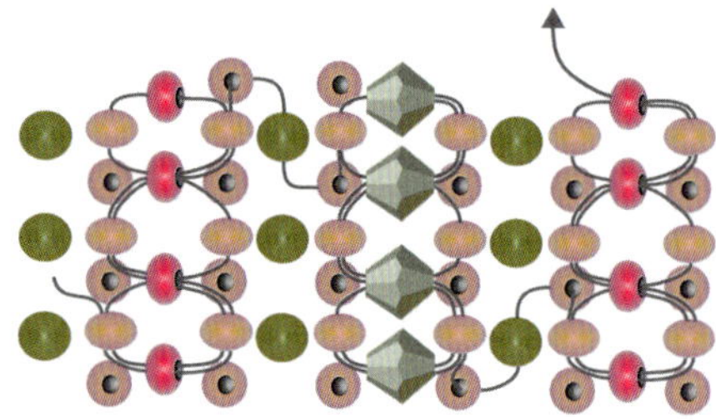

Grafik 2

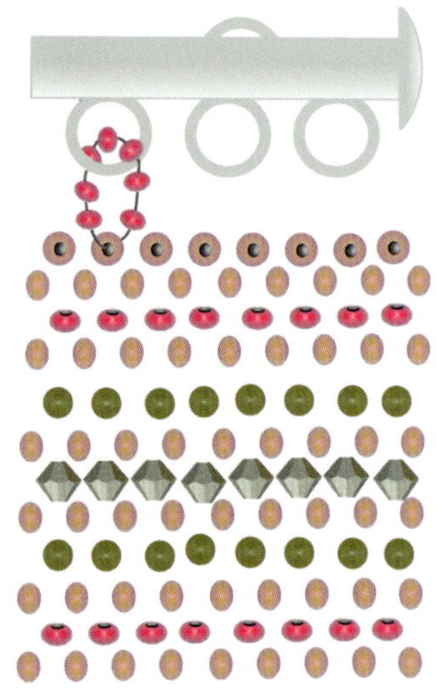

Grafik 3

GALERIE

Dieses Kapitel aus Arbeiten anderer Perlenkünstler-Innen hebt die Vielseitigkeit des Right-Angle-Weaves hervor. Es werden Täschchen, ein Schal, Skulpturen und natürlich Schmuck gezeigt.

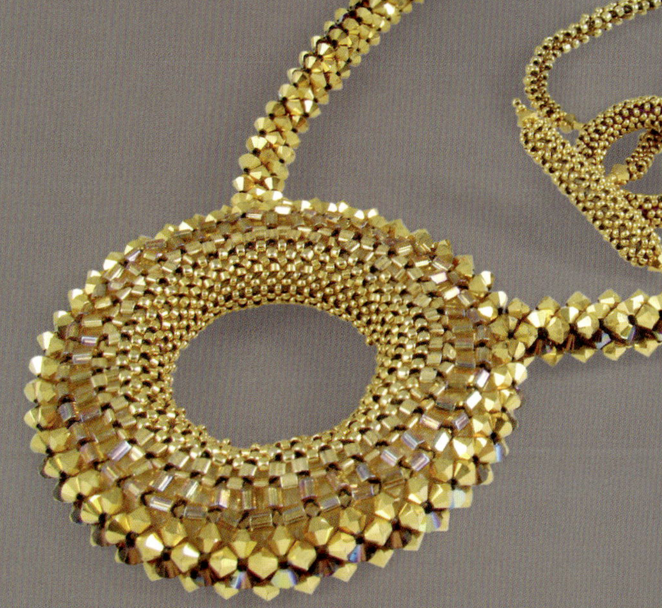

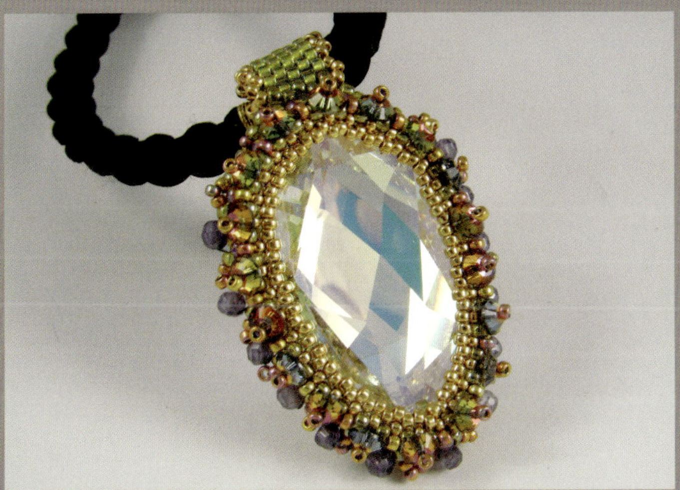

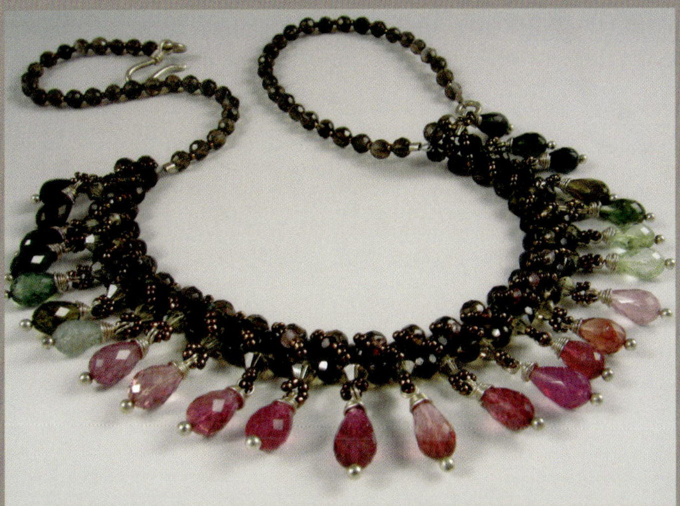

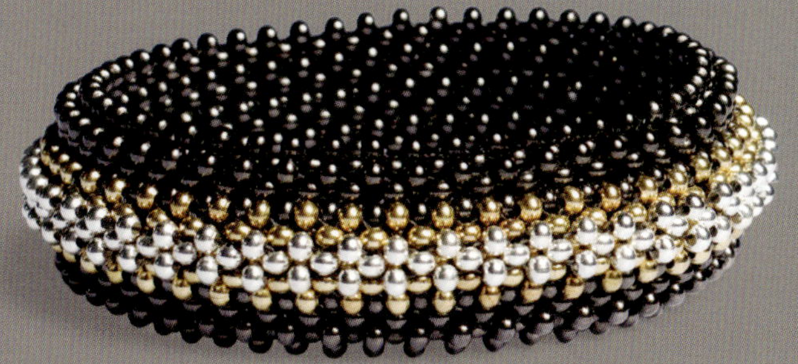

OBEN RECHTS

Tina Hauer

Golden Circle, 2007

8,9 x 8,9 cm

Saatperlen, Doppelkegel; kreisförmiges Right-Angle-Weave

FOTO VON MARCIA DECOSTER

OBEN LINKS

Daeng Weaver

Ohne Namen, 2005

3,8 x 2,5 x 3,8 cm

Kristalle, Saatperlen; Right-Angle-Weave, Verzierungen

FOTO VON MARCIA DECOSTER

MITTE LINKS

Daeng Weaver

Ohne Namen, 2003

45,7 cm lang

Turmalin-Perlen, Kristalle, Saatperlen, Draht; Right-Angle-Weave, Drahtarbeiten

FOTO VON MARCIA DECOSTER

UNTEN

Shelley Nybakke

Metalsmith's Match, 2007

26 cm Außendurchmesser

Metallsaatperlen; Right-Angle-Weave

FOTO VON CHAD JONES

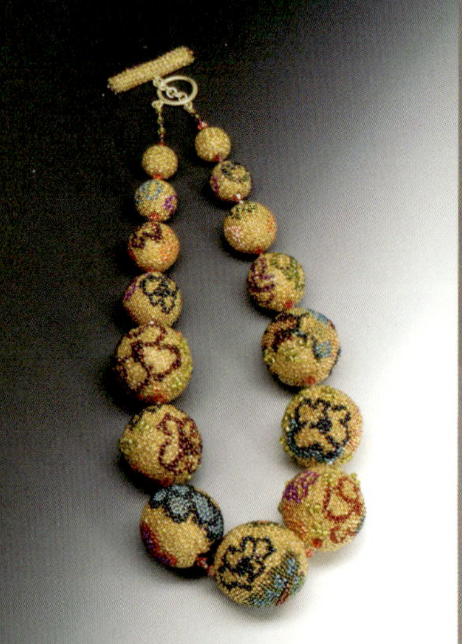

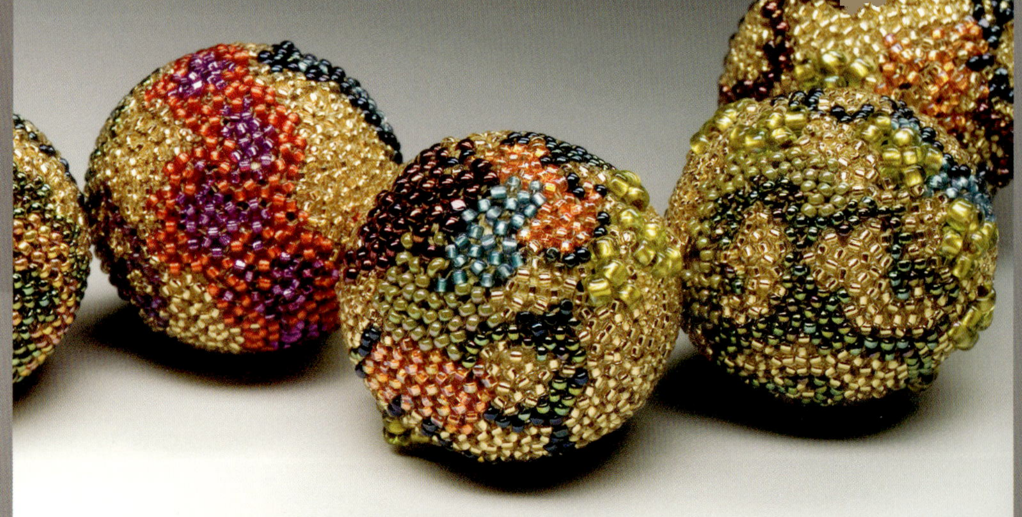

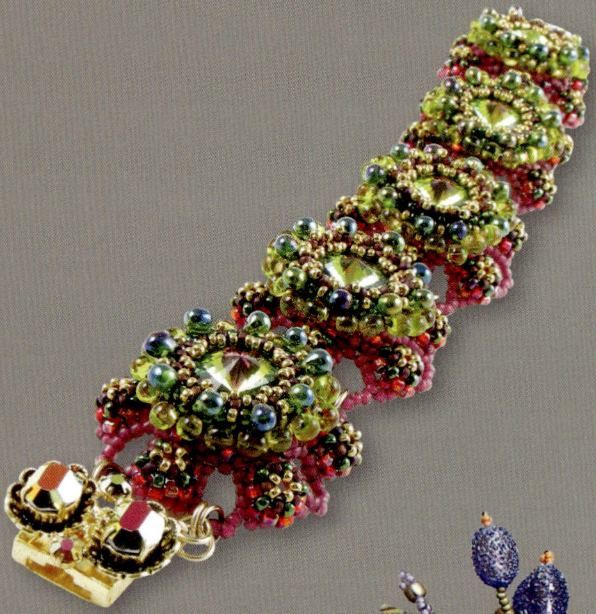

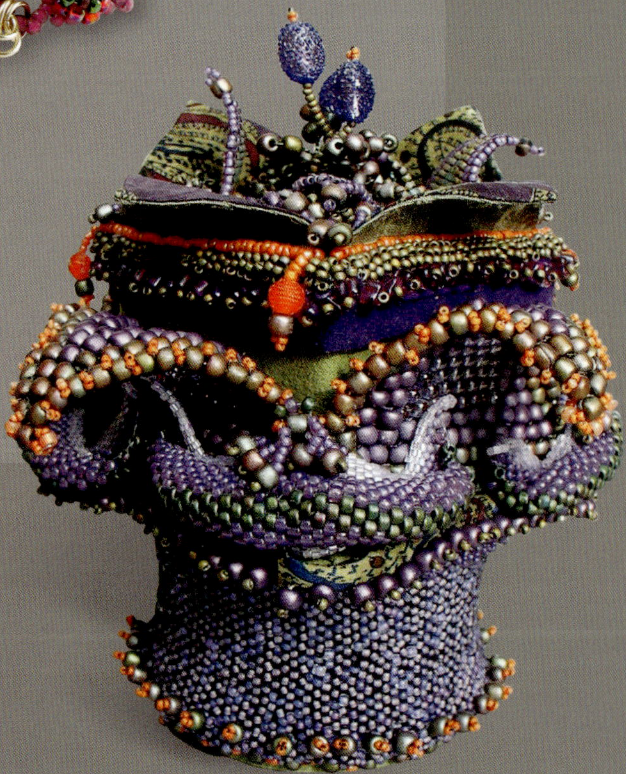

OBEN

Nan C. Meinhardt

"Balls, Balls," Said the Queen, 2007

61 x 15,2 x 2,5 cm

Saatperlen aus Glas und 24 Karat Gold; Farbe, Holz; Right-Angle-Weave

FOTOS VON TOM VAN EYNDE

MITTE

Rachel Nelson-Smith

O. Bersten Component Bracelet Pink and Green, 2007

1,6 x 3,8 x 17,8 cm

Saatperlen und Tropfen, Kristalle, vergoldete Kleinteile, antiker Verschluss; modifizierter Right-Angle-Weave, Peyote-Stich, röhrenförmiger Peyote-Stich mit gerader Perlenanzahl, Verzierungen

FOTO VON DER KÜNSTLERIN

UNTEN

Sandra Jaech

Pyramid Pod, 2004

14 x 15,2 x 15,2 cm

Saatperlen, Seide, Ultrasuede; Right-Angle-Weave, Peyote-Stich, Brick-Stich, Stickerei

FOTO VON DER KÜNSTLERIN

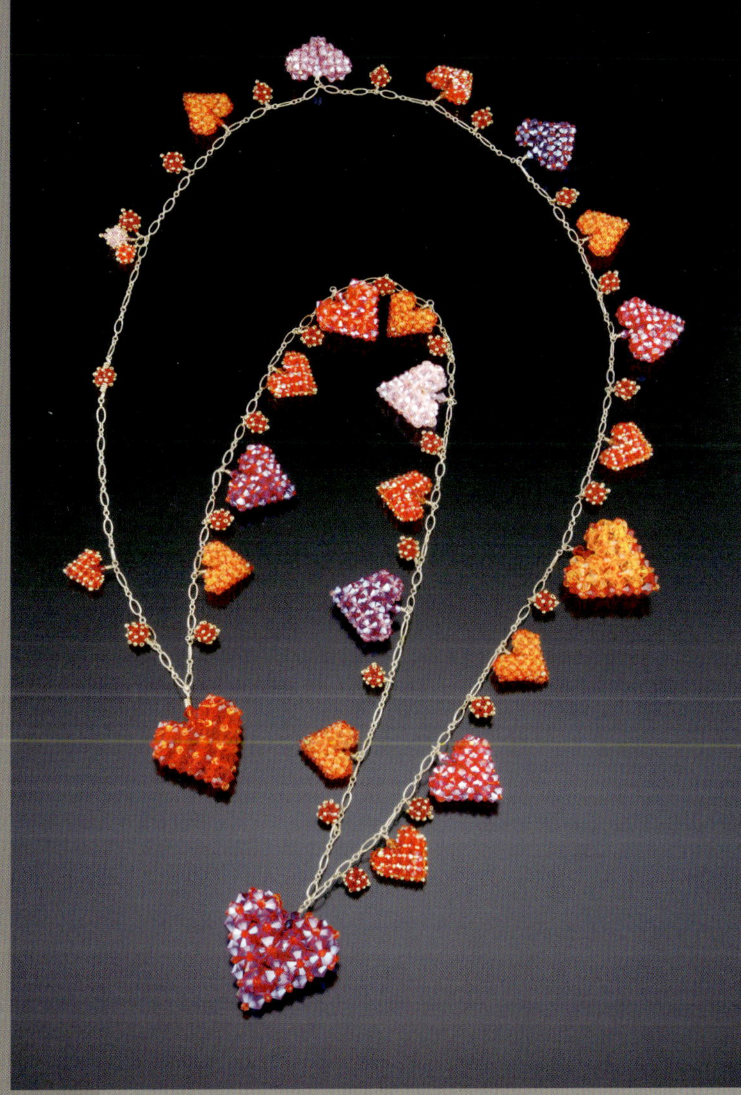

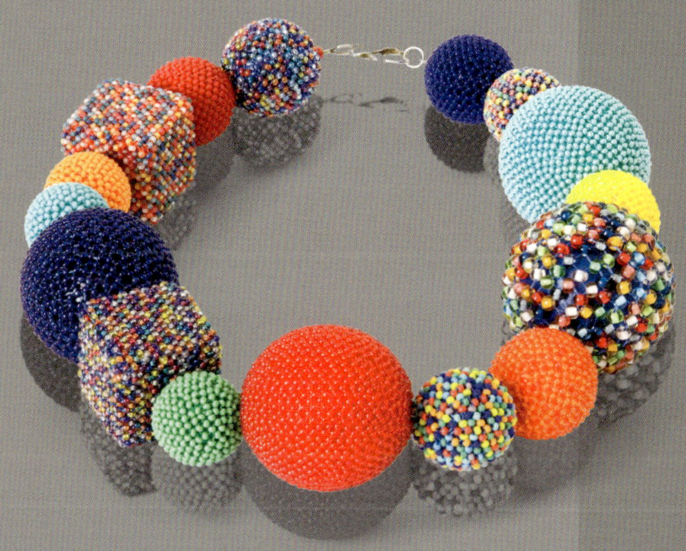

OBEN LINKS

Suzanne Golden

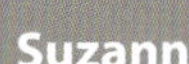

Sweet Hearts, 2007

63,5 cm lang

Kristallperlen, 24 Karat vergoldete Saatperlen, Saatperlen; Right-Angle-Weave

FOTO VON LARRY SANDERS

OBEN RECHTS

Stacy Creamer

Primarily Primaries, 2005

43,2 cm lang

Saatperlen, bemalte Holzperlen; Right-Angle-Weave

FOTO VON DER KÜNSTLERIN

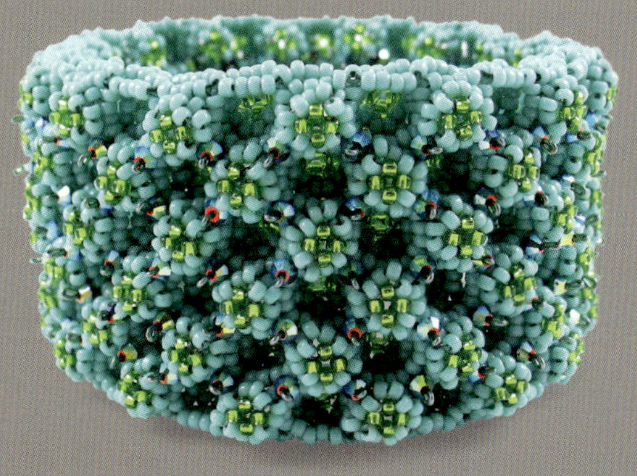

UNTEN

Rachel Nelson-Smith

Ootheca Cuff Turquoise, 2006

4,4 x 8,3 x 8,3 cm

Saatperlen, Kristallperlen, Niob-Draht, Magnetverschluss Sterlingsilber; Right-Angle-Weave, röhrenförmiger Peyote-Stich mit gerader Perlenanzahl, Drahtarbeiten

FOTO VON DER KÜNSTLERIN

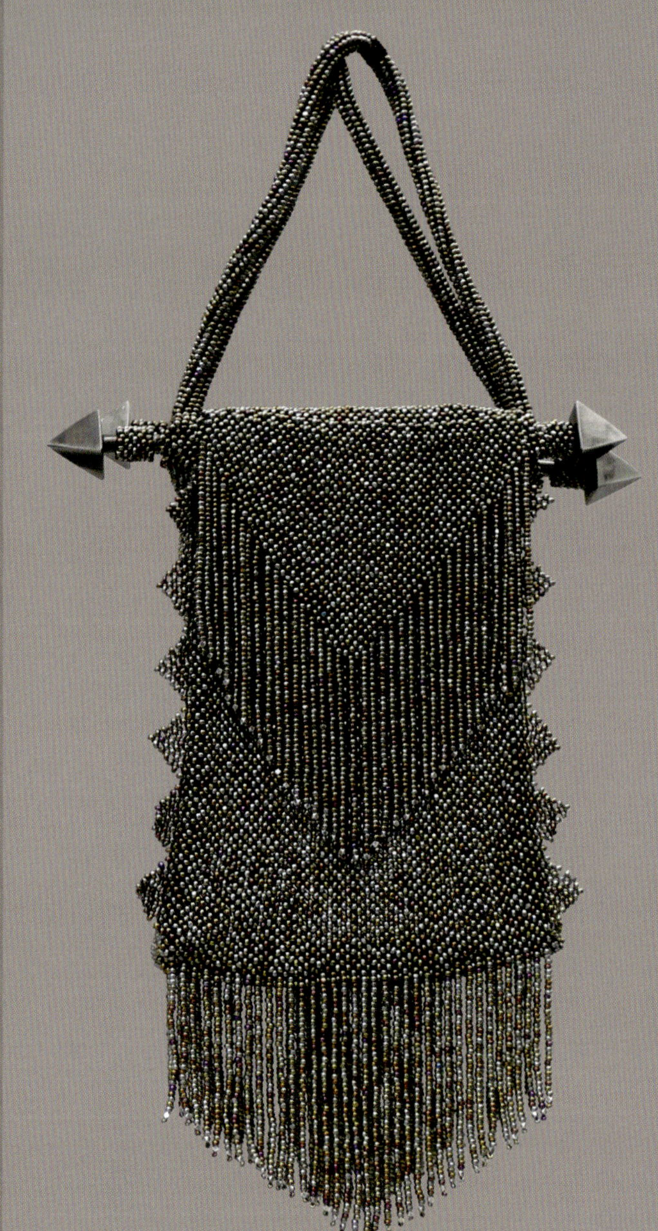

OBEN

Betsy Perdue

Circa 540 AD, 2007

30,5 x 15,2 x 3,2 cm

Saatperlen, Sterlingsilber-Perlen, Fransen, Stahlelement angefertigt von Dave Keyes; Right-Angle-Weave, Ndebele-Stich

FOTO VON DER KÜNSTLERIN

UNTEN LINKS

Sandra Jaech

Bird's Nest, 2007

12,7 x 20,3 x 12,7 cm

Saatperlen, Korallen, Perlmutt; Right-Angle-Weave, Quadratstich

FOTO VON DER KÜNSTLERIN

UNTEN RECHTS

Daeng Weaver

Ohne Namen, 2004

17,8 x 3,8 cm

Kristalle, Saatperlen; Right-Angle-Weave

FOTO VON MARCIA DECOSTER

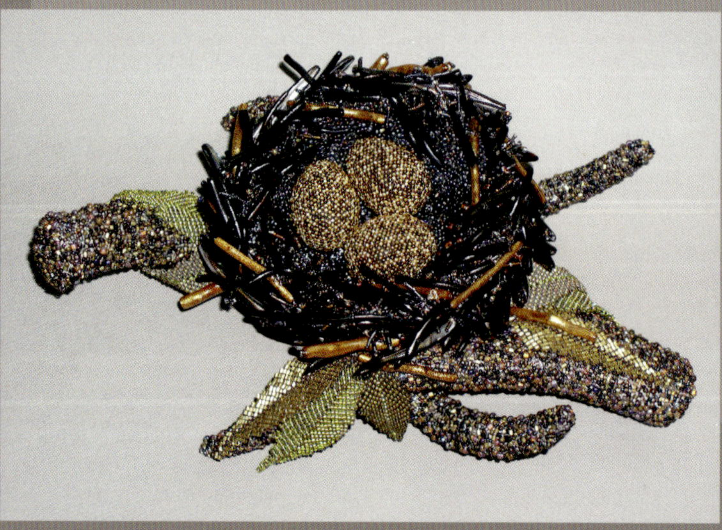

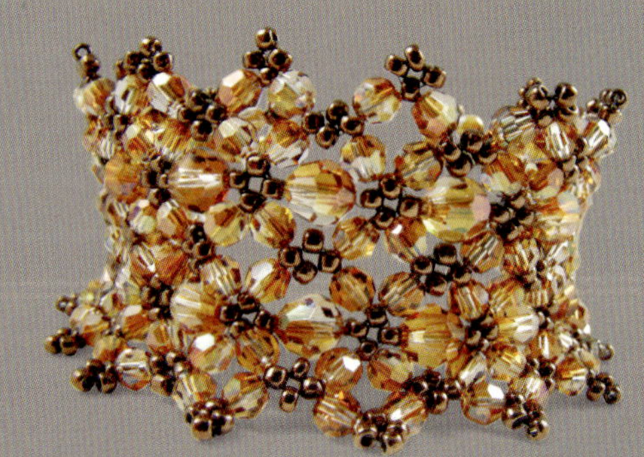

OBEN

Marcia DeCoster and the Dallas Bead Society

Chorus of Urchins, 2008

5,1 x 40,6 cm

Saatperlen, Kristallperlen; Right-Angle-Weave, Peyote-Stich

FOTO VON MARCIA DECOSTER

UNTEN LINKS

Huib Petersen

Going Medieval, 2008

2,5 x 2,5 x 40,6 cm

Saatperlen, Kristalle, facettierte Glasperlen; röhrenförmiges Right-Angle-Weave

FOTO VOM KÜNSTLER

UNTEN RECHTS

Susan Blessinger

Contemporary Collar, 2008

40,6 x 20,3 x 0,6 cm

Rondelle, Doppelkegel, Saatperlen; Right-Angle-Weave

FOTO VON MARCIA DECOSTER

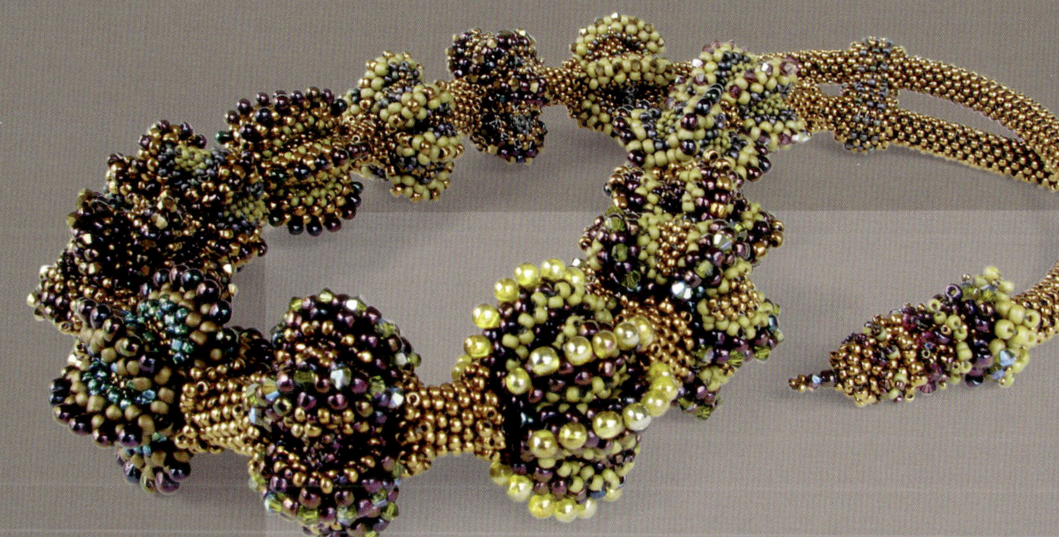

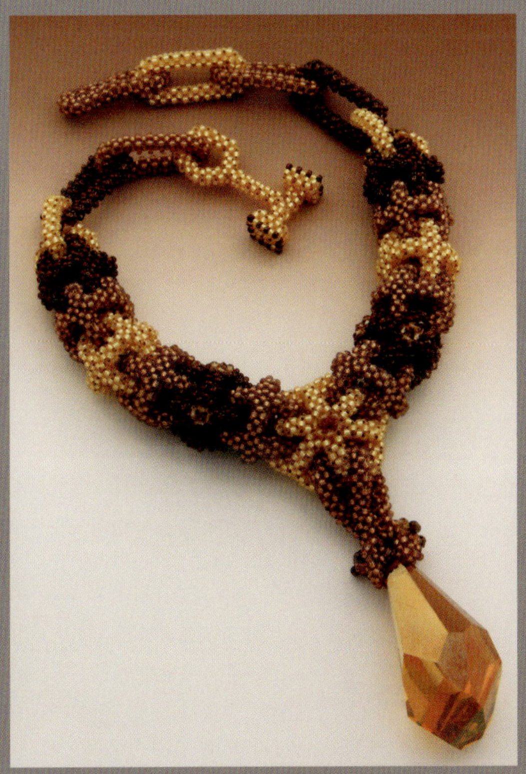

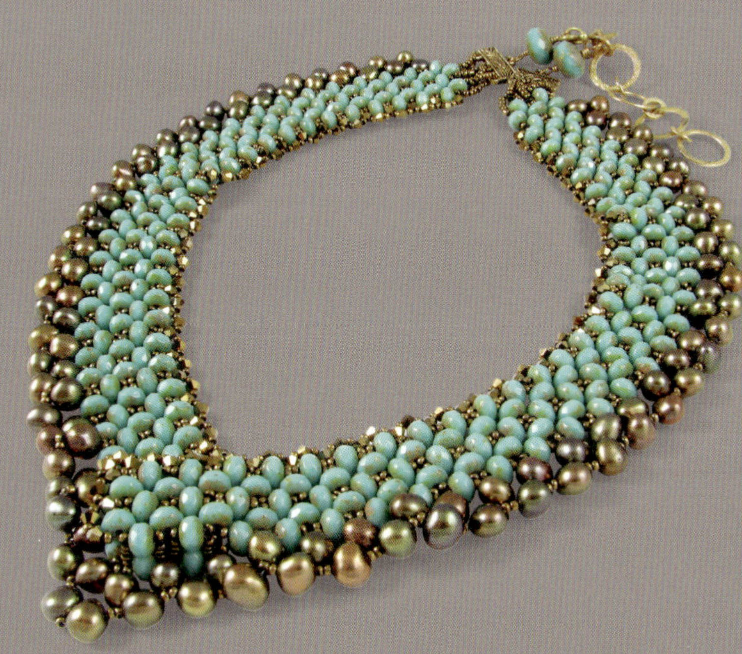

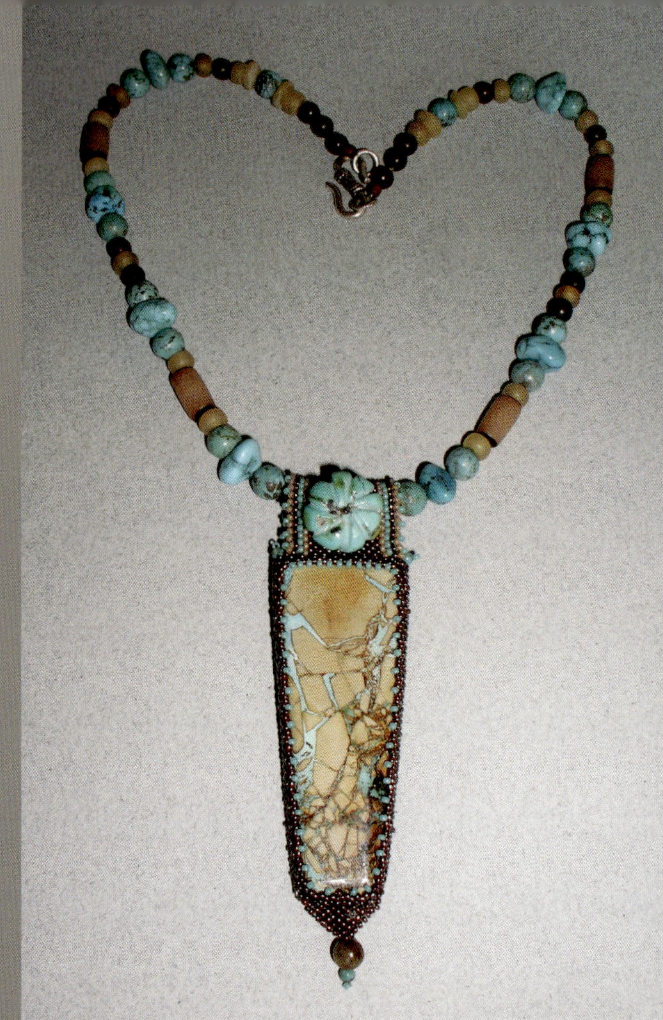

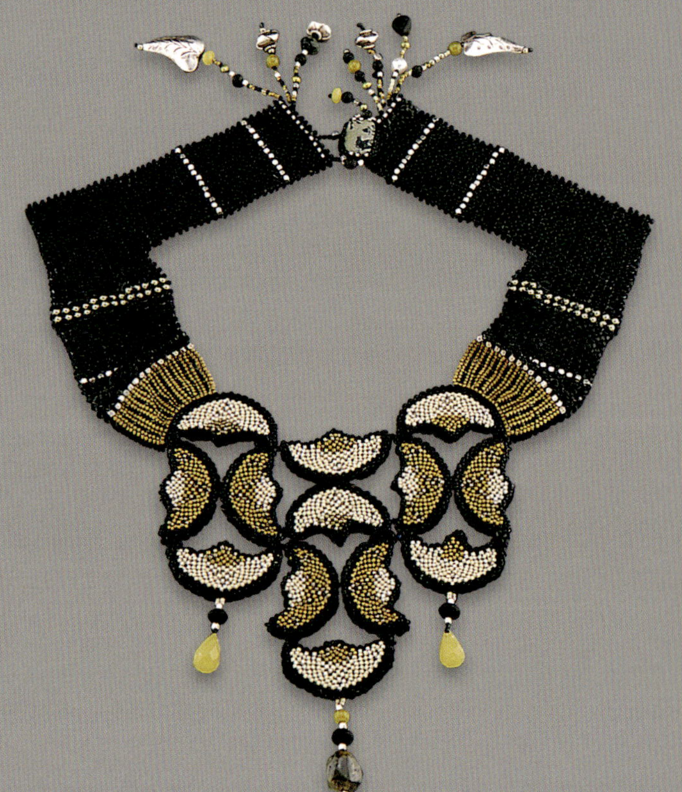

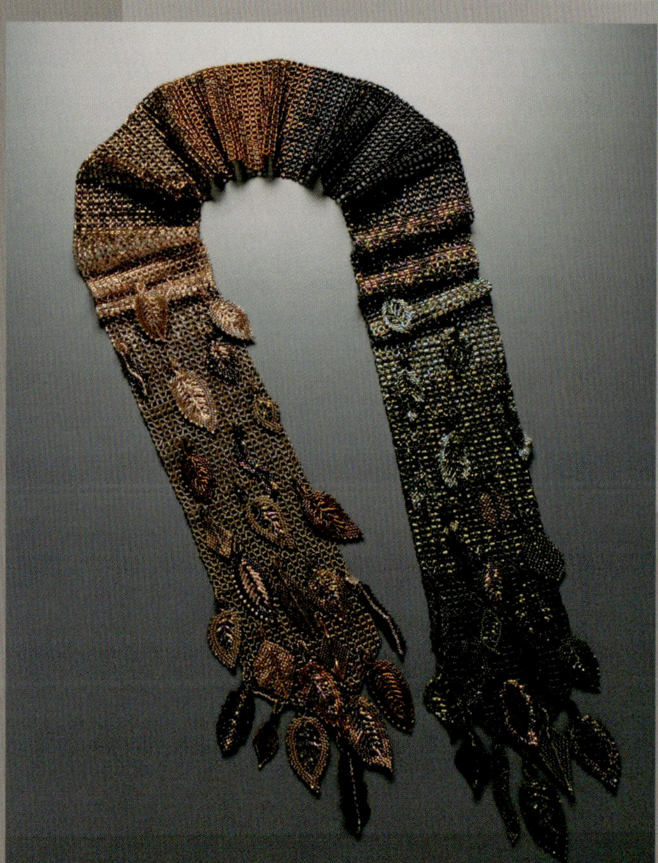

OBEN LINKS

Sandra Jaech

Raw-Bezeled Royston Turquoise Pendant, 2004

31,8 x 3,2 x 1,3 cm

Türkis-Cabochon, Saatperlen; Right-Angle-Weave

FOTO VON DER KÜNSTLERIN

OBEN RECHTS

Maggie Meister

Pelta Necklace, 2007

17,8 x 27,9 cm

Saatperlen, Sterlingsilber-Perlen, Halbedelsteine; Right-Angle-Weave

FOTO VON LARRY SANDERS

UNTEN

Jeannette Cook

Falling Leaves Scarf, 2007

83,8 x 10,2 cm

Delica, Saatperlen; Right-Angle-Weave, Peyote-Stich

FOTO VON MELINDA HOLDEN

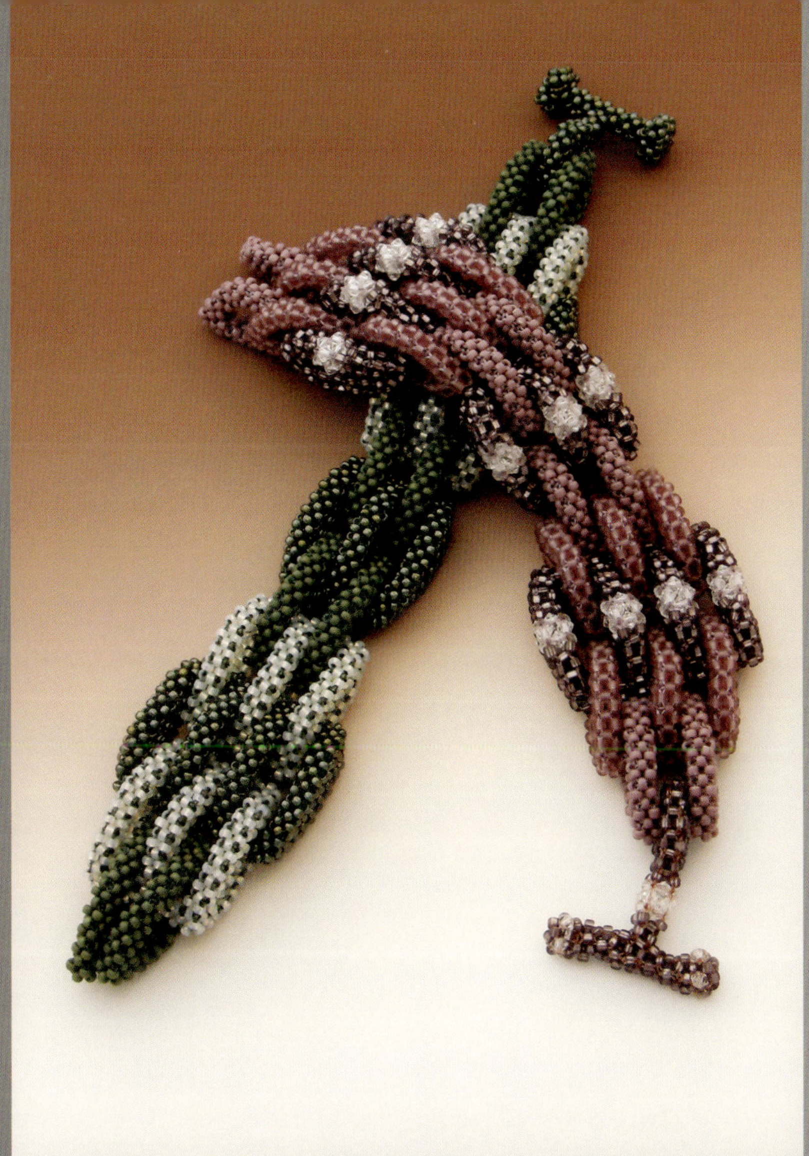

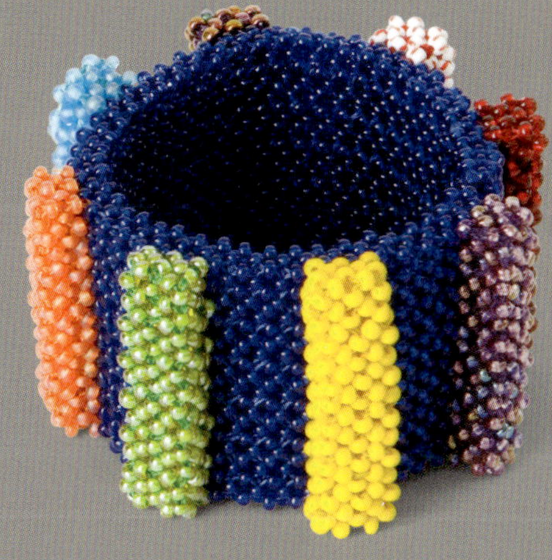

OBEN LINKS

Huib Petersen

My Father's Watchband, 2005

3,2 x 1,9 x 21,6 cm

Saatperlen; röhrenförmiges Right-Angle-Weave

FOTO VOM KÜNSTLER

OBEN RECHTS

Stacy Creamer

Homage to David Chatt Cuff, 2005

19,1 x 5,1 cm

Saatperlen; Right-Angle-Weave

FOTO VON DER KÜNSTLERIN

UNTEN

Eleanor N. Wirth

Towers of Power, 2008

14 x 8,9 cm

Saatperlen, Kristallperlen; Right-Angle-Weave, Quadratstich

FOTO VON MARCIA DECOSTER

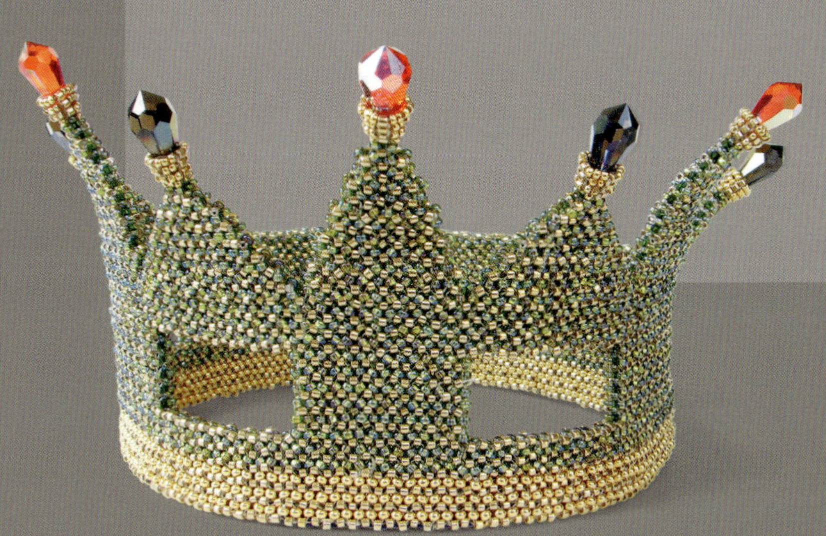

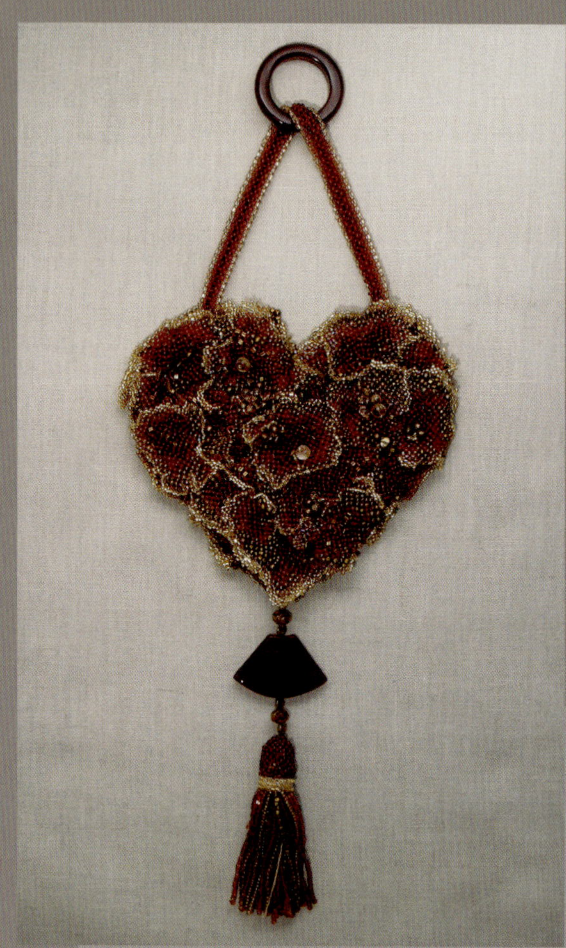

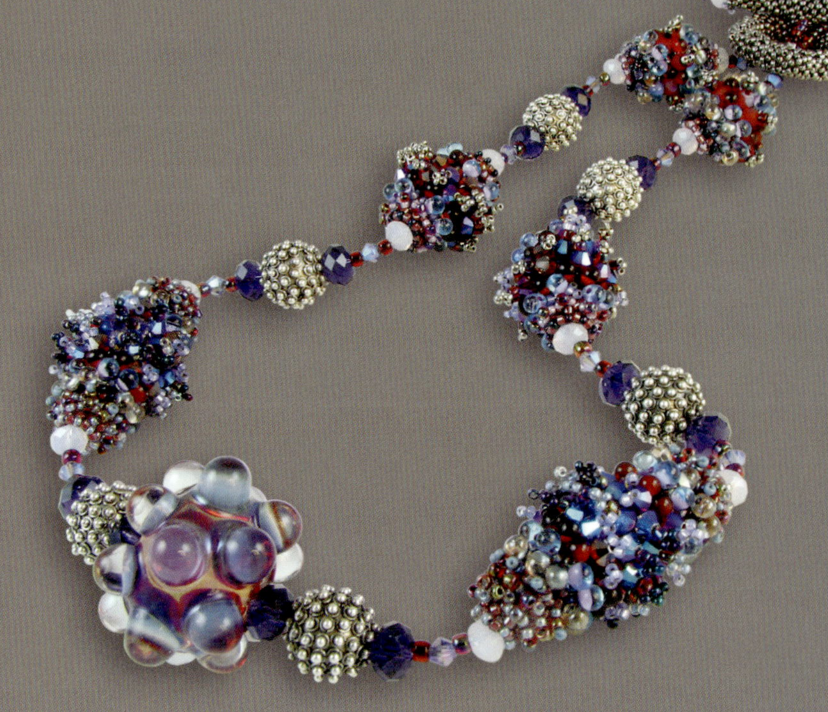

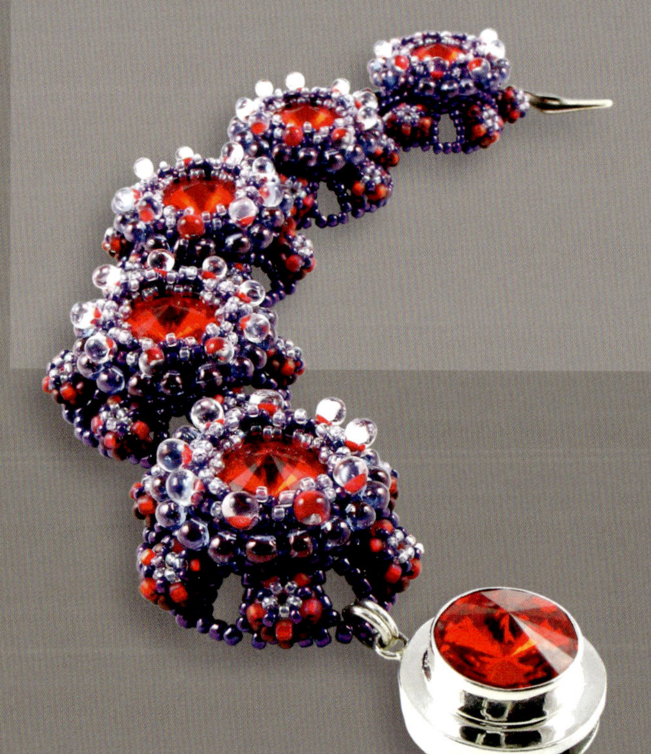

OBEN LINKS

Ana Maria Garcia

Red Heart Pouch, 2008

38,1 x 15,2 x 2,5 cm

Saatperlen, Drahtrahmen; Right-Angle-Weave

FOTO VON TIM HARDING

OBEN RECHTS

Kelly J. Angeley

Diatoms, 2007

52 x 2 x 2,5 cm

Saatperlen, Kristalle, handgearbeitete Glasperlen von George O'Grady; Right-Angle-Weave

FOTO VON BARRY JENSEN

UNTEN

Rachel Nelson-Smith

O. Bersten Component Bracelet for Pat H., 2007

1,6 x 3,8 x 17,8 cm

Saatperlen, Kristallperlen; Sterlingsilber; modifiziertes Right-Angle-Weave, Peyote-Stich Einfassung, röhrenförmiger Peyote-Stich mit gerader Perlenanzahl, Verzierungen

FOTO VON DER KÜNSTLERIN

ÜBER DIE AUTORIN

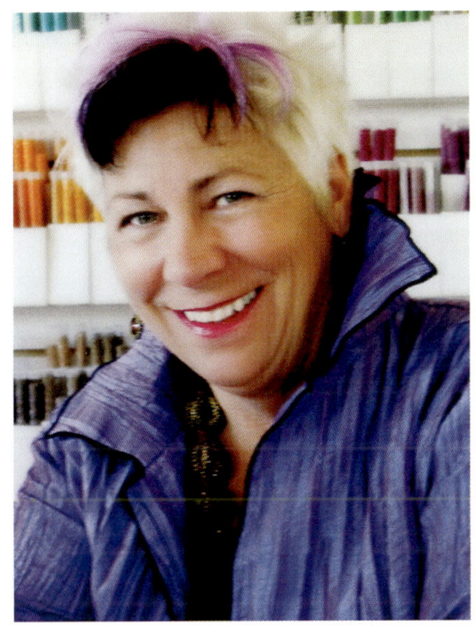

Die Liebe zu schönem Schmuck und eine lebenslange Leidenschaft für das Gestalten brachten Marcia DeCoster in den frühen 1990-Jahren zu den Perlen. Als sie erfahrener wurde und ihre Designs einzigartiger, begann Sie, sowohl in den USA als auch international Workshops zu geben. In Ihren Kursen geht es hauptsächlich um Designs im Right-Angle-Weave.

Sie lebt mit ihrem Ehemann Mark in Kalifornien und mit seiner Unterstützung und Förderung wurde Marcia 2004 Perlenkünstlerin in Vollzeit. Für jemanden, der Perlen, Schmuck, Reisen und die Menschen liebt, ist es eine ideale Berufswahl. Das Paar zog seine drei Kinder in Santa Cruz groß und teilt nun mit Miss Princess Maya Angelina DeCoster, ihrem bezaubernden Hund, ein Haus in San Diego.

Marcias Designs sind in verschiedenen Publikationen erschienen, inklusive *Beadwork*, *Bead & Button*, *The Beader's Color Palette* von Margie Debb und *The Complete Guide to Beading Techniques* von Jane Davis. Ihr Schmuck wird ebenfalls gezeigt in Carol Wilcox Wells Buch *The Art and Elegance of Beadweaving* (Lark Books, 2003) und in *Masters: Beadweaving* (Lark Books, 2008).

DANKSAGUNG

Ich bin glücklich, so viele unglaublich talentierte und großzügige Leute in meinem Leben zu haben. Jeder von ihnen hat seinen Teil zum Entstehen diesen Buches beigetragen.

Mein geliebter Ehemann Mark hat sich die Zeit genommen, um Right-Angle-Weave zu erlernen, sodass ich einem Nichtfädler beim Lernen zuschauen konnte. Dies ist nur einer der vielen Wege, auf denen er mich unterstützt.

Bonnie Brooks, eine Illustratorin mit großem Talent, war so freundlich und hat ihr Wissen mit mir geteilt. Ich kann mir nicht vorstellen, wie ich es ohne sie hätte machen können.

Ich bin dankbar für die Gemeinschaft von Perlenkünstlern, deren Freundschaft eine Quelle unerschöpflicher Unterstützung ist. Wenn der Prozess lang erschien, konnte ich immer auf Jeannette Cook, Rachel Nelson-Smith, Arlene Watson, Annie Hesse, Susan Kazarian und Jonna Faulkner zählen, die mir E-Mails mit genau den richtigen Worten schrieben.

Eine große Anzahl von Fädlerinnen sind für unschätzbares Feedback während der Design- und Illustrationsphase verantwortlich. Mein Dank geht an Tina Hauer, Linda Torgensen, Liz Thompson, Lisa Garoon, Nancy Kvorka, Michelle Link, Susan Blessinger, Susan Lynch, Dyan Bender, Katie Nelson, Laura Garber, Eleanor Wirth, Gabriella Van Diepen, Carolyn Slater, Kelly Angeley, Nan Halberg, Shelly Rontal, Joan Endsley, Sandy Martin und Lexi Schwartz.

Wegen all der wundervollen Perlenladeninhaberinnen, die Ihre Erfahrungen mit mir geteilt und mich durch die Jahre begleitet haben, war meine Perlenreise fantastisch und ist es noch. Euer Glaube an mich hat mir alles bedeutet und ich danke euch!

Dank an alle Fädlerinnen, die ihr Vertrauen in meine Lehrfähigkeit gesetzt haben, indem Sie meine Kurse buchten. Ich fühle mich geehrt. Ich lerne immer noch von jeder von euch und werde von euren Farbzusammenstellungen, eurem Talent und eurer eigenen Perlenstimme inspiriert.

Jean Campbell trug mit ihrer erheblichen Expertise als Redakteurin zu diesem Buch bei. Chevron Trading Post & Bead Co., ein außergewöhnlicher Perlenladen in Asheville, North Carolina, lieh großzügig all das Material zum Fotografieren der Grundausstattung. Chris Hunter von 828:design brachte sein grandioses grafisches Gespür beim Layout des Buches ein.

Letztlich bin ich den vielen Menschen bei Lark Books dankbar, die Antworten bereithielten, wenn ich sie brauchte und die mich durch den Prozess führten. Dank an Ray Hemachandra, Nathalie Mornu und Dana Irwin. Dank auch an Dawn Dillingham, Kathleern McCafferty und Beth Sweet.

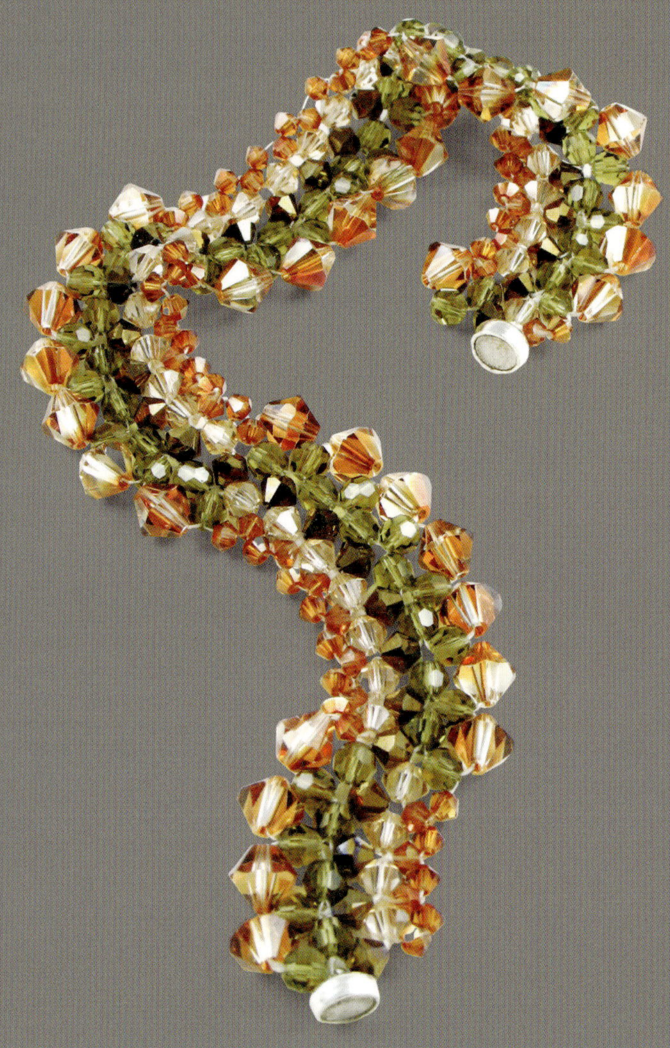

Susan Kazarian
Raw Scallops, 2007
2,5 x 17,8 x 1 cm
Kristallperlen; Right-Angle-Weave
FOTO VON RACHEL NELSON-SMITH